ゼミナール
地域福祉学

図解でわかる理論と実践

野口定久 著

中央法規

はじめに

　ポピュリズム（大衆迎合主義）が世界を席巻している。こうした動向の要因は、貧富の差の拡大、中間層の没落、地方の衰退などの経済問題に対し、政治が無力であり、社会が分断されたままであることへの国民の失望が共通点として指摘される。現代社会では人口移動が激しく、加えて私生活消費優先の生活態度が広がっているので、近隣や親族等の地縁・血縁のネットワークや人間関係が弱まったとも考えられている。しかし、現実的には、子育ての支援、困ったときの援助や緊急時の通報、ゴミの分別処理、公園の管理、地域の共同作業、認知症高齢者の地域での見守り、町内会やPTAの役員など、日常生活の各面にわたって近隣や地区住民相互の関係は、その必要性を増してきている。反面、グローバル化による定住型の外国人家族の増加による地域人間関係の摩擦や排除、地域のなかに建てられる障害者施設と周辺住民とのコンフリクト（葛藤）、バブル崩壊（1992年）以降の低経済成長による失業やリストラと非正規労働者等の雇用問題、家庭や地域社会のなかで生じている社会的排除や孤立、ホームレスや孤独死等新たな福祉問題が生じている。このようなグローバル化のデメリットが分断社会の構図を伴って保護主義へと大衆を誘っているようでもある。

　本書では、「成熟社会の地域福祉をどう構想するか」という命題を掲げた。成熟社会とは、量的拡大のみを追求する経済成長が終息に向かうなかで、精神的豊かさや生活の質の向上を重視する、平和で自由な社会というのが一般的な定義であるが、他方で、少子高齢化を伴う人口減少、地方の過疎化、巨額の財政赤字、崩壊寸前の社会保障など負の側面の現実も存在する。成熟社会といっても、どうも釈然としない。

　次に3つの論点を提示した。第Ⅰ部では、「人口減少時代の地域福祉の枠組み」を論じた。人口減少時代の特徴は、人口に占める働く人（生産年齢人口）の割合が下がってくることで、この現象を「人口オーナス（負荷）」と呼ぶ。つまり、これまでの「人口ボーナス（恩恵）」期の地域福祉の枠組みと、人口オーナス期の枠組みとは、その前提が全く異なるのである。今でも、人口増や経済成長期の「地域福祉論」がまかり通っているのも現実である。そこで、地域福祉の新たな枠組みには、安全網と親密圏と公共圏の再編成を提起した。

　第Ⅱ部では、「地域福祉のガバナンス」を論点に掲げた。ここでの主要な課題は、財政難に苦悩する自治体の出口戦略と新たな地域福祉の財源づくりが今日的課題である。出口戦略には、行政の事業や政策決定に住民が参加することが必要で、そのしくみをつくらなくてはいけない。そのためには行政がきちんと経常収支比率など地方財政の情報公開をすることが不可欠である。地方財政の危機を述べるだけではいけない。新たな地域福祉の財源づくりには、コミュニティ・ファンドやソーシャル・インパクト・ボンドのしくみや実践を紹介した。

　第Ⅲ部では、「地域福祉のベクトル」を論点とした。ここでは、信頼に基づくゆるやかな共同体の形成と社会福祉法人の公益的活動に着目した。本文には、このほかにも多様な理論と実践事例を紹介し、解説している。「限界集落」の維持可能性がいかに未来の日本社会に不可欠な要素

であるかということも本書の主要な論点である。

　本書の構成は以下のようになっている。

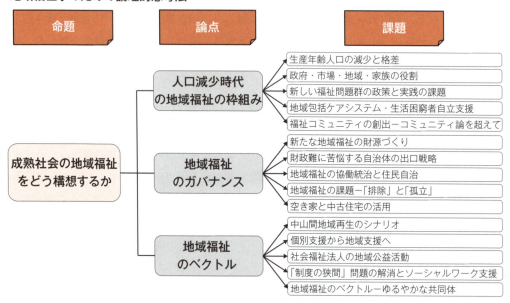

　本書の特徴は、①図表や図解でわかりやすく説明した（文章よりも図表のほうが印象に残る）、②各項に3つポイントを提示した（ゼミナールや勉強会でポイントを参考にして、さらに議論を深めることができる）、③キーワード解説225項目を各部末に一覧として掲載した（用語の概念、制度や事業の根拠法、現状と課題）。

　したがって、本書を、学術書として、ゼミナールや講義の教材として、実践現場の議論の題材として、幅広く活用していただければ幸いである。

　　2018年3月8日

　　　　　　　　　　　　　　　　　　　　デンマークのホテルで誕生日を迎えて　野口定久

contents

はじめに

第Ⅰ部 地域福祉の思想と枠組み

1講 人口減少社会の地域福祉 ─ 2
1 超高齢少子人口減少社会の到来－人口オーナス ─ 2
2 少子化対応モデル－フランス社会への着目 ─ 4
3 日本を取り巻く福祉環境の変化－ポスト冷戦構造 ─ 6
4 福祉ニーズの拡大と今日的変容 ─ 8
5 地域福祉のかたち－脅威の拡大を封じ込めるには ─ 10

2講 地域福祉の新たな枠組み ─ 12
1 地域福祉の構成要素 ─ 12
2 地域福祉の構成要件 ─ 14
3 福祉国家と福祉社会－安全網と親密圏と公共圏の再編成 ─ 16
4 包摂型福祉社会の創造－社会指標 ─ 18
5 地域福祉のかたち－公助・共助・互助・自助 ─ 20

3講 地域福祉の対象と課題 ─ 22
1 新しい福祉問題群－その事象と課題 ─ 22
2 貧困・格差と生活問題－排除と孤立 ─ 24
3 生活構造のシェーマ－雇用と家計 ─ 26
4 地方の危機と住民定住化への模索 ─ 28
5 人口の社会的移動－中山間地域と地方都市の居住圏 ─ 30

4講 地域福祉の思想と論理 ─ 32
1 地域福祉の哲学 ─ 32
2 分かち合いの福祉社会の形成 ─ 34
3 新しい共同の場づくり－地縁組織と互酬ネットワークの結節 ─ 36
4 地域福祉の座標軸－継承と発展 ─ 38
5 地域福祉の理論研究の特性 ─ 40

5講 福祉コミュニティの形成－コミュニティ論を超えて ─── 42
1 従来のコミュニティ・モデル－1970年代のコミュニティ ─── 42
2 コミュニティの類型化－連帯と包摂 ─── 44
3 ソーシャル・キャピタル－つきあい・信頼・参加・連帯・包摂 ─── 46
4 福祉コミュニティ創出への道筋－コミュニティ論を超えて ─── 48
5 福祉コミュニティとまちづくり－居住福祉コミュニティの実現 ─── 50
第Ⅰ部 キーワード ─── 52

第Ⅱ部 地域福祉の政策と計画

6講 地域福祉の行財政 ─── 66
1 福祉国家の揺らぎと地方分権－成熟社会の地域福祉 ─── 66
2 地方財政の建て直し－歳出と歳入の構造改革 ─── 68
3 地方財政再建の戦略－ゲーム理論の応用 ─── 70
4 新たな地域福祉の財源づくり ─── 74
5 福祉行政の中長期ビジョン－地域福祉計画 ─── 76

7講 地域福祉の政策と計画 ─── 78
1 地域福祉政策の推移－経済政策との関係 ─── 78
2 社会福祉計画と地域福祉計画－新たな問題群の登場 ─── 80
3 地域福祉（活動）計画策定のマトリックス ─── 82
4 地域福祉計画の策定戦略－ゆるやかな共同体の形成 ─── 84
5 地域福祉のガバナンス－新しい公共 ─── 86

8講 地域福祉計画の戦略 ─── 88
1 住民自治とガバナンス－小学校区と中学校区 ─── 88
2 地域福祉の協働統治と住民自治 ─── 90
3 自治体の各種計画と地域福祉計画の相関－総合性と包括性 ─── 92
4 地域福祉計画の構図－市民計画と行政計画の連動 ─── 94
5 地域福祉計画の策定プロセス－住民会議 ─── 96

9講 地域福祉計画の住民参加と組織化 — 98
1. 地域福祉計画策定の組織化 — 98
2. 地域福祉計画推進の組織論－行政主導から住民主導へ — 100
3. 行政と住民の活動範域と関係 — 102
4. 住民意識調査－つきあい・信頼・社会参加 — 104
5. 地域福祉計画のワークショップの効用 — 106

10講 居住福祉のまちづくり — 108
1. 居住福祉の思想－内発的発展論と生命誌 — 108
2. 居住福祉と地域福祉－融合をめざして — 110
3. 居住福祉社会のかたち — 112
4. 居住福祉社会の構図－フローとストックの融合 — 114
5. 「住まい」は「まちづくり」の基盤 — 116

第Ⅱ部　キーワード — 118

第Ⅲ部　地域福祉の実践と運営

11講 過疎地域で住み続けるために — 132
1. 過疎地域に暮らす住民の想い — 132
2. 自然生態系と人間社会システムの共生 — 134
3. 中山間地域再生の論理 — 136
4. 中山間地域再生のシナリオ — 138
5. 過疎地域にコミュニティバスを走らせるために — 140

12講 地域包括ケアシステムとネットワーク — 142
1. 施設ケアと在宅ケアの統合モデル－デンマークの実践から — 142
2. 新たな時代の福祉提供ビジョン — 144
3. 日本型地域包括ケアの面的構図 — 146
4. 地域福祉協力者と専門職の連携 — 148
5. 地域包括ケアの展開過程 — 150

13講 地域福祉推進組織と多元的サービス供給 ─── 152
1 新たな福祉サービス供給主体の関係 ─── 152
2 地域福祉の統治構造 ─── 154
3 市町村社会福祉協議会の活動と機能─総合化 ─── 156
4 社会福祉法人・NPO法人の財政的安定 ─── 158
5 地域福祉と社会的企業 ─── 160

14講 地域福祉の主体形成とコミュニティ・ソーシャルワーク ─── 162
1 ボランタリー・アクションからコミュニティ・ソーシャルワークへ ─── 162
2 権威型からエンパワメント型へ ─── 164
3 地域福祉の実践知─経験知と形式知 ─── 166
4 コミュニティ・ソーシャルワークの機能と展開 ─── 168
5 「制度の狭間」問題の解消とソーシャルワーク支援 ─── 170

15講 新時代の地域福祉を構想する ─── 172
1 地域福祉のベクトル─ゆるやかな共同体 ─── 172
2 大災害の復興イノベーションと地域福祉 ─── 174
3 縦割り行政を横断化する地域福祉計画 ─── 176
4 地方再生の論理─ローカルからの反転回復 ─── 178
5 「限界集落」を消滅させない─政策と技術革新と自然・文化・人材の結節 ─── 180
第Ⅲ部　キーワード ─── 182

おわりに
著者プロフィール

第 I 部

地域福祉の思想と枠組み

超高齢少子人口減少社会の到来
―人口オーナス

1講 人口減少社会の地域福祉

■ 図表 1-1　経済成長率の推移と人口構造の変化

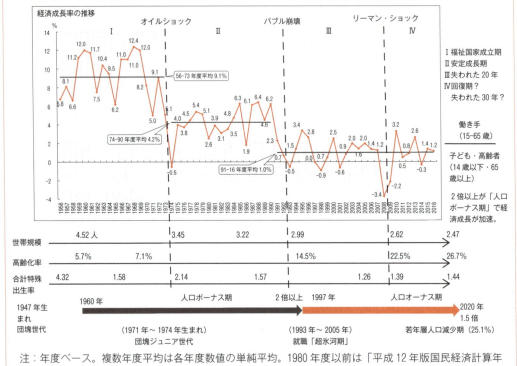

注：年度ベース。複数年度平均は各年度数値の単純平均。1980年度以前は「平成12年版国民経済計算年報」（63SNAベース）、1981～1994年度は年報（平成21年度確報、93SNA）による。それ以降は2008SNAに移行。2017年7―9月期2次速報値〈2017年12月8日公表〉10歳～29歳　社会保障・人口問題研究所（中位推計）
資料：内閣府SNAサイトを基に野口定久作成

POINT
- ▶ 経済成長率の低下とともに高齢化率は上昇
- ▶ 経済成長率の低下とともに合計特殊出生率も低下
- ▶ 少子高齢化が経済成長を圧迫し日本の「人口オーナス」期は「失われた20年」とほぼ一致

① 「人口ボーナス」と「人口オーナス」

　日本では、1947年から1949年に年間約270万人が出生し、団塊の世代を形成した。その次世代である第2次ベビーブーム（1971年から1974年）では、年間200万人以上の団塊ジュニア世代が人口に占める働く人（生産年齢人口）に加わったのが1980年代から1995年で、この時期がまさに日本経済の黄金期であった。つまり、「**人口ボーナス**（恩恵）」であった。この大型世代

は、大量生産・大量消費型の高度成長をけん引し、社会活性化の原動力となった。しかし、やがて膨張した生産年齢層が老年人口になっていき、さらに少子化が進行し、今度は生産年齢人口の割合が下がってくる。これが「**人口オーナス**[1]（負荷）」である。人口減少が経済社会にもたらす影響に注視する必要がある。つまり、人口減少社会は人口に占める働く人の割合の低下を意味し、それは1人当たり所得の減少、人手不足、社会保障費負担の高まりをもたらすことになる。

② 人口オーナス期の社会停滞

　図表1-1は、1956年から2016年までの経済成長率の推移と人口構造の変化を表したものである。時期区分は、1973年のオイルショックまでをⅠ期、1992年の**バブル崩壊**までをⅡ期、2008年のリーマン・ショックまでをⅢ期、リーマン・ショック以降をⅣ期とした。これらの時期の平均経済成長率をみると、Ⅰ期が9.1％、Ⅱ期が4.2％、Ⅲ期・Ⅳ期の2016年までが1.0％となっている。この図表のポイントは、①経済成長率の低下とともに高齢化率は上昇していく、②経済成長率の低下とともに合計特殊出生率も低下していく、③少子高齢化が経済成長を圧迫し、日本の「人口オーナス」期は「失われた20年」とほぼ一致していることが見て取れる。従属人口と生産年齢人口の比率は、1980年—33％：67％（2.03）、2013年—38％：62％（1.63）、といった具合に推移している。この比率に、高齢労働者を生産年齢人口に加味すると、2013年—34％：66％（1.94）、になる（出典：東レ経営研究所）。問題は、団塊世代がすべて75歳以上となる2025年以降である。

③ 人口減少時代の社会的リスクへの対応

　Ⅰ期・Ⅱ期の「人口ボーナス」期では、年少人口と老年人口をあわせた「従属人口」が「生産年齢人口」の半分以下であると、社会保障費や社会福祉費にまわす国費などを経済成長に傾けることができるので、経済成長しやすくなるという経済成長の効果がみられる。もう1つは、「生産性」の向上である。輸出による経済成長期には、生産年齢人口が多いほど輸出量を増やせるので経済成長しやすくなる。また、国内自給率が高い場合は人口増加に伴って内需が拡大する傾向もみられやすい。**人口減少時代**[2]の日本社会では、特に2000年以降、失業や雇用、年金や医療の制度疲労や企業・地域・家族の社会保障機能の縮小によって社会的リスクが拡大し、その縮減を図るべき社会保障制度や企業・地域・家族といった中間集団が機能不全ないし崩壊の危機に瀕している。その結果、個人や家族が孤立する現象が目立っている。これら**社会的リスク**[3]の克服には、従来型の福祉国家にのみ頼る方法でなく、地域コミュニティや家族のネットワークの強化による福祉社会の再編が必要である。その再編の方向は、1990年代後半ごろから、世界の先進国では社会保障負担の大きい国の経済成長率のほうが高くなっている傾向がみられる。それは世界の成長のしくみが変わってしまったことによるもので、その背景にあるのがIT（情報技術）化による世界の生産構造の大きな変化である。

2 | 1講 人口減少社会の地域福祉
少子化対応モデル
―フランス社会への着目

■ 図表1-2　先進諸国の少子化対応モデル

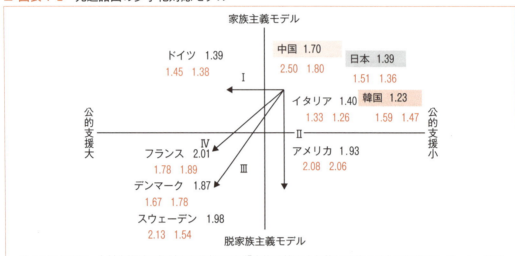

注1：この図は、上村泰裕氏の類似する発想の図（「家族政策の大転換は可能か？」電通総研レポート，2000年，非公刊，鈴木えりこ『超少子化―危機に立つ日本社会』集英社新書，2000年に所収）が原初である。
注2：各国の合計特殊出生率は、下段が1990年、2000年、上段が2010年の数字である。Demographic Yearbook による。中国は、United Nations Statistics Division を基に作成。

 POINT
- ▶ 女性の就業率と合計特殊出生率は正の相関
- ▶ 日本はフランスの少子化対策に学べ
- ▶ 少子化止めて活気づく地域福祉実践

① 女性の就業率と合計特殊出生率

　日本の**合計特殊出生率**[4]（1人の女性が生涯に産む子ども数の推計値）は、1970年の2.13から1998年の1.38、2005年には1.26へと激減した。厚生労働省の人口動態統計（2015年）によると、沖縄県が1.96と最も高いのに対し、最低の東京都は1.24で、沖縄、南九州、山陰等で高く、南関東、近畿、北海道等では低い状況となっている。興味深いのは、男女の労働時間との関係である。分析結果では、男性の長時間労働が多い南関東など都市部で出生率の低下が目立ち、他方、女性の就労が進んだ地域ほど出生率が高い傾向がみられる。このような結果から、労働時間との関係で出生率を高めるには、夫の帰宅時間を早め、家事に参加する時間を増やし、妻が正規雇用に就くという労働雇用政策の方向が見えてくる。

② 先進諸国の少子化対応モデル

　図表1-2は、先進諸国の少子化の傾向を「**家族主義**[5]モデル／**脱家族主義**[6]モデル」と「公的支援大／公的支援小」との座標軸で示した枠組みである。日本の少子化回復のベクトルは3つの方向が考えられる。第一は家族主義モデルのなかで、公的支援策を拡充していくという（Ⅰ・ドイツ型）か、第二は個人主義を進めながら新自由主義的な公的支援縮小政策をとるという（Ⅱのアメリカ型）か、第三は脱家族主義モデルを進めながら公的支援拡充策（Ⅲ・スウェーデン型）を選択するかである。結論から言うと、日本はこのいずれの型を取っても少子化の回復は望めないであろう。

　フランスの少子化回復（2010年で2.01）への対策は、国家と企業と市民社会の総合政策の結果である。フランスでは、国の政策として子どもを産みやすい環境づくりに政策の重心を置いている。具体的には、育児休業制度や育児手当の充実、2人以上の子どもをもつよう促進する「**家族手当**」や税制上の優遇策、子ども3人以上をもつ家族へのさまざまな特典サービス、また新生児中の婚外子の割合が56.7％（2014年度）と高い数値を現している。

③ 出生率上昇に取り組んだ山間の村

　「長野県南部の山あいにある下條村。女性が生涯に産む子どもの数を示す合計特殊出生率は1.88（2013年）。全国平均1.43を大きく上回る。高出生率を長年維持することから「奇跡の村」と呼ばれる。村立保育所は100人以上の子どもたちの声でにぎやかだ。2006年までの10年間、子どもがいる世帯や結婚予定がある男女向けの集合住宅10棟（124戸）を建設。2LDKの家賃は約3万3000円と、近隣の飯田市の半額程度に抑えた。医療費は高校生まで無料、第3子以降は保育料も無料。2014年度から小中学校入学時に祝い金として村で使える商品券も配り始めた。小学校は3万円、中学校は6万円だ」（出典：2015年5月5日付　日本経済新聞）。

　日本創成会議の試算（2014年）では、出産に適した年齢といえる20～39歳の女性人口が現在より5割以上減る市町村が2040年までに約半数（896自治体）に上り、そのうち人口が1万人未満で消滅の可能性が高い市町村は523に達するとも指摘している。下條村の試みは、この試算のアンチテーゼともいえる。下條村のような自治体は全国各地で始まっている。そのような自治体の取り組みの特徴は、①子育て環境の整備、②女性の就労機会の確保、③移住者への住宅取得の助成、④雇用機会の創出、⑤図書館の蔵書数や伝統文化の維持振興といった行政サービスが行き届いていることである。ここで自治体や住民の意識の差が生じる。

3

1講 人口減少社会の地域福祉

日本を取り巻く福祉環境の変化
―ポスト冷戦構造

■ 図表1-3　福祉国家の成立と再編の移相

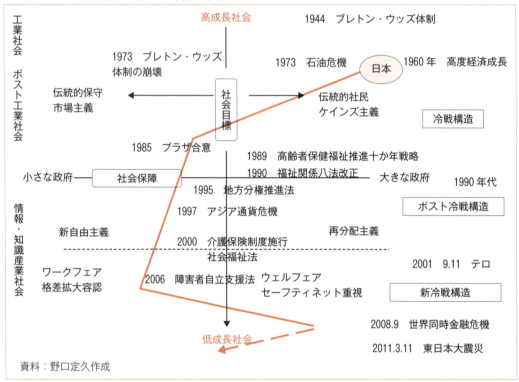

資料：野口定久作成

> **POINT**
> ▶ 冷戦構造の終焉は福祉国家論の揺らぎから
> ▶ ポスト冷戦構造時代は新自由主義経済の助走
> ▶ 貧困・格差の拡大とセーフティネット政策のせめぎ合い

① 人口減が「小さな政府」を要請

　人口減少社会は、少子高齢化のなかで社会保障給付の充実に伴う現役層の負担増や将来世代への負担の先送りにつながりやすく、社会保障制度をめぐる閉塞的状況を招いている。現行の社会保障制度を維持するには、財源調達先である将来世代の人口規模の減少を食い止め、子育て支援や少子化対策にシフトする必要がある。社会保障費の膨張と人口減少は、「小さな政府」の実現を要請することになる。

　他方、「大きな政府」への要請もみられる。その主張は、日本経済全体の効率性が低下し、少しぐらい経済効率が落ちても、充実した政府サービスを享受したい、そのためには高負担も我慢

するという考え方である。これも、1つの考え方ではあるが、これは、人口が順調に増加していれば、大きな政府の弊害もあまり心配なく看過できる。しかし、大きな政府は社会保障負担の次世代へのツケの先送りにつながりやすいという難点を払拭することはできない。

② 「ケインズ的福祉国家」の揺らぎと地方分権

　1973年の第1次石油ショックは、それまでの高度経済成長の終焉のはじまりであった。日本経済は景気の停滞局面に入り、安定的な成長段階に移行していった。この世界的な経済システムに大きな変動をもたらし、グローバル化による**ケインズ的福祉国家**[7]の機能不全を招いたのは、1973年の**ブレトン・ウッズ体制**[8]の崩壊であった。

　ブレトン・ウッズ体制の崩壊によって「ケインズ的福祉国家」の財政基盤を失うことにより、福祉国家はその使命を果たせなくなり、その後の**プラザ合意**[9]（1985年）によって、日本経済はグローバリゼーションの大きな波に飲み込まれていってしまう。このような経済政策の環境変化のなかで、日本の社会福祉基礎構造改革が進行していくことになる。わが国の福祉レジームのベクトルは、中央集権的な経済成長至上型の福祉国家レジームから地方分権による低成長社会へ方向転換していくことが余儀なくされたのである。

③ 大きな政府か小さな政府か、問われる地方自治体

　これらが、1990年の「福祉関係八法の改正」等にみる社会福祉制度改革の動きの背景である。地方自治体による在宅福祉サービスの積極的な推進がうたわれ、老人保健福祉計画等の社会サービスの基盤整備計画が法定化に基づいて全国の自治体で義務化された。社会福祉領域における地方分権の成果でもある。「大きな政府」の成果である。

　そして、1995年の**地方分権推進法**（合併特例法）によって本格的な地方分権化が進行し、2005年から2006年にかけてピークを迎えた市町村合併（新合併特例法）、そして2011年5月「日本創成会議」（座長・増田寛也元総務相）に連なっていくことになる。このあたりから日本経済は長期の低成長時代に入っていくことになる。特に、地方自治体の財政状況は厳しさを増すばかりで、国の**財政健全化政策**に基づき、自治体が地域の福祉ニーズへの対応を抑え、人件費を削り、まだ足りなければ住民サービスの質を落とし数字を取り繕うという事態を招くに至っている。しかし、いつまでも問題を先送りできない。したがって、地域社会に潜在している資源の発掘や新しい行政サービスの開発は、必須の努力事項である。常にその努力のうえにたって、多元的な供給システムを導入することは、住民の主体的な社会参加を可能にする契機をもつことになるのである。また、その評価においては、サービス供給の効率や効果を測定するだけでなく、さらに福祉政策への意思決定の場面に住民や当事者、さらに社会福祉専門職等の参加の機会をつくり出していけるかどうかが、決定的なポイントとなる。

4

1講　人口減少社会の地域福祉

福祉ニーズの拡大と今日的変容

■ 図表1-4　福祉ニーズ出現の社会的要因

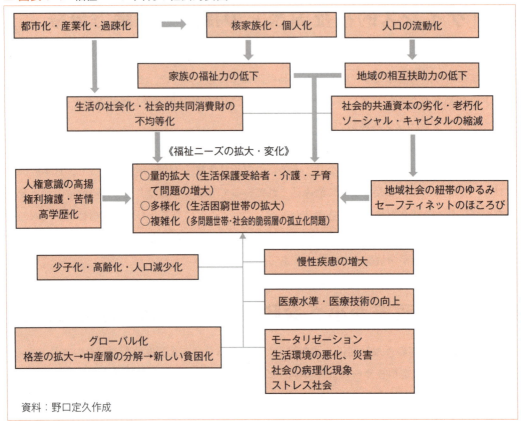

資料：野口定久作成

> POINT
> ▶ 現代福祉ニーズの特徴は量的拡大と多様化、複雑化
> ▶ 福祉ニーズ拡大の要因は人権意識の高揚と権利擁護・苦情システム化
> ▶ 地域社会の紐帯のゆるみとセーフティネットのほころび

1 福祉ニーズ出現の構造的把握

　生活の再生産、消費生活の具体的な単位は、世帯の家計構造にある。これを**社会階層**[10]的にみると、世帯もまた社会階層的位置をもっており、それは生計中心者の職業や収入、世帯構成員らの生活水準による社会階層的位置で判断されるのが通常であろう。したがって、社会福祉および地域福祉の「対象」に関する問題には、それぞれの社会階層を貫く世帯の生活問題の諸相がそのままあてはまる。このような地域福祉の具体的な対象を社会経済構造との関係で、それが福祉

ニーズとして出現するシェーマ（形式）を描いたのが図表1-4である。このシェーマの核心部分は、福祉ニーズの拡大と変化として表出していることである。その特徴の第一は量的拡大である。例えば、生活保護受給者や介護・子育て問題が増大している。第二は多様化（生活困窮世帯の拡大）である、第三は複雑化（多問題世帯・**社会的脆弱層**の孤立）である。

2 都市化・産業化・過疎化の要因

では、こうした福祉ニーズが表出する社会的要因を考察してみよう。第一に、都市化・産業化・過疎化の進行である。特に1980年代から人口の大都市への集中、地方の過疎化、高齢化が進行してきた。今後、人口の集中した都市部の**インナーシティ問題**[11]、住宅問題、災害問題、そして高齢・少子化対策も大きな課題となりつつある。第二に、人口の流動化と就業形態の変化である。産業構造のサービス化、高度化が進み、第3次産業化の進展に伴い、勤労者化が進行し、結婚・出産後も企業などで働き続ける女性や、子育て後再就職する女性が増加している。今後は、共生型社会の実現をめざして、男性と女性がそれぞれの個性や能力を活かし、仕事と育児・介護等を含めた家庭生活との両立が図れるような社会経済のしくみを築いていくことが求められる。第三に、生活構造の不安定化の進行である。生活の社会化と外部化、**家事労働の商品化**、そして家計の個別化の進展に伴い、ますます消費生活の社会的依存度が増してくる。勤労者世帯の個別的な生活の再生産の困難さが増大する。「新たな貧困化」の増大と階層間の格差がさらに拡大する。他方、所得水準の大幅な向上や貯蓄等の資産の増加により、豊かで元気な高齢者も増加してきている。今後、生涯時間に占める労働時間の割合が縮小していくことに対応し個人の自由時間も大幅に増加し、一人ひとりの多様な価値観に基づく生活を実現できる可能性が高まりつつある。

3 積極的な労働市場政策と経済成長率

大都市圏において職住分離が進み、地域社会は勤労者にとって労働の場ではなくなってきているだけでなく、地方都市で職住が接近している場合でも長時間労働などによって地域生活から遠ざかっている場合がみられがちである。注目すべきことは、地方中小都市や過疎地域で、近隣への期待感が希薄化していることである。他方、核家族化・小規模世帯化の進行も大きな要因として浮上している。核家族世帯や一人暮らし・夫婦のみの高齢者世帯が増加する一方、三世代世帯は減少するなど家族の多様化・小規模化が進行しつつある。家庭のなかで担われてきた介護・育児機能が低下し、社会福祉需要として今後ますます顕在化してくる。また、他方では、モータリゼーションや生活環境の悪化、災害、社会の病理化現象、ストレス社会、慢性疾患の増大なども福祉ニーズの出現要因に影響を及ぼしている。福祉ニーズ出現の社会構造的把握に基づく対応策としては、諸外国のとる積極的な**労働市場政策**[12]である。転職しなくてはならなくなった人をしっかりと支える社会保障制度、その場合により高い所得の仕事に就くことを可能にする再教育のしくみなどで、それらが整っている地域の経済成長率が近年高くなっているのである。

5

1講 人口減少社会の地域福祉

地域福祉のかたち
―脅威の拡大を封じ込めるには

■ 図表1-5 地域福祉のかたち―脅威の拡大を封じ込めるには

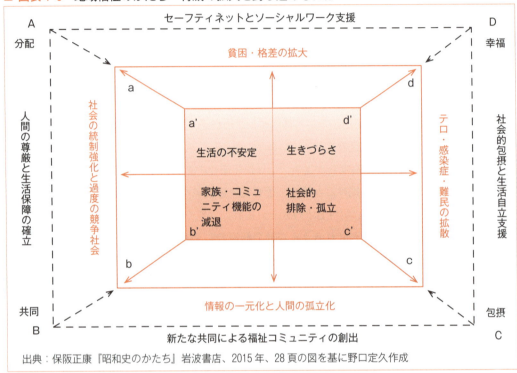

出典：保阪正康『昭和史のかたち』岩波書店、2015年、28頁の図を基に野口定久作成

POINT
- 現代日本の地域福祉の諸課題を封じ込める
- 4つの概念を地域福祉のけん引役に
- 4つの辺を地域福祉の目標に

① 生きづらさは人間関係に起因する

「20代、30代の若い人たちと話をすると、彼らの**生きづらさ**[13]は親子関係に起因していることが多い。でも、それを話しても親の世代はピンとこないんですね。豊かさを目指すことが大切で、頑張れば何とかなるはずという高度成長期に身についた価値観が、バブルとその崩壊後は通用しなくなっていることにまるで気付かない。子供たちは反感を持つというより、あきれてしまうわけです」（出典：2015年10月31日付　日本経済新聞「生きづらさに向き合う　南直哉さんに聞く」より）。つまり、家族や地域社会といった共同体の根本にはポリティクス（政治）があり、基本は利害関係と権力関係で成り立っていると指摘する。それに目を背け、「安らぎの場」

などと利点ばかり強調しようとすると問題がこじれてしまう、という。また、生活の社会化と外部化、家事労働の商品化、そして家計の個別化の進展に伴い、ますます消費生活の社会的依存度が増してくる。勤労者世帯の個別的な生活の再生産の困難さが増大する。「新たな貧困化」の増大と階層間の格差がさらに拡大する。

2 地域福祉のかたち

現代の地域コミュニティは、グローバルな世界動向のなかで、さまざまな課題や個別の事象が複雑に絡まって表出し、あるいは潜在化している。現代日本の地域福祉の領域は、この複雑系の諸問題の現象を内側の実線の正方形（a'生活の不安定、b'家族・コミュニティ機能の減退、c'**社会的排除**[14]・孤立、d'生きづらさ）の「かたち」として表すことができる。

このように閉塞された現状から人々を解き放つためには、外側の破線に示した4つの座標を構想する必要があるのではと考えた。そして、外側の破線の四角に、A分配、B共同、C包摂、D幸福の概念を置いた。そして、それぞれの4辺が現代の地域福祉が置かれている状態から脱出する方向を指し示している。AとBの辺は、「人間の尊厳と生活保障の確立」、BとCには「新たな共同による福祉コミュニティの創出」、CとDは「社会的包摂と**生活自立支援**」、DとAの辺には「セーフティネットとソーシャルワーク支援」をそれぞれ目標として掲げた。したがって、これからの地域福祉学の使命と目標は、ABCDの4辺、それぞれの目標の実現に向けて、abcdの現状（4つの箱）の面積を小さくしていく政策的・実践的試みが、これからの地域福祉研究と実践には求められることになるであろう。

3 所得格差是正は税や社会保障の再分配で

国民の所得格差の是正が進んでいる。2011年の所得再分配調査によると、税金や社会保障制度を使って低所得層などに所得を再分配した後の世帯所得の格差を示す**ジニ係数**[15]は0.3791だった。再分配前の当初所得でみた係数より31.5％縮小し、この縮小幅は過去最大となった。年金・医療でたくさんの給付を受ける高齢者の増加が背景と見なされている（出典：2013年10月12日付　日本経済新聞）。しかし、現役層や若年層では同世代内の格差が広がっていることに注視が必要である。例えば世帯主が35〜39歳のジニ係数は当初所得分で2008年の0.2779から、2011年には0.3358に急上昇している。ジニ係数上昇の約7割分は高齢化による要因だった。所得水準が低い単身世帯が増えたことも影響した。**経済協力開発機構（OECD）**基準による最新のジニ係数でみると、日本はOECD34か国中格差が大きいほうから9番目に位置する。こうした日本のジニ係数の増加を背景に、日本もアメリカやイギリス並みの格差社会となったとする説もある（出典：2015年8月28日　みずほ総合研究所）。

1 | 2講 地域福祉の新たな枠組み
地域福祉の構成要素

■ 図表 2-1　地域福祉の構成要素の構図

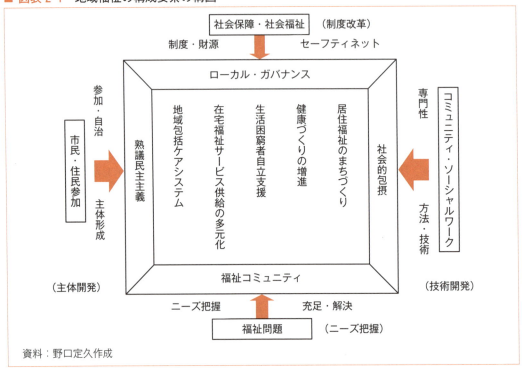

資料：野口定久作成

 POINT
- 地域福祉の4つの要素（ニーズ把握、主体形成、セーフティネット、専門性）
- 地域福祉の4つの規範（社会的包摂、福祉コミュニティ、ローカル・ガバナンス、熟議民主主義）
- 地域福祉がめざす地域のセーフティネットと住民自治

① 地域福祉の構成要素としての福祉制度と住民参加

　地域福祉の構成要素（事物の成立に必要不可欠な根本的条件）のうち、福祉国家（社会保障・社会福祉制度）と市民社会（市民権と社会権の保障）は、地方分権化のなかで、相対的に緊張と契約の関係形成の状況にある。その際に、社会保障や社会福祉サービスを提供する**社会福祉法人**（社会福祉施設や社会福祉協議会）の位置づけが新たな課題として浮上している。つまり、社会福祉施設や社会福祉協議会の経営や運営の新たな理論化と具体的な運営方法の開発が求められている。もう1つの市民社会の側では、住民や市民の社会的活動への参加と**主体形成**[16]が求められ

ている。今日の地域社会における福祉問題に対応する住民活動の特徴は、課題解決のために自らも参加・行動し、その実践をもって行政的・政治的意思決定に影響を与えること、などがあげられる。その意味においても、市民社会における住民活動の結節の媒体を果たすコミュニティ・ソーシャルワーカーの役割は大きい。

② 住民の主体形成と参加志向の課題

このように住民の活動への参加の志向と主体形成の交差は、市民社会における**社会的使命**（ミッション）に依拠し、より広い範囲の人々とのネットワークを形成し、そして何よりも社会意識や文化の変革をめざしながら地域社会の民主主義を実質あるものにする社会的活動へと進化しているのである。具体的には、①地域福祉計画策定過程への住民参加：地域福祉計画の策定プロセスへの住民参加の段階論とその手法に関する課題。意思を表明しにくい当事者ニーズの代弁はどうすれば可能か。②ボランティア、NPOの主体形成：地域社会のなかで、市場経済を担う民間企業者と擬似市場を主として担う人々や組織などの新たな協働性と公私分担論の課題。③現代の福祉問題と地域福祉実践：新しい福祉問題としての社会的排除・差別と社会的孤立・孤独の問題群に立ちすくむ地域住民と当事者とのコンフリクト（地域福祉実践）体験による住民の主体形成に関する課題などがあげられる。

③ 福祉問題に立ち向かうコミュニティ・ソーシャルワーク

社会的に弱い立場の人々（**バルネラビリティ**[17]）の地域での生活を支えていくには、小地域のケアサポートネットワークを形成し、家族や近隣・友人によるインフォーマルな助け合いのネットワークをつくっていく必要がある。また、事業所間の専門職によるネットワークを形成し、高齢者や障害のある人、子どもへの支援を包括的に提供する体制を整えていくことも重要である（地域包括ケアネットワーク）。また、コミュニティ・ソーシャルワークは、従来の待機型相談援助に対し、新しい**アウトリーチ型援助**[18]の姿勢が必要である。提供するサービスの内容やその仕方が利用者の要求に適合しているかどうか、また利用しやすくなっているのかどうか、さらに援助する側は待っているだけでなく、求められれば、自分のほうから相手の生活の場に入れてもらって、そこで、一緒に考え、そのなかで援助するという、より積極的な姿勢が求められる。

このアウトリーチ型援助方法の確立には、今後は、ソーシャルワークにおける政策科学と実践科学の融合に向けて、従来からの課題である社会福祉制度・政策の分野とソーシャルワークの分野を統合させたようなコミュニティ・ソーシャルワークの研究テーマや方法論を追求するとともに、教育においても、両者を統合させる教育のあり方を考えていく必要があると思われる。

2講 地域福祉の新たな枠組み

地域福祉の構成要件

■ 図表2-2 地域福祉の構成要件の変容

		バブル崩壊まで（1992年）	リーマン・ショックまで（2008年）	リーマン・ショック以降
A 基礎的要件	理念	・ノーマライゼーション	・インテグレーション	・インクルージョン
	対象	・貧困・心身の障害・不安	・社会的排除・孤立	・量的拡大・多様化・複雑化
B 政策的・実践的要件	供給	・在宅福祉サービス	・福祉サービス多元化	・地域包括ケアシステム
	方法	・地域組織化	・コミュニティワーク	・コミュニティ・ソーシャルワーク
	参加	・住民参加型福祉	・住民の主体性	・専門職とボランティア・住民の協働
	展開	・外発的発展論	・内発的発展論	・創造的開発型実践論
	政策	・政策形成型福祉	・政策実践型福祉	・政策実現型福祉
C 経営的・運営的要件	経営	・行政による社会福祉	・新しい公共と協働	・ローカル・ガバナンス
	運営	・社協による地域福祉	・地域福祉の推進主体化	・社会福祉法人と社会的企業の協働
	財源	・補助金、委託金	・税金、自主財源	・事業収益、市民財団、寄付、税金

資料：野口定久作成

POINT
▶ 時期区分はバブル崩壊とリーマン・ショックが分岐点
▶ 時期区分の構成要件のコードは明確に移行するものではない
▶ リーマン・ショック以後に新しいリスクが登場

① リーマン・ショック後の地域福祉

　わが国では、**リーマン・ショック**[19]の2008年以降、少子高齢化に伴って**生産年齢人口**が減少し、生活の不安定化や家族・コミュニティの弱体化が表面化している。そうした社会的環境状況のなかで求められるのが、①「人・まち・文化」のコミュニティ資源の見直し、②総合的に地域で解決していくしくみづくり、③介護や子育ての共同実践の組織化、といった地域福祉の新たな展開課題である。また、こうした新たな課題に対応する政策形成と実践を推進する理論的枠組の再構築が求められる。このような地域社会や住民の暮らしの変容によって、かつての地域福祉は、その基本的な枠組みを変えつつある。これまでとこれからの地域福祉の成立要件の変化を示

したものが、この図表2-2である。

② ノーマライゼーションとインクルージョン

　この図表では、時間軸として3つの時期区分で示すことにした。第一はバブル崩壊（1992年）まで、第二はリーマン・ショック（2008年）までとし、第三はリーマン・ショック以降とした。そして縦軸には、要件の性格として、A基礎的要件、B政策的・実践的要件、C経営的・運営的要件の3つの場面を用いる。

　ノーマライゼーション[20]が根づいている市民社会は、高齢者であれ、障害者であれ、子どもであれ、社会は人権をもつ者として同等に取り扱う義務をもち、人々は同等の取り扱いを受ける権利を有するのである。ノーマライゼーションの思想を含みつつ、これからは、ソーシャル・インクルージョンという考え方が主流となりつつある。これと類似の言葉が日本にも存在する。「何人をも排除せず」（南方熊楠の曼荼羅図）という概念である。この概念は、すべての異質なものの出会いの場が「萃点」であり、何ごとも排除せずに配置を変えることによって社会変動をもたらす。配置を変えることによってそれぞれの個は、全体のなかに異なる意味を与えられることになる、と説く（出典：鶴見和子『鶴見和子曼荼羅Ⅴ　水の巻―南方熊楠のコスモロジー』藤原書店、1998年、529頁）。

③ 地域福祉の総合的運営

　現代の福祉問題の深刻化を食い止めるために、いまや弱体化している家族機能、希薄化している近隣や親族網等を問題解決の供給資源として再形成していく必要がある。地方自治体は、家族や地域社会といったインフォーマルな**ソーシャルサポート・ネットワーク**[21]の基盤強化策を積極的に推進する必要がある。さらに、一人ひとりの要支援・要介護高齢者や障害者の在宅ケアを可能にする条件づくりとして、介護保険サービスや地域保健医療福祉サービス等のフォーマル・サービスと制度外サービスや住民の地域福祉活動等のインフォーマル・サポートを地域包括ケアシステムとして計画的に地域コミュニティに確立していくことが求められている。地域福祉の運営において住民参加が必要条件とするならば、自治体を含めた協働統治が十分条件である。

　地域福祉の運営は住民との対話なしでは実現しない。住民からの信認を得るために改革を行うものでなければならないからである。住民から信認を得るには、地方財政の窮状を訴えるだけでは足りない。例えば、歳出削減として不必要な事業費の削減、自治体施策や人件費の歳出カットなどが財政再建に寄与することを住民へのシグナルとして提示することが必要である。したがって財政再建には、増税（住民は同意するか）と歳出削減（公共事業、人件費など）の両方が不可欠であり、住民にとって「良いガバナンス」の信認を得るためには、歳出削減を先行させ、それにコミット（確約）することが「良い行政」だというシグナルを送る必要がある。

3

2講 地域福祉の新たな枠組み

福祉国家と福祉社会―安全網と親密圏と公共圏の再編成

■ 図表2-3　包摂型福祉社会モデル創出のイメージ―地域福祉の範域

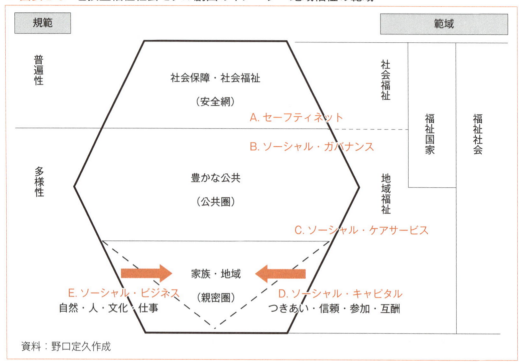

資料：野口定久作成

> **POINT**
> ▶ 包摂型福祉社会モデルには福祉国家を含む
> ▶ 包摂型福祉社会モデルは安全網と公共圏と親密圏のバランスが必要
> ▶ 地域福祉は多様性（豊かな公共と家族・地域）が主領域

① 包摂型福祉社会の創出

　日本の社会では、特に2000年以降、失業や雇用、年金や医療の制度疲労や企業・地域・家族の社会保障機能の縮小によって社会的リスクが拡大し、その縮減を図るべき社会保障制度や企業・地域・家族といった**中間集団**が機能不全ないし崩壊の危機に瀕している。その結果、個人や家族が社会的に孤立する現象が目立っている。これら社会的リスクの克服には、従来型の福祉国家にのみ頼る方法でなく、「公共圏」の拡大やコミュニティや家族の**親密圏**[22]の強化による福祉社会の再編が必要である。福祉国家を含む包摂型福祉社会の構成には、セーフティネット（社会保障と社会福祉制度・サービス）と公共圏（政府と市民社会のガバナンス）、そして親密圏（家

族・地域のソーシャル・キャピタル）が含まれる。それぞれの国や地域ごとに、それらの3要素および領域のバランスのとれた包摂型福祉社会の創出をめざすことが21世紀に求められている。

② 強固なセーフティネットの構築

　福祉国家の基本的な柱をなす社会保障制度は、人生のリスクに対処すべき「安全網」（セーフティネット）の整備である。したがって、一般に社会保障は、これらのリスクに対して、「個人が保険料を出し合って集団でリスクに備える、という"リスクの分散"を基本原理とする"社会保険"と、税を財源とした**"所得再分配"**[23]を基本とする"福祉（公的扶助）"にさしあたり分けること」（出典：広井良典『日本の社会保障』岩波書店、1999年、3頁）ができ、社会福祉には、公的扶助のほかに、最近では**対人サービス**が加わることになる。

　本来、社会保障は、①出産・育児手当、雇用・労災・医療保険、老齢・母子・障害・遺族年金、生活保護などの所得保障、②医師・保健師・看護師・理学療法士・作業療法士・ホームヘルパー・ソーシャルワーカー、社会福祉士・介護福祉士、ケアマネジャーなどの人的福祉サービス、③保育施設、児童養護施設、障害（児）者施設、介護福祉施設（特別養護老人ホーム、老人保健施設、療養病床）、在宅介護支援センター、デイサービスセンター、保健所、診療所・病院等の保健・医療・福祉施設などである。これに、2000年以降、介護保険制度が加わる。わが国の介護保険制度は、上記の社会保障のうちの人的サービスと施設サービスを保険という形で提供するが、所得保障は含まれない。そして財源は税と保険料と利用料によるところが特徴である。

③ 多様性の地域福祉

　多様性に、その存在基盤を据える地域福祉がめざすべき社会は、包括的社会（**ソーシャル・インクルージョン**[24]）であり、差別や排除、人権侵害という現実を克服していく理論と実践の構築が求められている。それは、社会保障の所得再分配機能を通して中間所得層を形成し、弱体化する家族・地域を支え強化する家族政策や地域政策プログラムを開発し、社会保障・社会福祉制度を基盤にした強固なセーフティネットに張り替え、民主主義を定着させる市民社会を形成することによって包摂型の福祉社会を創造することである。

　これまで地域福祉実践は、どちらかというと理論的側面と実践的側面の両側面において、地域特性の多様性よりは同質性（予定調和）を前提に取り組まれてきた。しかし今日、地域福祉実践にみられる創造性や独自性の表れ方は、既存の理論と実践の再検討と修正を求めている。すなわち、既存の制度モデルでは、重要と思われなかった地域社会や住民の「差異」の問題を、「非正常」ではなく「正常の一種」として扱わなければならない。またこれを、社会保障と社会福祉、そして理論と実践の両側面において、いかにカバーするかを積極的に考えなければならない時期になっているといえる。

4

2講 地域福祉の新たな枠組み

包摂型福祉社会の創造
―社会指標

■ 図表 2-4　包摂型福祉社会の創造と社会指標

領域	問題	手段	社会指標
社会保障・社会福祉 （安全網）	貧困・所得格差 （社会問題）	社会的セーフティネットの張り替え	＊社会保険 （年金・医療・労働・雇用・介護） ＊社会保障制度 （公的扶助・住宅・教育・保健） ＊社会福祉 （社会福祉専門教育・国家資格）
豊かな公共 （公共圏）	地域格差・地方財政危機・社会的排除や摩擦 （地域・生活問題）	ローカル・ガバナンスの政策と実践	＊社会サービス （医療・福祉・施設・教育・介護等） ＊地方分権と財政 （地方自治・財政力指数・経常収支比率） ＊社会的企業 ＊市民団体・社会教育 （当事者団体・NPO団体・外国籍住民等マイノリティ・ボランティア活動）
家族・地域 （親密圏）	家族機能の低下・地域共同性の衰退 （個別福祉問題）	ソーシャル・キャピタルの蓄積と新しい共同の創出	＊家族関係 ＊宗教・文化 ＊地域住民関係 ＊ソーシャル・キャピタル ＊地域資源 ＊住民の福祉意識

資料：野口定久作成

POINT
- 包摂型福祉社会モデルの安全網はセーフティネットを地域で張り替えること
- 包摂型福祉社会モデルの公共圏は地域格差や社会的排除等の地域・生活問題に対応する
- 家族・地域コミュニティ機能を高めるためには新しい共同を創造すること

① 包摂型福祉社会のマトリックス

　地域コミュニティでは、社会政策の課題のなかで最も重要な**社会イシュー**（Issue）が賃金労働者の貧困率、子どもの貧困率の上昇、低所得の女性世帯主世帯、共働き世帯、高齢者単身世帯、老老介護世帯など、いわばセーフティネットが保護すべき対象やその範囲が急速に拡大している。ここでは、「包摂型福祉社会」のあり様を読み解く枠組み（**マトリックス**[25]）を提示して

みよう。その枠組みとして縦軸には、安全網、**公共圏**[26]、親密圏を、横軸には領域、問題、手段、社会指標を設定した。

② 社会指標

「社会保障・社会福祉」（安全網）の領域では、貧困・所得格差などの社会問題に政策および実践として対処しながら、強固な社会的セーフティネットの整備を中央政府と地方政府が主として取り組む必要がある。その個別指標としては、社会保険（年金・医療・労働・雇用・介護）、社会保障制度（公的扶助・住宅・教育・保健）、社会福祉（社会福祉専門教育・国家資格）等をあげることができる。

「**豊かな公共**[27]」（公共圏）の領域では、対象とする問題は、地域格差・地方財政危機・社会的排除や摩擦などの地域・生活問題を取り上げることができる。そして、それらの問題を解決する手段は、ローカル・ガバナンスの政策と実践に求めた。さらに、ローカル・ガバナンスを形成する各項目の指標化を試みた。社会サービス（医療・福祉・施設・教育・介護等）、地方分権と財政（地方自治・財政力指数・経常収支比率）、社会的企業、市民団体・社会教育（当事者団体・NPO団体・外国籍住民等マイノリティ・ボランティア活動）等の数量化が求められる。

「家族・地域」（親密圏）の領域では、対象とする問題は、家族機能の低下・地域共同性の衰退などによって生じる個別福祉問題であり、これらの事象に対処する方法が求められる。その手段は、ソーシャル・キャピタルの蓄積と新しい共同の創出に求める。さらに親密圏を構成する社会指標としてソーシャル・キャピタルの蓄積と**地域居住資源**にかかわる項目を抽出し、家族・地域社会の弱体化の相互補強をめざす。

③ 地域福祉への波及効果

このマトリックスによる地域福祉の実践研究への波及効果を3つあげておく。第一は、ソーシャル・キャピタルの蓄積や地域居住資源（ストック）の活用によって、縮小する家族・地域社会の親密圏を補強することになるであろう。第二は、ローカル・ガバナンスによる豊かな公共圏（市民社会）の形成が可能になる。第三は、拡大する格差社会の改善には、社会復帰や人生のやり直しが可能になるようにセーフティネット（社会保障・社会福祉）をそれぞれの地域コミュニティに張りめぐらす作業を通して、地域住民や社会的脆弱者の生活保障システムを確立することである。

いくつかの地域では、これら3つの実践の要素を組み合わせて地域社会再生の取り組みが始まっている。その多くの取り組みは、これまで地域に蓄積されてきた技術、人材、文化、伝統、自然、産業集積等の特色あるコミュニティ資源を内発的に活用・開発して、地域内から新たな動きをつくり出していることである。地域の人・まち・文化を活かして、安全で安心して住み続けられる地域社会の再生は、新たな地域福祉形成への重要な課題でもある。

5 地域福祉のかたち
2講 地域福祉の新たな枠組み
―公助・共助・互助・自助

■ 図表2-5　地域福祉のかたち―政府・市場・地域・家族

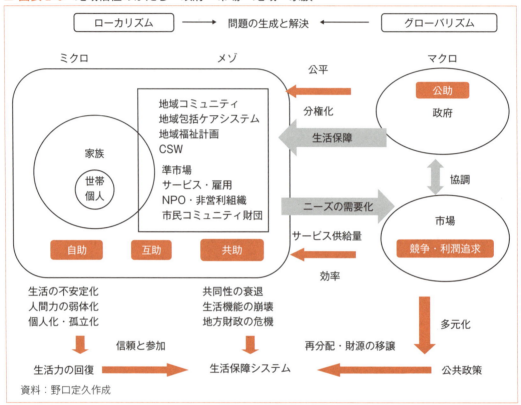

資料：野口定久作成

> **POINT**
> ▶ グローバリズムとローカリズムのなかの地域福祉を問題の生成と解決の文脈で捉える
> ▶ マクロ・メゾ・ミクロレベルで関係性を捉える
> ▶ 政府・市場・地域・家族の要素を公助・共助・互助・自助の役割と相対化してみる

① 社会の安定を保つために

　内閣府の『平成28年版高齢社会白書』によると、1947年から1949年生まれの団塊の世代がすべて75歳を超える「2025年問題」以降、2040年ごろに65歳以上の人口が減るらしい。この間に、日本はどのような社会になっているのだろうか。確実に言えることは、2025年以降の15年間に社会保障制度で支えられる人が今よりずっと多くなるということである。

また、国と地方の債務残高は名目国内総生産（名目 GDP）の 250％に達し、経済の実力を示す**潜在成長率**は人口減少を映してマイナスに陥る可能性がある。医療や介護、年金、子育て支援等の社会保障費が膨張し、財政を圧迫する。この最悪の構図は何としてでも回避しなければならない。社会の安心の基盤になってきた社会保障制度やその財源調達は、現役世代の安心はもちろん、次世代の安心をも保障しなければならない。今ならまだ間に合う。

② これからの地域福祉のかたち

　われわれが住む地域コミュニティの安定や安心は、どのようにしてつくっていけばよいのであろうか。地域コミュニティや家族で生じる、今日の複雑な諸問題を解決に導く「地域福祉のかたち」を表してみよう。地域福祉の政策の方向として2つ視点を取り上げる。1つは、空間としての地域コミュニティの視点である。社会福祉の資源供給は、主として「国民国家（中央政府）」「市民社会（市場）」「家族」の3要素で提供されていた。それが近年では、「家族」が個人化し、家族構成員個々の問題を家族・世帯として受け止めきれず、問題が社会化する傾向が強まってきた。こうした家庭内から外部化してくる諸問題は、これまで主として、問題の性格によって「国民国家」や「市民社会」がそれぞれ対応してきたが、今日ではそれぞれの供給システムに破綻が見え出している。そこで、再登場してきたのがメゾ領域としての地域コミュニティである。現代の地域コミュニティは、共同性の衰退、社会的排除・差別と社会的孤立・孤独の問題群の登場、住民間の摩擦（コンフリクト）等の福祉問題の生成と解決の場としてさまざまな不安とある種の期待のなかに置かれている。

③ 公助・共助・互助・自助

　もう1つは、国民国家によるナショナル・ミニマム、セーフティネットの基盤形成、と市民社会による役割と参加の場の創出である。この国民国家と市民社会は、地方分権化のなかで、相対的に緊張と契約の関係形成の状況にあり、両セクターによる福祉サービス等の供給資源の多元的協働的提供が求められている。その要点を整理すると、①グローバリズムとローカリズムのなかの地域福祉を問題の生成と解決の文脈で捉える、②**マクロ・メゾ・ミクロ**[28]レベルで関係性を捉える、③**政府・市場・地域・家族**[29]の要素を**公助・共助・互助・自助**[30]の役割と相対化してみる、ということである。

　マクロからの公共政策は、国民国家によるナショナル・ミニマムに基づくセーフティネットの基盤形成、そして市場に基づく社会サービスの多元的供給といった**メゾ領域**の生活保障システムを下支えする再分配や財源の移譲を図ることである。その安心の下で、ミクロ領域の家族や世帯・個人は、自助と互助に基づいて、生活力を回復し、生活保障システムを補完することができるものと構想した。

1

3講 地域福祉の対象と課題

新しい福祉問題群
―その事象と課題

■ 図表3-1 新しい福祉問題群の事象と課題

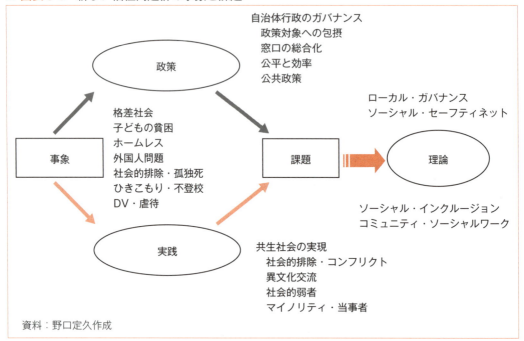

資料：野口定久作成

> POINT
> ▶ 個別事象を**生活困窮者**[31]の事例として把握
> ▶ 個別事象のアセスメントから政策と実践へ
> ▶ 政策と実践の諸課題を抽象化して理論をつくり上げる

1 地域福祉の対象―新しい福祉問題群

　現代の地域コミュニティや家族が抱える福祉問題の性格を確認しておこう。第一は、家族の変化である。単身家族や高齢者世帯の増加、共働き世帯の一般化は、介護ニーズの深刻化（高齢者虐待）、子育て・保育ニーズの多様化をもたらした。第二に、児童をめぐっての問題である。子どもの貧困や不登校、いじめ等の問題に家庭、学校、地域が立ちすくんでいる状況がみられる。教育、福祉、保健・医療等あらゆる社会のセクターで真剣に取り組むべき重要課題である。第三に、差別・排除や異文化交流の問題である。もう1つの国際化（滞日外国人の居住権）、ホームレス問題は、貧困や人権の問題と同時に、差別や排除の問題として、また異文化の交流の課題を地域住民に問いかけている。第四に、現代の災害被災者問題を被災者の生活再建問題と中山間地

域等の自然破壊の問題として捉える必要性である。これら新しい福祉問題群の政策と実践を課題化したのが図表 3-1 である。この図表は、最近のコミュニティに生起する新しい福祉問題群の事象と問題解決の流れをまとめたものである。今日、地域社会が抱える福祉問題の事象は、従来からの不安定な生活や介護問題、子育ての悩みといった福祉問題に加えて、新たにホームレス問題、外国人の生活問題や地域の人間関係、閉じこもりやひきこもり、DV や虐待などである。これらの諸問題は従来の福祉問題と複雑に絡まって多問題化しているのと同時に、個別の問題としてそれぞれの個々人や家族が抱え込んでいるのも特徴的である。

② 個別事象のアセスメント

これからの地域福祉の政策や実践は、こういった個々の問題を解決するとともに、地域社会で共通する政策課題と地域住民が支え合う実践的課題に取り組む必要がある。前者は、主として地方政府の政策や施策（プログラム）としての対応が求められる。例えば、従来は自治体が政策対象として切り取っていた（排除していた）問題を政策として包摂することであり、また窓口が対象別であったものをワンフロアーに総合化する、いわば**ワンストップ・サービス**[32]が求められる。また行政サービスの効率化とともに、市場のサービスが届かない、あるいは撤退したような地理的条件の不利な居住地への行政サービスのアクセス保障、すなわち公平性も併せて求められる。後者の実践的課題としては、ホームレスなどの社会的排除や障害者の地域や**施設コンフリクト**[33]の克服、外国人の生活様式を理解する異文化交流、交通弱者や災害弱者など社会的弱者への支援プログラム、マイノリティや当事者の市民権の獲得への取り組みである。

③ 政策と実践の共有化に必要な地域福祉の諸理論

財政政策は経済成長を促すという命題を解明したのがケインズ理論であることはよく知られている。この理論でもって、金融政策と財政出動政策は経済成長を促すという**アベノミクス**は経済成長の効果があまり出ていない。すなわち、従来の演繹法では、今日の複雑系の問題は解き明かすことが難しい。地域福祉は実践科学であり、政策科学でもある。したがって、新しい福祉問題群の解決には、実態に基づいて理論を検証する帰納法が適している。図表 3-1 の課題から導き出した政策面の課題解決の理論には、**ローカル・ガバナンス論**（施策や実践の内容を住民や自治体が協働してソフト面を考案し、ハード面は既存の社会資源を再利用する。そして財政面では、はじめから税に頼らず、市民財団基金の設立やそれぞれの事業収益を主体とする）、そして地方自治体の**ソーシャル・セーフティネット論**（労働や家庭における不慮の出来事—死亡、病気、交通事故、火災、地震、失業、貧困、倒産等に備えるための社会政策）が有用である。そして実践面では、**ソーシャル・インクルージョン論**（すべての人を包み込む社会）の理念に基づき、個別援助と小地域福祉活動の組織化を融合した**コミュニティ・ソーシャルワーク論**（個別援助技術と地域援助技術の統合）が有効であろう。

2

3講 地域福祉の対象と課題

貧困・格差と生活問題
―排除と孤立

■ 図表3-2　社会福祉が対象とすべき今日的諸課題（ニーズ）

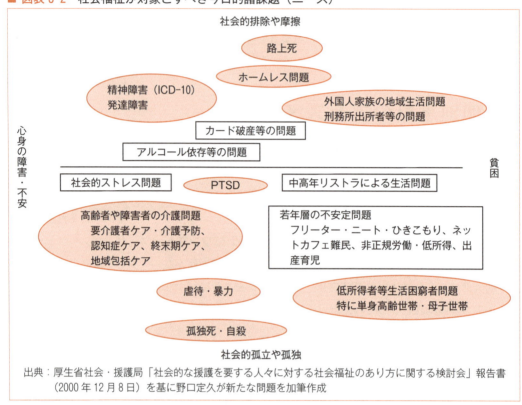

出典：厚生省社会・援護局「社会的な援護を要する人々に対する社会福祉のあり方に関する検討会」報告書（2000年12月8日）を基に野口定久が新たな問題を加筆作成

POINT
- 新しいリスクとして「社会的排除や摩擦」・「社会的孤立や孤独」軸が登場
- 社会福祉の今日的ニーズは「貧困」・「心身の障害・不安」軸と「社会的排除や摩擦」・「社会的孤立や孤独」軸の複合系として表出
- 「制度の狭間」問題は新しいリスクの事象として現れやすい

1 「新しい」対象としての福祉問題

　「社会的な援護を要する人々に対する社会福祉のあり方に関する検討会」（厚生省、2000年12月8日）は、報告書のなかで「社会経済環境の変化に伴い、新たな形による不平等・格差の発生や、共に支え合う機能の脆弱化がいわれている。従来の社会福祉は主たる対象を「貧困」としてきたが、現代においては、心身の障害・不安、社会的排除や摩擦、**社会的孤立**[34]や孤独、といった問題が複合化しており、時に極端な形態で顕在化する場合も少なくない。これらの諸問題に対

24

応するための、新しい社会福祉の考え方として、今日的な「つながり」の再構築を図り、すべての人々を孤独や孤立、排除や摩擦から援護し、健康で文化的な生活の実現につなげるよう、社会の構成員として包み支え合う（ソーシャル・インクルージョン）ための社会福祉を模索する必要がある。」と述べている。この報告には、ノーマライゼーションやソーシャル・インクルージョンの理念を概念としてだけでなく、実態として根付かせようという提起が含まれている。

② 排除と孤立

1990年代以降の特徴は、それ以前の「貧困や生活の不安定化」として表出した問題群に、「社会的排除や摩擦」と「社会的孤立や孤独」といった新たな福祉問題群が加わったことである。それらの問題群は、一つひとつの問題と連鎖複合化し、都市部から都市部の近郊へ、そして地方都市へ、中山間地域へと拡大しているのである。

また、同居人以外との交流が週1回未満の高齢者は、要介護や認知症になるリスクが、毎日頻繁に交流している人より約1.4倍高いことが日本福祉大や千葉大などの研究チームの調査でわかった（出典：2015年5月26日付　日本経済新聞）。

そうした状況のもとで、公共的諸問題（現代社会の福祉問題の多くが含まれる）の解決の場としての地域コミュニティが新たな意味をもつようになった。グローバル化による定住型の外国人家族の増加による地域人間関係の摩擦、地域のなかに建てられる障害者施設と周辺住民とのコンフリクト（葛藤）、近年の経済不況による失業やリストラと雇用問題等の新たな福祉問題に伝統的な地域社会や市民社会、そして行政はどのように向き合い、対応していくのか。現代の地域福祉の大きな課題でもある。

③ 地域福祉の"一丁目一番"地

現代社会における**福祉ニーズ**[35]の事象（リアリティ）は、これまでの、いや現実の社会保障や社会福祉制度およびソーシャルワーク援助や支援ネットワークから漏れ、困窮し、不平等を感じている生活困窮者といわれる人々の生活全般に表れている。このように、「制度の狭間」に陥った人々の存在は、いつの時代にも起こっているのであって、そのために、行政施策に対するやり場のない不満を抱えており、社会に対する不信感をもち続けているのである。しばしば制度やサービスへの該当という見方をしてしまいがちになる、あるいはならざるを得ない現状に対し、こうしたリアリティは、ソーシャルワーカーが生活困窮者にどのように向き合えばよいのか、その姿勢を問うているのである。「制度の狭間」に陥った人が、「ソーシャルワーク相談・支援の狭間」に陥らないように、ソーシャルワーカーがその所属する組織を超えた連携の役割やスーパービジョンを行うことが重要になってきている。**生活困窮者自立支援事業**[36]は、まさに地域福祉の"一丁目一番"地である。

3

3講 地域福祉の対象と課題

生活構造のシェーマ
— 雇用と家計

■ 図表3-3① 生活構造のシェーマ

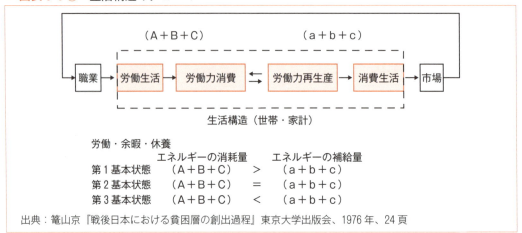

出典：篭山京『戦後日本における貧困層の創出過程』東京大学出版会、1976年、24頁

> **POINT**
> ▶ 個々の労働と消費の**生活構造**[37]が職業と市場の媒体をなす
> ▶ 消費生活で再生産された労働力は労働市場を通じて職業につながっていく
> ▶ 賃金が低くてはそれを十分に再生産できず労働力は漸次に摩滅していく

① 非正規労働者の生活構造

　今日、われわれがおかれている社会構造は、資本主義に特有な生産関係によって秩序化されているので、好むと好まざるとにかかわらず、その生産関係のなかで生活していかざるをえないわけである。その生産関係とわれわれが日々送っている家庭生活の関係をシェーマ（形式）に描いてみると図表3-3①のようになる。労働者は次の日にも、昨日と同様に、あるいはより優れた労働力をもって職業に立ち向かわないと、職業戦線で脱落者になるのである。職業はたえず労働市場を背景にもった競争のなかにあり、特に**非正規労働者**[38]の場合には、この関係が毎日、鋭く直面してくるのである。賃金や収入が低くてはそれを十分に再生産できず、労働力は量・質ともに、漸次に摩滅していって、やがてその労働者は生活の根源となる生産関係から順次脱落していくことになる。それゆえに、現代では、地域社会において一般階層の住民生活のコミュニティ水準を設定することが、地域福祉の重要な課題となってくるのである。

② 住民生活の基礎としての公共施設

　地域社会における住民生活を捉える必要な側面としては、まず世帯による家庭（消費）生活、そして地域住民が共同で使用、消費するもの（例えば道路、橋、上下水道、学校、公園、図書館など生活のための必要な諸施設・設備）、いわゆる**社会的共同消費手段**[39]と呼ばれるものがある。資本主義の発達が旧共同体の直接的共同性、いわゆる社会的な共同生活の様式を分化させ、やがてそれを社会の機能として整備していかざるをえない過程は、「**生活の社会化**」に伴う、社会保障・社会福祉の公的責任の発生根拠として重要な課題となってくるのである。ところが、都市化と産業化の進展による生活様式の変化と地域社会の不均等発展は、1つにコミュニティ（特に地域共同体）の解体として、2つに過疎地域の「社会的共同消費施設」の決定的な不足をもたらし、国民生活を貧困化し、地域社会を解体させていく重大な原因になっている。

③ 地域福祉活動の本質

　その場合、地域福祉政策としての最低限の設定基準と地域住民の生活実相に基づく最低限水準は当然異なるし、特に先に見た社会的共同消費手段の一部に含まれる在宅福祉サービスなどは、最低限水準を設定しにくいということもあり、また政策レベルで最低限基準化を怠ることもありうる。社会的共同消費手段にかかわる諸整備・施策の最低限基準化は、低所得層・要援護階層はもちろんのこと、一般階層にとっても必要である。政策レベルの最低限基準と住民レベルの最低限基準のギャップ、いわゆる最低限の二重構造を埋めていくことが、地域福祉活動の本質であるといえる。これは**ナショナル・ミニマム**のように中央政府が全国的に網をかけるのでなく、基礎自治体が住民の基本的人権である生活権を樹立する公準（**シビル・ミニマム**）を示したものである（松下、1971）。シビル・ミニマム論は、1963年から1964年にかけて行われた静岡県三島・沼津・清水二市一町の住民が環境アセスメントを行い、それに基づいて公害に反対し、政府の石油コンビナート誘致反対運動を起こし、保守層を巻き込んだ広範な運動となった住民活動を支える理論として登場した（宮本、2017）。今日では、公共施設等の老朽化や劣化をめぐって、改めて住民生活の公準としてのシビル・ミニマムの必要が問われている。

■ **図表3-3 ②**　男女別年齢階層別非正規労働者の割合

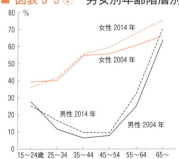

○厚生労働省の2014年の「就業形態の多様化に関する総合実態調査」によると、パートや派遣などの非正規労働者が労働者に占める割合が初めて4割に達した。
○男性は若年層と高年齢層の割合が高い。他方、女性は年齢に伴い増加しており、高年齢層では近年、その割合が高くなっている。

（注）役員を除く雇用者に占める非正規の職員・従業員の割合、15～24歳は在学中を除く
出典：総務省「労働力調査」

4

3講 地域福祉の対象と課題

地方の危機と住民定住化への模索

■ 図表3-4　地域に住み続けるための構図

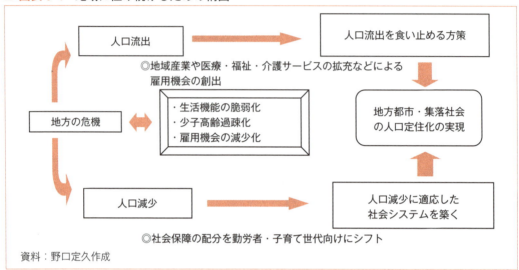

資料：野口定久作成

> POINT
> ▸ 地方の危機の共通性を探り持続可能な地域社会の形成を
> ▸ 人口流出を食い止める方策を考えてみよう
> ▸ 人口減少に適応した社会システムの構築

① 地方創生は"諸刃の剣"

　地方からの人口流出に歯止めがかからない。新自由主義的なグローバル経済（成長、イノベーション、競争）の進展は、超少子高齢社会とともに生産年齢人口の減少によって地域経済の沈滞化をもたらした。地方都市および農山村地域の再生にはどのような政策や実践が有効なのか。それぞれの地域が有する、優れた文化や自然、人間環境を再生することが何よりも緊急の課題である。このように地方の停滞は就業機会の不足による人口流出が主因とみられ、産業活性化による雇用創出の取り組みが不可欠である。各地域の産業集積を活かし、ポテンシャルを有する成長分野を中心にした取り組みが重要となる。

　地方創生では、成長の可能性のある中核都市や地方都市の創意工夫にメリハリをつけることが必要といわれ、いわゆる**コンパクトシティ**[40]化が推進されている。地方創生の施策では、過疎地の高齢者をコンパクト化した中心市街地に集め、高齢者サービスの供給を増やす措置がとられようとしている。すなわち、自治体財政の効率論である。一方、コンパクトシティは、過疎地域から住民を中心集落や市街地に移住させ、住民の先祖や墓の御霊、先祖代々の田畑や家・仏壇を守

らなければならないという居住の権利を剥奪することになりかねない。

② 人口の流出を食い止める

　過疎に悩む地方自治体にとって**地域再生戦略**[41]の方策は、人口流出を食い止め、人口減少に見合った社会システムを構築するための戦略と具体的な施策や事業である。第一の戦略は、人口流出への対策である。地域に住み続けるには、住居とまちを含めた公共空間の整備が必要である。社会的弱者を含めた地域住民の安定した生活基盤の**公共空間**には、地域福祉の「資源」（駅舎、商店街、公民館、郵便局、公衆トイレ、社会福祉施設等）と「空間」（住民が集まれる住まいやまちの空間づくり、よろず相談所、世代間の交流施設、高齢者・障害者・子どもの交流空間等）の再形成が求められる。それには、他方で、①高齢者や障害者等が生き生きと暮らせるまちづくり、②社会的弱者に優しい**地場産業**[12]の活性化、③自然と伝統文化と農業による地域ブランドの創造と流通、④それらの総合によって社会的弱者を含めた地域雇用を創出することが求められる。そのためには、地域経済を活性化させるため、ある面「効率性」が求められる。これらの実現には、「政府（中央・地方）と市場」を結びつけた新たな公共をつくり出す必要がある。そして、これらの2つの戦略を同時に進行し、従来の「公平と効率」の二項対立関係を変化させ、社会的弱者を排除せず、一定の地域の範囲において「公平と効率」の両立を可能にするのが地域再生計画である。

③ 人口減少に沿った社会システムの構築

　第二の戦略は、人口減少への対策である。それには、ここに住み続けたいという住民の意思を尊重し、在宅の生活機能を維持する社会基盤整備が必要である。しかし人口減少による公共サービスへの影響は大きく、1人当たりの費用負担増となる。公共サービス水準の維持や生活基盤整備には、「公平性」と「税の分配」への合意が必要である。また、集落の生活を持続可能にするためには、①コミュニティバスの運行、②家・田んぼ・墓の保全、③福祉・医療・教育へのアクセス、④介護・子育て等生活の支え合い活動が不可欠である。これらは、「地方政府と準市場」の新たな関係を創出することである。

　中山間地域の主たる産業は、農業、漁業、林業と建設業・製造業および商店自営業である。人口の減少は急速かつ著しく、若年層の流出に加え、後継者層までも就労機会確保のため長期離村が進行し、人口の高齢化に拍車をかけている。また、そのことは生産年齢人口の減少と少子化を加速させている。そこで、準市場を拡大するための対策は、①女性の就業率を延ばし、長時間労働をなくす、②近隣関係のつながりを高める、③高齢者の就労機会を拡大し、健康や生きがいの社会参加を促進することである。

5

3講 地域福祉の対象と課題

人口の社会的移動
―中山間地域と地方都市の居住圏

■ 図表3-5① 人口の社会移動と地域再生戦略

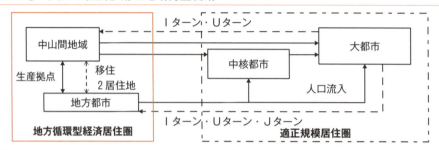

【課題】
* 高齢者のみ世帯の増加
* 若年層の流出による少子化
* 伝統的な相互扶助機能の弱体化
* 地域経済の沈滞化による雇用機会の減少
* 医療・福祉・介護・教育サービス機会の不備

【対策】
* 地元資源・自然エネルギーを生かした仕事づくり
* 地域に応じた医療・福祉・介護・教育サービスと雇用の場づくり
* 地域に暮らしのセーフティネットを張り巡らす
* Iターン・Uターン・Jターンの住宅と仕事等の生活保障
* NPO・社会的企業への財政投資戦略

【課題】
* 空き家・空き店舗・空きビルなどの衰退エリア
* 社会病理的現象の拡大と集中
* 施設コンフリクトによる住民間のトラブル
* 公共施設・住宅など生活環境施設の老朽化
* 住民間の共同意識や共同活動の希薄化

【対策】
* 空き家・空き店舗や老朽公共施設の建て替え（条例化）
* 道路空間の再配分（車道・自転車道・歩道）
* 元気高齢者の生きがい・健康施策の推進（健康寿命）
* 町内会・自治会とNPO活動等の連携施策の推進
* 地域包括ケアシステムの構築

POINT
▶ 地方創生会議の地域戦略は地域間格差を助長
▶ 地方都市や中山間地域が抱えている問題は未来の大都市の姿
▶ 地方都市と中山間地域を包摂した地方経済居住圏の構想

縮んでゆく地方

　地方の人口が減り続けている。総務省が公表した2016年10月時点の人口推計では、全国47都道府県のうち40道府県の人口が1年前と比べて減少していると示されている。特に、秋田県と青森県、高知県では、人口減少率が1％を超え、県外に移る人が増えた影響が大きくなっている。人口減少を子どもの出生数から死亡者数を差し引く「自然増減」と県内に移り住む人から県外に引っ越す人を差し引く「社会増減」の2つの要因に分けると、社会減による減少率が拡大している。このように地方から都市部への人の流れが強まっている。人口が増えた7都県は出生率が高い沖縄のほかは、東京や埼玉など首都圏の1都3県と地域の中心都市を抱える愛知、福岡で

ある。とりわけ首都圏への人口の集中が際立っている。したがって、地方においては、各圏域における**中核都市**への人口集中の傾向がみられ、その周辺の小都市では人口が漸減の傾向にある。過疎地域にいたっては、近年、急速に人口が流出し、集落の消滅の危機にすら直面している町村も出現している。

② 地方小都市・中山間地域が抱える課題

人口が過剰集中ぎみの都市社会の一方で、若者の流出によって高齢化が進行し、それに伴って自然増加率が小さくなり、少子化とともに生産年齢人口の減少によって、地域経済の沈滞化や第1次産業の後継者難が深刻化している地方小都市とその周辺の**中山間地域**[43]の集落が全国のいたるところで、いま深刻な問題を抱えている。高齢化が進行し、集落そのものが消滅しているところも現れ始めた。そして、中山間地域が抱えている諸問題が、いずれ都市社会に影を落としていくことが予測されている。したがって、地方小都市や過疎地域の生活問題、人口問題、自然環境問題、地域経済問題等を解決する方策を探ることが、都市部に生じる多様な問題の解決や緩和につながるのである。そこで、地方小都市やその周辺部の中山間地域が、いま抱えている諸課題を見ていくことにする。

③ 若者の地方志向も鮮明に

人口の「東京一極集中」の一方で、地方の若者の「地元化」や都市部からの**Iターン**[44]や**Uターン**[45]の傾向もみられるようになった。信号機もコンビニエンスストアもない島根県浜田市弥栄町には、「本物の田舎」の暮らしを求め、Iターン・Uターンした新住民が集まる。元から暮らす住民と連携を密にし、農業再生や風力発電など新規事業を通して町に新風を送り込んでいる（出典：2016年7月13日付　日本経済新聞）。独立行政法人労働政策研究・研修機構「若者の地域移動―長期的動向とマッチングの変化」（堀有喜衣主任研究員）の分析によると、地方の若者の「地元化」が鮮明になっていると指摘している。

■ **図表3-5 ②　若者の地元志向は強まっている（地方出身の大学・大学院卒男性の世代別移動）**

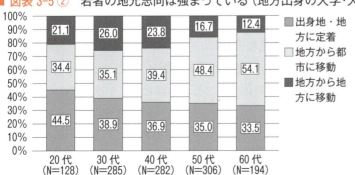

○地方出身の大学・大学院卒の男性の若者は、特に20代で地元定着率とUターン率が高まっている。

○40代以降の年齢層は同じ傾向を示し、特に進学時に流出する割合が高い。

○60代の大卒男性の進学時流出層のUターンを促進する地域づくり自薦が必要か。

出典：独立行政法人労働政策研究・研修機構「若者の地域移動―長期的動向とマッチングの変化」2015年

1 | 4講 地域福祉の思想と論理
地域福祉の哲学

■ 図表 4-1　地域福祉の哲学—承認と包摂

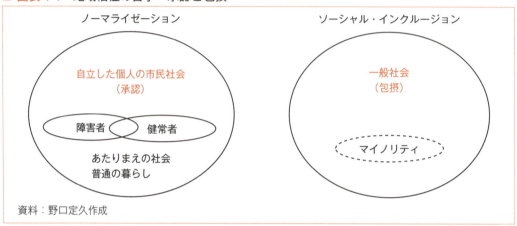

資料：野口定久作成

 POINT
- 地域福祉の基底には承認と包摂[46]という２つの価値が存在
- マイノリティを重んずる思想が民主主義の成熟度を示す
- 障害者差別を禁じ社会参加を促す権利条約も承認へ

① 何人も排除せず

　福祉国家の基礎である市民社会では、高齢者であれ、障害者であれ、子どもであれ、社会は人権をもつ者として同等に取り扱う義務をもち、人々は同等の取り扱いを受ける権利を有するのである。したがって、自立した（または、その意志のある）個人としての健常者と自立した障害者が市民社会において平等の機会があることがあたりまえの社会である。あくまでも、自立した個人の市民社会が成立基盤となる。

　ノーマライゼーションの思想を含みつつ、これからは、ソーシャル・インクルージョンという考え方が主流となりつつある。これと類似の言葉が日本にも存在する。「何人をも排除せず」という概念である。この概念は、社会学者の鶴見和子（みなかたくまぐす）が南方熊楠の曼荼羅図（まんだらず）のなかに発見した「萃点（すいてん）」の思想にヒントを得たものである（出典：鶴見和子『南方熊楠・萃点の思想—未来のパラダイム転換に向けて』藤原書店、2001年、137頁）。「何ごとも排除せず」が原語である。すなわち、すべての異質なものの出会いの場が「萃点」であり、何ごとも排除せずに配置を変えることによって社会変動をもたらす。配置を変えることによってそれぞれの個は、全体のなかに異なる意味を与えられることになる、と説く。もともと曼荼羅は、真言宗の世界観を示したもので、異文化間の価値観の対決を統合する新しい未来のパラダイム転換に向けて思考されたものである。

② 内発的発展論

　地域福祉の推進方法として必要な基本的理念は**内発的発展論**である。経済発展や経済成長を指標に国や地域社会の発展を測る近代化論に対して、内発的発展という考え方は、人間の成長が目標であって、それぞれの個がもって生まれた能力を基礎にした、それぞれの発展の可能性を尊重する論理である。すなわち、近代化論は、お手本をイギリスやアメリカのような工業化した近代社会に後発の国や地域が同じ筋道を辿って発展していくという「単系発展」のモデルを示している。この現象を日本社会に置き換えれば、すべての地方都市が東京化の形を追求していくという、かつての東京モデルの生活様式を普遍化することであった。内発的発展論では、それぞれの地域も子どもたちの時代、孫たちの時代に続いていってほしいとの思いを引き継ぎ、それぞれの能力を活かすという多様性の形を受け入れる考え方である。それぞれ違う多様な発展の形があることによって地域は生き残っていけるのである。近代都市の単系発展は、逆に過疎化し、衰退する地方都市も単系的かつ普遍的な衰退や消滅の道（生活機能が無くなると、人もいなくなる）を歩んでいくのである。地域の衰退は、単系であり、地域の発展は多様である。

③ マジョリティとマイノリティの共生

　2013年12月、障害者への差別を禁じ、社会参加を促進する**障害者権利条約**の締結案件が**承認**[47]された。日本の条約署名は2007年9月だったが、障害を理由とする差別の解消の推進に関する法律（障害者差別解消法）など国内法整備を先行させたため、国会承認まで約6年を要した。条約は、健常者と平等な権利を障害者に保障するのが目的で、社会参加に必要な措置をとるよう締約国に求めている。公共、民間の別を問わず、施設内で点字やスロープを整備しなければ「合理的配慮に欠けた差別」とみなされる。この法律は、社会的**マイノリティ**[48]に対する差別を禁止するものでもある。すなわち、法律の規制なしでは達成することの困難な承認ないしは相互承認の行われる場の確保および基本的人権の保障（市民間の対等性の確認）を実現するための法的措置である。

　社会福祉の思想家の阿部志郎は『福祉の哲学』（誠信書房、2008年、vii-viii頁）のなかで、「マジョリティの制する社会は、マイノリティを排除する。例えば、「要介護者は家族が面倒をみよ」、「社会的弱者が優遇されすぎていないか」などの言動は、「マイノリティを拒否する論理であり、根深い偏見の表れである」」と鋭く指摘している。

【参考文献】
武川正吾『連帯と承認―グローバル化と個人化のなかの福祉国家』東京大学出版会、2007年、3頁

2 4講 地域福祉の思想と論理

分かち合いの福祉社会の形成

■ 図表 4-2　地域福祉をめぐる今日的理論課題

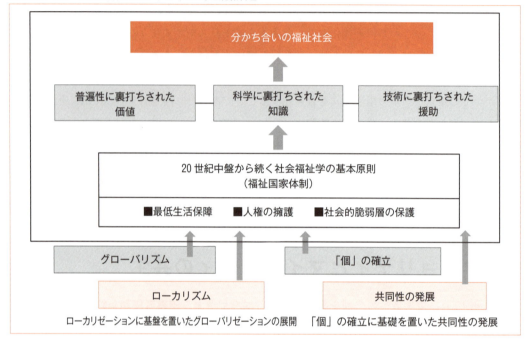

POINT
- 福祉社会は普遍的価値と科学的知識と技術的援助の裏づけ
- 「個」の確立に基礎を置いた共同性の発展
- ローカリゼーションに基盤を置いたグローバリゼーションの展開

1　福祉社会の3つの要素

　基本的に社会福祉制度は、一般的に発生した生活上の事故への事後的対応という性格を有している。したがって、福祉国家体制のなかの社会福祉制度は、①最低生活保障、②人権の擁護、③社会的脆弱層の保護ということが基本原則として付与されている。しかし、それだけでは、今日の地域社会における生活・健康・福祉にかかわる諸矛盾を、もはやカバーできない状態に立ちいたっている。さらに、こうした諸矛盾の前に地域社会や家族、企業等の組織が立ちすくんでいる状態が日本のあちこちで確認できるのである。

　そこで、**分かち合い**[49]の**福祉社会**[50]は、①幅広い階層の社会的・心理的ニーズに応えられる「対人福祉サービス」を促進し、普遍的な層を対象にすること、②そのためには地方自治体の分権化を進めつつ、自治体が財政的に自立すること、③福祉サービス提供事業者の多元化を進め、

財政と供給の関係を整理しながら、新しい公私の役割分担を明確にすること、④そして、そのうえで予防的な施策を打ち出すこと、⑤さらに、現代の福祉問題に立ち向かう主体形成を進め、市民や住民が自律化（他者から自分をコントロール）すること、などが当面の課題となろう。

② 「個」と「共同」の新たなつながり

　家族が個人化し、地域社会の匿名化が進行し、自治会等地縁組織が衰退するなかで、「親密」や「信頼」関係の崩壊が顕著である。しかし、他方では、新しい市民活動（NPOやボランティア活動等の非営利活動）の台頭もみられる。これら市民活動の要素には、信頼と互酬の規範が内在している。それは、地域コミュニティにおける「つきあい」や信頼関係が互酬的な生活習慣を普及させ、地域社会の多様なネットワークを強化し、それがまた信頼を生み出すといった信頼、規範、ネットワークの循環メカニズムを意味している。信頼には、面識のある人に対する信頼と面識のない人に対する一般的な信頼がある。信頼の水準は、競争力や民主主義の質を規定する。すなわち、互いの信頼が薄い組織だと、品質や納期に関する情報を集めるのにコストがかかるが、信頼の厚い組織では、そうした取引コストを抑えることができる。もう1つの要素は、互酬（助け合い）の規範である。日本の伝統社会にながらく蓄積されていた**お互いさまの思想**[5]である。この思想は、伝統的な地縁組織のなかに残影しているかのように考えられているが、実は新しい市民活動の活動原理のなかにも見出すことができる。市場での交換とは異なり、ボランティア活動やNPO活動の互酬（助け合い）は、近年、介護や子育ての分野で、お互いの必要を充足する資源として活用されている。

③ ローカルを基盤としたグローバルの展開

　今日の日本の地域経済の衰退や若年労働者の雇用問題は、経済のグローバル化に起因するところが大きい。そのためか、グローバリゼーションに対する強固な批判も存在する。グローバル化がもたらす画一化や非人間化の側面を「マクドナルド化する社会」と称したのがアメリカの社会学者ジョージ・リッツァである。彼が見落としている点は、日本は決してマクドナルドで画一化されているのではなく、豊かで多様な食文化を誇っているという事実である。これこそが、明治以来の日本がその独自性を維持しながら同時に外国文化を積極的に取り入れてきたことによって新しく創造した文化である。重要なことは、「個別的なもの、地域的（ローカル）なものの価値をしっかりとつなぎとめながら、その外部にあるもの、異質なもの、新しいものへの寛容と積極的な受け入れに対し、私たち自身が開かれている（オープンである）ことであり、それを通じて、自らと他者にとって共通に価値あるものを見出し、作り上げていくという行為」である（出典：2008年、日本経済新聞、盛山和夫）。むしろ、グローバルな価値と地域的なものとの共存こそが、新しい価値を生み出すのである。

3 新しい共同の場づくり―地縁組織と互酬ネットワークの結節

4講 地域福祉の思想と論理

■ 図表4-3　新しい共同の「場」づくり―開かれたコモンズの創生

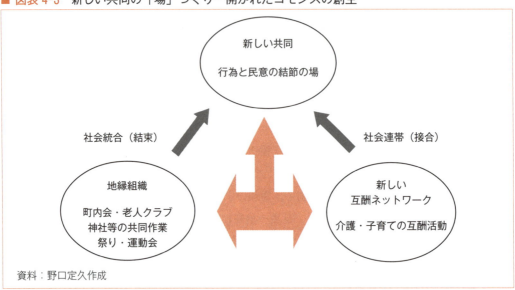

資料：野口定久作成

POINT
- 自己利益の追求を共通の利益に結び付けていくこと
- 共同の利益を生み出すような共同の有形無形の資産
- 社会保障制度の財政問題はコモンズの危機を内在

1 人口減少社会と共同性の危機

　今日の年金や医療保険などの社会保障制度の骨格は、1960年から1970年代初めにかけて形成された。当時は、**高度経済成長期**であり、合計特殊出生率も2.0台であった。しかし、その後、事態が急変したにもかかわらず、適切な制度修正が施されてこなかったことは、明らかな政策ミスといえるであろう。人口減少の影響は極めて深刻であり、地方経済の衰退、財政破綻に瀕した地方自治体、消滅の瀬戸際にある過疎地の集落などの現象が日本列島のあちらこちらに現れている。人口減少に伴って、日本経済の活力そのものが失墜し、格差の拡大や若年層の雇用問題、増大する一方の「国の借金」と「崩壊」に瀕した社会保障制度、危機に瀕した地域共同社会は、将来への展望のなさ、夢を抱くことの困難さ、若者を中心に、人々の心の奥深いところで正常な秩序感と未来への意欲を蝕んできている。

② コモンズの衰退

　1968年にサイエンス誌の寓話『共有地（コモンズ）の悲劇』が発表され、大きな反響を呼んだ。話はこうである。羊の放牧のために利用される共有地は、従来から村人が誰でも好きなように使える林や草地であった。つまり、村人や羊の**共生社会**[52]であるその共有地に、自己利益を追求する村人が現れ、次から次に村人たちの過放牧で荒れ果ててしまうという話である。いったん共有地がやせ細ってくると自分だけは何とか利益を確保しようとして、ますます過放牧に走る結果、事態がますます悪化する。**コモンズ**[53]とは、土地だけでなく、広く「人々にとって共同の利益を生み出すような共同の有形無形の資産」を指す（出典：2008年6月26日付　日本経済新聞「新しい共同性を求めて」盛山和夫）。

　この現象は、少子高齢化や人口減少に直面している社会保障制度の諸課題（高齢者給付増に対する現役世代負担の不平等、若者たちの社会保障制度に対する将来不安など）や地域社会の共同性の衰退をもたらしている。

③ 新しい共同の場づくり

　共同性とは、個人それぞれの利害や立場の違いを、孤立を乗り越えて、力を合わせて共同の問題に立ち向かうことを通じて、共に生きることの価値を確認し、それぞれがよりよい価値を分かち合っていくことのできるような「協働のしくみ」を指す（出典：2008年6月26日付　日本経済新聞「格差問題の本質」盛山和夫）。

　最近の地域事例研究では、1980年代ごろから、この町内会の住民たちが、新住民たちとともに、学童保育づくりや図書館づくり、在宅福祉サービス活動等を共に担い合う活動が見られ始めた。住民同士が面白くてやめられなくなる地域活動の思想を、共同体論に還元させるのではなしに、現実の活動のなかから求め、それを取り込むようなコミュニティ思想の内容とその可能性を探求することが求められている。現実的には、町内会組織は、慣行的な行事は盛大にもたれる、役員のなり手がいない、役員の負担が多い、親睦・交流事業に人が集まらない、共同作業に呼びかけても参加が少ない、未加入世帯が増加している、ゴミ・ステーションの管理が大変である等の課題を抱えながらも、町内会の住民とNPOが集う（文化と地域学習、スポーツと健康づくり、子育てや高齢者、障害者を支える活動、配食サービス等の在宅福祉サービス等）**新しい共同**[54]による多様な住民活動が増加してきているのも事実である。

　また、NPOやボランティア活動などの市民的互酬（個人あるいは集団間で、贈与を受けた側が与えた側に何らかの返礼をすることによって、相互関係が持続されること。例えば住民同士のお互い様の関係を金品の返礼で表わしたもの）・連帯による市民（住民）活動が重要となる。これらの新たな公共活動が住民の地縁組織と結合することによって、より豊かな地域社会が形成されることとなる。

4講 地域福祉の思想と論理

地域福祉の座標軸―継承と発展

■ 図表 4-4　地域福祉論の 4 つの志向軸＋1

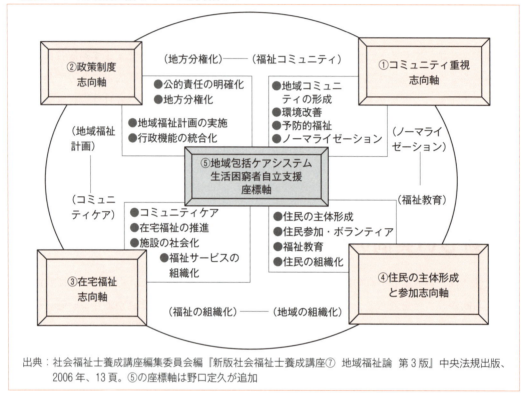

出典：社会福祉士養成講座編集委員会編『新版社会福祉士養成講座⑦　地域福祉論　第 3 版』中央法規出版、2006 年、13 頁。⑤の座標軸は野口定久が追加

POINT
- 現代社会の地域社会と家族への政策的研究が必要に
- 基礎自治体における福祉政策・実践・サービスの評価研究
- 地域包括ケアシステム・生活困窮者自立支援の実践研究

1　地域福祉の理論枠組み

　現代の地域福祉の理論を組み込んだ枠組みを提示したのが、岡本栄一の分析方法である（岡本栄一「地域福祉研究の動向と課題」日本地域福祉学会編『地域福祉事典』中央法規出版、1997 年、43 頁）。岡本は、1980 年代までの地域福祉の諸理論と 1990 年代以降の新しい問題状況に対応する地域福祉理論、例えば「在宅福祉型地域福祉」「自治型地域福祉」というような立論を取り入れた理論枠組みを考案した。これが、「地域福祉の 4 つの志向軸」論である（図表 4-4）。もちろん、4 つの志向軸が相互に関連しあっており、また理論研究と実践研究も区別されるもので

はなく、相互に影響しあいながら発展させていくものであることはいうまでもない。その方法は、これまでの地域福祉論の構成要素や諸概念を抽出して、①コミュニティ重視志向軸、②政策制度志向軸、③在宅福祉志向軸、④住民の主体形成と参加志向軸の4つの枠組みをつくり、それぞれに関連するキーワードを当てはめている。

② 地域包括ケアシステム・生活困窮者自立支援の座標軸

　4つの志向軸論にプラスした座標軸が⑤で示したものである。**生活困窮者自立支援法**[55]が2015年4月に施行されると同時に、全国の自治体では、民間団体等と協力し、ホームレスや障害者の就労支援や地域自立生活支援事業など推進方策の開発が進められている。この自立相談支援事業は、生活困窮者からの相談に早期かつ包括的に応ずる相談窓口となり、ここでは、生活困窮者の抱えている課題を適切に評価・分析（**アセスメント**）し、その課題を踏まえた「自立支援計画」を作成するなどの支援を行い、また、関係機関との連絡調整や支援の実施状況の確認なども行うことになっている。さらに認知症高齢者の見守り活動等、地域のインフォーマル活動の組織化などを含めた地域包括ケアシステムの構築も各地で展開され始めている。**地域包括ケアシステム**[56]および生活困窮者自立支援事業は、これからの地域福祉の座標軸である。

③ 家族の生活安定と地域再生

　現代の地域社会は、共同性の衰退、社会的排除・差別と社会的孤立・孤独の問題群の登場、住民間の摩擦（コンフリクト）等の福祉問題の生成と解決の場として不安と期待のなかに置かれている。それには、家族の生活上の安定を取り戻すことである。まずは雇用や所得の安定を図ることである。次に家庭内での精神的な絆を強め、個人の人間力（困難やリスクを克服する個の力、弱い人を思いやる心、社会性を身につけた個人等）を高めること、そして家族内、近隣、地域社会への信頼を高め、地域社会とのつながりや参加を促進することである。その多くの取り組みは、これまで地域に蓄積されてきた技術、人材、文化、伝統、自然、産業集積等の特色あるコミュニティ資源を内発的に活用・開発して、地域内から新たな動きをつくり出していることである。地域の人・まち・文化を活かして、安全で安心して住み続けられる**地域再生**[57]は、新たな地域福祉の基礎となる課題である。

　いくつかの過疎地域では、生命と健康を大切にした総合的な地域づくりが実践されており、医療機関の充実、訪問巡回医療と訪問看護体制の充実、保健師、訪問看護師、ホームヘルパーの増員等、在宅医療や在宅福祉活動が活発に取り組まれている。総じて、地域再生の条件には、①家族・地域の信頼や絆を取り戻すこと—ソーシャル・キャピタルの蓄積、②地域医療・福祉・介護サービスの拡充—ローカル・ガバナンスの形成、③中山間地域の地域資源を活用した働く場の開拓—**里山**の資源と都市の市場の結節などが想定され、その実現が急がれる。

4講 地域福祉の思想と論理

地域福祉の理論研究の特性

■ 図表 4-5　地域福祉の理論研究の特性

出典：岩田正美監、野口定久・平野隆之編『リーディングス　日本の社会福祉　第 6 巻　地域福祉』日本図書センター、2011 年、9 頁「体系性の意識化」に野口定久：地域福祉の体系（2008 年）を加筆修正

POINT
- 地域福祉の実践研究と政策研究の補完性
- 地域福祉の主流はローカル・ガバナンス
- 人間と社会の安全網（セーフティネット）のほころびが顕著に

① 地域福祉は応用科学

　地域福祉は、優れて**実践科学**[58]であり、かつ推進方法や技術を駆使した応用科学でもある。そして今日では政策科学への期待も大きい。これまでの地域福祉研究においては、理論・政策・実践・技術がどちらかというと個別に取り上げられるか、あるいはそのうちの領域を「と」で結ぶものが多かったように思われる。そこで、岩田正美監修の『リーディングス　日本の社会福祉　第 6 巻　地域福祉』において、これまでの地域福祉研究の系譜を野口定久・平野隆之編著『地域福

祉』にまとめた。この巻では、地域福祉研究の4つの領域（第1部「理論と思想」、第2部「実践と方法」、第3部「運営と政策」、第4部「系譜」）を包摂するバランスの取れた研究方法論として体系的に把握する道筋を示すことに努めた。

② 地域福祉理論の特徴

　地域福祉理論の特徴を次のようにまとめてみた。第一の特徴は、コミュニティケアと地域組織化活動の媒介項としてのサービス論の位置づけ。第二は、社会福祉協議会のコミュニティケア、地域組織化活動、在宅福祉サービスのなかでの再評価。第三は、研究方法論としての現場でのフィールドワーク手法（事例研究法、参与観察等）。第四は、研究系譜を踏まえた体系化。第五は、社会福祉研究の成果や制度としての社会福祉の課題との相対化。第六は、地域福祉政策や計画の新たな公共の「場」としてのローカル・ガバナンスを**地域福祉の主流化**[59]。第七は、地域福祉の政策と実践、あるいは援助技術の統合の媒介項としてのコミュニティ・ソーシャルワーク研究。第八は、参与観察のための研究方法の「研究開発」領域としての地域福祉計画。第九は、東アジアに対して日本の地域福祉の固有概念の発信および**国際比較研究論**の開発、などをあげることができる。

③ 社会経済と連動する地域福祉

　日本の社会経済は、2013年までの円高・**デフレ不況**[60]から円安・株高基調のなかで、いまだ、その出口（例えば、景気回復や社会保障・社会福祉のセーフティネットの再構築等）を模索して迷走している。社会福祉の領域では、雇用情勢の悪化による雇用不安やホームレス問題、自殺者の継続的な増加、外国人の雇用問題や生活問題が社会問題化し、高齢者虐待や若者の犯罪等も増加し続けており、あらゆる生活面での、特に人間と社会の安全網（セーフティネット）のほころびが顕著になっている。地域福祉は、公の領域の縮小（主として地域経済の縮小により公が後退せざるをえない）と家族・地域社会の機能の減退（家族や地域で担おうにも担う力が弱まっている）という状況において、社会的に不利な条件のなかで生きている人たちの「セーフティネット」を敷設し、それを「新しい公共」（NPO活動）、「地域主権」（住民主体）で推進することが求められる。

　このように社会経済の動向と連動する地域福祉の理論的課題の広がりを整理しておこう。①地球環境問題の広がり（地球固有の資源や多様な生命を育む生態系の保全、自然界の相利共生の思想）、②**高度情報通信社会**の到来（ITイノベーション）、③生活・文化重視型社会への移行（ライフワークバランス）、④安全で成熟した市民社会への模索（成熟社会の享受）、⑤特色ある地域資源を活用した新産業の創出（地域の自立的発展）。

1 従来のコミュニティ・モデル —1970年代のコミュニティ

5講 福祉コミュニティの形成—コミュニティ論を超えて

■ 図表5-1 コミュニティ・モデルの構成（1970年代）

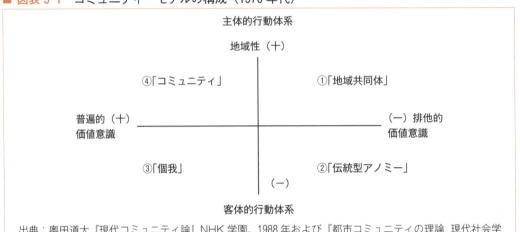

出典：奥田道大『現代コミュニティ論』NHK学園、1988年および『都市コミュニティの理論 現代社会学叢書11』東京大学出版会、1983年

POINT
- コミュニティの都市化モデルは地域性と共同性がキーワード
- 伝統型地方都市や大都市の旧市街地に有力な**共同体**[61]モデル
- 都市化の進展に伴って増加する**アノミー**[62]層

1 格差問題と共同性の危機

　コミュニティの定義は、社会学辞典では「コミュニティの社会学的含意は、一定地域の住民が、その地域の風土的個性を背景に、その地域の共同体に対して特定の帰属意識をもち、自身の政治的自律性と文化的独自性を追求すること、に示される」とされている。また、地域福祉論の泰斗である岡村重夫は、『地域福祉論』のなかで、伝統的な地域共同体が都市化のなかで変動していく地域の実情を踏まえ、地縁や血縁とは違った市民や住民のつながりをコミュニティという概念で表し、地域社会をコミュニティに再編し、さらに福祉コミュニティへと再構築することが地域福祉であるとしている（出典：岡村重夫『地域福祉論』光生館、1974年）。

　現代社会は、国内外において豊富な資源や人口を背景に放っておいても経済成長する時代ではない。例えば、少子高齢化に直面している社会保障制度存立への危機感は、共同性の危機の1つを示しているといえる。若者たちにとってみれば、「年金保険料を納めても損をするのではないか」という自己利益重視型の批判や反発が根強い。共同の利益が見失われがちである。その背景には、若者が減って高齢者ばかりが増えていくという、ある種の共同性の危機への予感と制度へ

の根深い不信感が漂っているのではなかろうか。そして、現代社会の少子高齢化、世代間での負担の押し付けあい、既得権の固執、醜い対立といった構造的問題こそが共同性を脅かす重大な要因であるとし、問題にすべきは格差の事実ではなく、「共同性を脅かすような格差」であるかどうか、と問いかけている（出典：2008年6月26日付　日本経済新聞）。

2 コミュニティの分析枠組みとモデルの類型

　奥田道大は、コミュニティを住民が主体的に創造し共有する普遍的価値意識に基づいて行動することによって新しく形成されるものであると位置づけている。奥田の分析枠組みは、大きく2つの軸で構成されている。

　1つは特定地域に対する行動や行為を捉える軸で、「主体的行動体系（＋）と客体的行動体系（－）」の体系軸である。これは、地域社会に居住する住民が、地域社会に対して受身的な状態から、どのように主体性を確立し、能動的・自発的に行動するようになったかを捉える軸である。もう1つは、「普遍的価値意識（＋）と排他的価値意識（－）」の軸である。他の地域から絶縁された排他的な地域共同意識に支配された状態からどの程度まで脱却して、他のコミュニティや異質な文化を有した人たちと交流・連帯するための価値を共有するようになったかを示す軸である。それぞれの位相は、「**地域共同体モデル（＋）（－）**」「**伝統型アノミーモデル（－）（－）**」「**個我モデル（－）（＋）**」「**コミュニティ・モデル（＋）（＋）**」という概念で説明される。

3 コミュニティ・モデルの変容

　わが国では、1970年代以降、国民の生活実態や意識の変化を背景に、政策的にも実践的にも社会福祉の基盤をコミュニティに置くようになってきたのである。しかし、この時期に社会福祉の立場から地域福祉やコミュニティケアが主張され論じられても、それぞれのコミュニティ・モデルの現実はこれに応じられるものではなく、それどころか現実は生活の諸困難やニードの源泉となっているという、いわばコミュニティの崩壊過程が急激に展開していった。ところがこのような状況に対して、最近、新しい動向が現れてきている。近代化・工業化による**コミュニティ崩壊論**[63]に対して再検討が言われているのである。そして現実の地域社会においてもコミュニティの生活は重要な意味をもっていることへの認識が高まりつつある。

【参考文献】
見田宗介・栗原彬・田中義久編『縮刷版 社会学事典』弘文堂、1994年
野口定久『人口減少時代の地域福祉―グローバリズムとローカリズム』ミネルヴァ書房、2016年

2

5講 福祉コミュニティの形成―コミュニティ論を超えて

コミュニティの類型化
―連帯と包摂

■ 図表5-2　コミュニティの類型化

		社会保障的価値 (連帯的活動)	
		弱	強
社会福祉的価値 (包摂的活動)	強	当事者性の強い コミュニティ	福祉コミュニティ
	弱	アノミー型コミュニティ	個人主義の強い コミュニティ

出典：宮川公男・大守隆編『ソーシャル・キャピタル―現代経済社会のガバナンスの基礎』東洋経済新報社、2004年、42頁を基に野口定久作成

POINT
- ▶ コミュニティの互酬的慣行を普及させネットワーク強化
- ▶ 集団の構成は文化的にも人口特性的にも同質的になりがち
- ▶ 当事者運動は社会福祉サービス運営の官僚化傾向に対抗

① 人口減少社会のコミュニティ

　グローバル資本主義[64]を牽引する新自由主義による合理主義的生活習慣の偏重の過程で、私たちは伝統文化や共同体の価値観を否定しつつ、**私的個人主義**[65]へと埋没し、かつ社会的個人としての非自立性など、現代コミュニティを担っていく主体を喪失していったといえよう。私たちは市場で売買することのできない福祉的文化的価値の居住資源（ストック）を生活やコミュニティのなかでもう一度見つけ出していく努力が求められているのではなかろうか。

　人口増加の時代、いわゆる近代化の時代には、多くの日本人が利己的な消費や余暇をある種の豊かさの価値として家族や企業、地域社会のなかで日常生活を過ごしてきたとしても、大きな問題ではなかった。その過程で、イエやムラのような**伝統的共同体**が古いものとして経済成長の障害となって崩壊していった。しかし、人口減少は少子高齢化とも相まって、年金・医療・介護財政の危機をもたらしている。また、大災害の危機も多くなり、いつ自分が社会的弱者の立場になるか分からないという不安と閉塞感のなかに暮らしている。

② 社会福祉的価値と社会保障的価値の包摂

孤独死などの社会的孤立問題が顕在している今日、国民意識のなかで家族や地域レベルでの共同性の再構築がまず重要と考えられるようになった。地域社会のマジョリティがマイノリティを大切にし、マイノリティを包摂む、ゆるやかな共同体への共感が強くなれば新自由主義的な利己主義に陥っていくのを防ぐことができるのではないか。その際に求められるのが個人の倫理観・価値観である。この図表5-2で言えば、社会福祉的価値（包摂的活動）と社会保障的価値（連帯的活動）である。こうした価値観の多様性のなかでの一致を求めて話し合い、マイノリティの人たちへの社会福祉的価値を中心に据えた、ゆるやかな共同体を形成するとき、同時に社会保障の価値（連帯や再分配）に基づいた経済効率も重要となる。例えば、大災害で被災した人たちが支援を受ける場合、当初は生きるための物的支援が重要であるが、ある時点からは生活再建と地域再生が求められるようになってくる。その際に、経済効率性を重視した支援、例えば福島原発事故避難者の「早期帰還」政策のあり方は、被災者の生活再建や地域再生を阻害するおそれがあることも十分に留意する必要がある。

③ 福祉コミュニティの成立要件

　数年前の話であるが、デンマークのロッケ・ラスムセン首相が突然、大切な会議をすっぽかした。何でも家族の事情があったようである。家庭を大切にしていると好感度が高まったそうである。国連が世界で最も幸福な国としてデンマークを選んだ。日本は遠く及ばず53位である。そういう意味では、デンマークは福祉コミュニティの国であるといえる。そこには、デンマーク独特の「Hygge（ヒュッゲ）」という言葉で言い表される「小さな幸せ」「心地よい場所や雰囲気」（家族や友人とたわいもない時間を過ごし、一緒に食事をとる。気取らずリラックスできる空間を満喫する）という意味の、まさにデンマークの福祉コミュニティであるといえる。ではなぜ、デンマークの人々はこの「ヒュッゲ」を楽しむことができるのだろうか。それは、国や地方自治体の安心できるセーフティネットへの信頼感であろう。翻って日本の社会はどうであろうか。

　地域福祉の究極の目標が福祉コミュニティの創出にあることに、おおよその合意が形成されつつある。元来、コミュニティの概念には、人々が共に生き、それぞれの生き方を尊重し、主体的に生活環境システムにはたらきかけていくという意味が含まれている。福祉コミュニティは、今日の生活を踏み台にして明日の楽しい生活を夢見るという経済上昇志向型生活より、今日の生活を大切にして感性面での充実を求める傾向にある。人々が誇りをもって、そこで住みたい、働きたい、暮らしたい街や地域コミュニティを創造することが、定住人口と交流人口を引き付けるまちの魅力につながる。それには、**公共政策**[86]としての地域福祉の創造が不可欠である。

3 ソーシャル・キャピタル─つきあい・信頼・参加・連帯・包摂

5講 福祉コミュニティの形成─コミュニティ論を超えて

■ 図表5-3① ソーシャル・キャピタル調査項目の構成表

構成要素	（サブ指標）	個別指標
Ⅰ．つきあい・交流	（近隣でのつきあい）	＊隣近所とのつきあいの程度 ＊近所づきあいのある人の数
	（社会的な交流）	＊友人・知人とのつきあいの頻度 ＊親戚とのつきあいの頻度 ＊スポーツ・趣味・娯楽活動への参加状況
Ⅱ．信頼	（一般的な信頼）	＊一般的な人への信頼度 ＊見知らぬ人への信頼度
	（相互信頼・相互扶助）	＊近所の人々への信頼度 ＊職場同僚・友人・知人への信頼度 ＊家族・親戚への信頼度 ＊公的機関等への信頼度 ＊地縁団体等への信頼度 ＊市民団体等への信頼度 ＊職域団体等への信頼度
Ⅲ．社会参加	（社会活動への参加）	＊地縁的な活動への参加状況 ＊ボランティア・NPO活動状況 ＊地域業種組合等参加状況
Ⅳ．連帯	（子育て・介護の社会化）	＊社会保障（再分配）の負担と供給
Ⅴ．包摂	（マイノリティ）	＊社会的弱者（少数派）への対応

出典：内閣府国民生活局編『ソーシャル・キャピタル─豊かな人間関係と市民活動の好循環を求めて』国立印刷局、2003年を基に野口定久作成

POINT
▶ 伝統的な互酬の慣行を現代社会に適応させる
▶ 個別的なもの、地域的なものの価値をしっかりとつなぎとめる
▶ グローバル化がもたらす「負」の側面を克服

① つながり・信頼・参加の「見える化」[67]

　社会の至るところで、信頼の崩壊が表面化している。家族が孤立し、とりわけ子育て中の若年夫婦世帯や障害者・高齢者の要介護者を抱えた家族の間で、孤立や孤独が意識され、その解決が否応なしにコミュニティの再形成や家族関係の現代的意味を求める声となって現れてきている。そこで、豊かな地域社会の人間関係を創造する理論として**ソーシャル・キャピタル**[68]（以下、SC）という考え方に注視したい。

　SCは、別名「見えざる資本」と呼ばれている。「見えざる資本」とは、信頼、相互扶助などコミュニティのネットワークを形成し、そこで生活する人々の「つながり」を強めるようなものを

意味する。例えば、住民の非営利組織への積極的な参加、活発な寄付・ボランティア活動等は、SCを豊かにする重要な要素である。そして、豊かなSCが形成されている地域では、犯罪や児童虐待を減らし、高齢者や障害者の生活の質を改善し、少子化を防ぎ、さらに地域経済の成長を促すという調査結果も示されている（出典：内閣府国民生活局編『ソーシャル・キャピタル―豊かな人間関係と市民活動の好循環を求めて』国立印刷局、2003年）。

② 近隣づきあいがよくなると合計特殊出生率が高くなる

　SCの**指標**[69]を横軸におき、縦軸には、その結果としての社会関係の指標を据えると何が見えてくるのか。例えば、具体的な地域のつながりの程度を見る指標として「近所づきあい」が知られているが、図表5-3②では、「近隣づきあいがよくなると合計特殊出生率が高くなる」のかという仮説を検証してみよう。結果は、近所づきあいの程度が高くなると合計特殊出生率も高くなっていることがわかる。もちろん、合計特殊出生率の上昇は近所づきあいの程度だけによるものではないが、少子化対策の1つの目安にはなるであろう。保育園の充実や子育て助成金、働き方改革の施策の実施とともに、地域の相互扶助を高めていきたい。

③ 連帯と包摂の指標

　他方、一定の地域内でのSCの強さだけに目標が向く傾向は、ややもすると内向きや排他的なSCが形成されやすいというマイナス面も十分留意する必要がある。異質なものを排除して、同質のものだけでSCを高めるという閉鎖的な共同体をつくることではない。また、それに固執するとコミュニティの分断や対立を招くおそれもある。地域福祉計画でSC論を応用するねらいは、単に集落のSC数値の高低を測ることではない。したがってSCの項目には、一般的なSCの構成要素である「信頼・規範・ネットワーク」の3要素に、「連帯・包摂」の要素を加える必要がある。

■ **図表5-3②**　近所づきあいの程度×合計特殊出生率

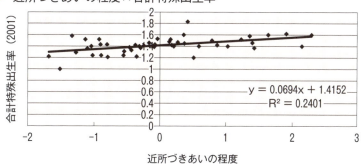

出典：内閣府国民生活局編『ソーシャル・キャピタル―豊かな人間関係と市民活動の好循環を求めて』国立印刷局、2003年、178〜179頁のデータを基に野口定久作成

4

5講 福祉コミュニティの形成—コミュニティ論を超えて

福祉コミュニティ創出への道筋
—コミュニティ論を超えて

■ 図表 5-4　福祉コミュニティと共同体の創造的関係

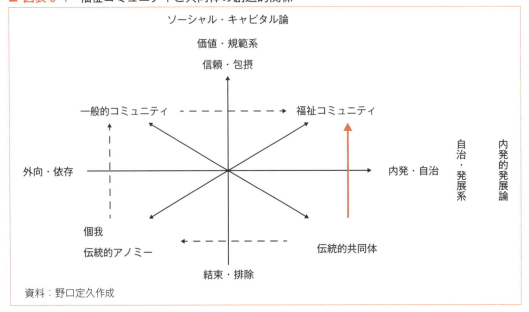

資料：野口定久作成

POINT
- 正常な秩序感と未来への意欲が蝕まれている
- 地縁組織とNPOが連携・融合して新たなソーシャル・キャピタルの形成へ
- ソーシャル・キャピタルが弱まると余分なコストがかかる

① 福祉コミュニティと住民自治

福祉コミュニティ[70]の組織は、重層的なネットワークの回路をもちながら、人と組織の柔らかな組み合わせのなかに、その本質を見出すことができる。コミュニティは、「絶えず相互に関係し合う人々の心の活動によって創られ、自他協力して共同活動を通じて関心が追求される」（出典：R. M. マッキーヴァー、中久郎・松本通晴訳『コミュニティ　社会学的研究：社会生活の性質と基本法則に関する一試論』ミネルヴァ書房、1975年）ものであることをマッキーヴァーは指摘するとともに、コミュニティ発達の基準として、「身体の弱い者、貧窮者、女性、被支配者、子ども、異邦人、外国人を配慮するか、無視するか」という価値的・態度的意味を取り入れていることに注目したい。このような**福祉的価値**[71]・マイノリティを包摂し、そこに居住する住民が主体となって地域の課題を解決していく住民自治や内発的行動態勢を実現しているコミュニティこそが福祉コミュニティであるといえる。

② 伝統的共同体から福祉コミュニティへ

　現在のコミュニティの姿をみると、将来への展望のなさや夢を抱くことの困難さが若者を中心に、人々の心の奥深いところで正常な秩序感と未来への意欲を蝕んできている。コミュニティが伝統的アノミー型の形を多く示すようになってきたといえる。これは、「地域共同体」モデルから「個我」モデルへと変化する過程で生じる過渡的段階のモデルで、「地域共同体」が解体して現実的な有効性を失いつつも、「地域共同体」に代わるモデルが見出せない過渡的な状態を指す。人々は地域への帰属意識が弱く、「無関心派」を形成する。地域を支えるしくみは「地域共同体」からの持ち越しが多く、白紙委任型の「無関心派」会員を前提とした町内会運営はその一例である。

　そうすると、図表5-4に示したように、従来のコミュニティ形成の過程は伝統的共同体→伝統的アノミー→一般的コミュニティという道筋ではなく、伝統的共同体→福祉コミュニティへの直接的移行も理論上は可能であるということを意味している。地域福祉の究極的な目標は、地域社会のなかに多くの福祉コミュニティをつくり出すことにある。そのためにも、地域社会に残っている伝統的共同体の要素を紡ぎながら、商店街や学校、サロン、コミュニティカフェなどを福祉コミュニティにつくり替えていく普段の地域福祉実践の重要性が増してくるのである。

③ ソーシャル・キャピタルの効用

　もう1つの福祉コミュニティへの道は、従来の地縁組織と新しい住民活動の形態であるNPOや社会的企業が連携・融合して、新たなソーシャル・キャピタル（以下、SC）の形成が見られ始めている。例えば、**認知症徘徊事故訴訟**[72]の最高裁判決の要旨は次のようである（出典：2016年3月2日付　日本経済新聞）。「男性は2000年12月ごろから認知症の症状がみられ、妻と、近くに転居した長男の妻が自宅で介護していた。症状が進んで徘徊するようになり、家族は連絡先を記した布を着衣に縫い付けたり、玄関にセンサー付きチャイムを設置したりした。男性は2007年12月、家族が目を離したすきに1人で外出し、電車にはねられて死亡した」と報じられた。このような事例は、多くのコミュニティで頻繁に生じるおそれがある。

　こうした事態に対応する自治体と住民活動が現れ始めた。兵庫県伊丹市は年内に、認知症の高齢者の居場所を自動的に家族に発信する全国でも珍しい取り組みを始める。市内1000か所に無線受信機付きの防犯カメラを設置。小型発信器を身に付けた高齢者らが近くを通ると、その場所や時間などがスマートフォン（スマホ）の専用アプリを通じて家族に伝わるしくみである（出典：2016年3月2日付　日本経済新聞）。このような事例からも、起こりうる社会的リスクに対してSCが弱まると行政サービスで足りない部分を補うために、個人や町内会で警備会社のサービスを購入するなど社会的コストがかかることも認識しておくことが必要である。

5講 福祉コミュニティの形成―コミュニティ論を超えて

福祉コミュニティとまちづくり
―居住福祉コミュニティの実現

■ 図表5-5 地域コミュニティと福祉コミュニティの関係構造

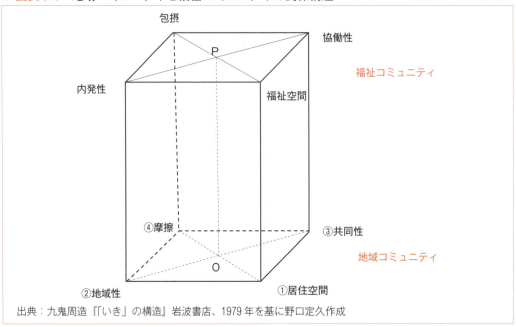

出典：九鬼周造『「いき」の構造』岩波書店、1979年を基に野口定久作成

> **POINT**
> ▶ 生活や文化は伝統的なものと新しいものとの融合
> ▶ 住む人にも訪れる人にも優しいまちづくり
> ▶ 集客力のあるまちの共通点は高齢者や障害者等社会的弱者に優しい

1 地域福祉研究のススメ

　下記の文章は、図表5-5の作成に援用した一文の引用である（なお、下線および括弧内は筆者が加えたものである）。

　『「いき（地域福祉）」という現象は如何なる構造をもっているか。先ず我々は如何なる方法によって「いき（地域福祉）」の構造を闡明し、「いき（地域福祉）」の存在を把握することができるであろうか。「いき（地域福祉）」が一つの意味を構成していることは云うまでもない。また「いき（地域福祉）」が言語として成立していることも事実である。しからば「いき（地域福祉）」という語は各国語のうちに見出されるという普遍性を備えたものであろうか。我々は先ずそれを調べて見なければならない。そうして、もし「いき（地域福祉）」という語がわが国にのみ存するものであるとしたならば、「いき（地域福祉）」は特殊の民族性を持った意味であることにな

る。しからば特殊な民族性をもった意味、即ち特殊の文化存在は如何なる方法論的態度をもって取り扱われるべきものであろうか。「いき（地域福祉）」の構造を明らかにする前に我々はこれらの先決問題に答えなければならぬ』（出典：九鬼周造『「いき」の構造』岩波書店、1979年、11頁）。

括弧の中には、地域福祉および福祉コミュニティなどの用語で入れ替えると理解しやすい。地域福祉や福祉コミュニティという用語は、諸外国のなかに見出される普遍的なものではなく、いわば日本独自の用語である。そして、それぞれの地域で特殊な意味をもったものであるともいえる。地域福祉の実践研究には、それぞれの実践の**特殊性**[73]を強調する以前に、一度普遍的理解を通したうえで、それぞれの地域性に即した実践分析の手法が求められる。

② 居住福祉コミュニティ

この図表5-5を解説してみよう。まず底辺は、一般的な地域コミュニティの構成要素である。①居住空間（物理的な住まいを含めた周辺の居住環境）、②③は、「何らかの地域的な広がりにおいて形成される生活の共同を意味するが、その広がりが多様であること、また生活の共同の内実が多様であること」（出典：蓮見音彦「地域社会」森岡清美・塩原勉・本間康平編『新社会学辞典』有斐閣、1993年）に依拠している。そして、④は従来から地域社会で見受けられる精神障害者施設と住民間の施設コンフリクト（摩擦）である。最近では、保育園の建設に対する周辺住民の反対運動も各地で発生している。

こうした地域コミュニティに対して福祉コミュニティのまちづくりは、上辺の、①福祉空間（福祉的価値を体現した空間）、②と③は、内発性と協働性に置き換わる。④は、包摂（マイノリティを包み込む社会）を意味している。PとOの中心線を結ぶ地域福祉実践は、認知症カフェなどの取り組みを通して一般的な地域コミュニティから福祉コミュニティへと止揚することが可能になる。

③ 被災者が居住する仮設住宅や復興住宅を居住福祉コミュニティに

例えば、このコミュニティを居住福祉コミュニティと名付けてみよう。その構成は、コミュニティ付き**復興公営住宅**[74]（ストック）＋医療・福祉・介護サービス（フロー）＋専門職（ソーシャルワーク）＋**見守り支援**[75]（ソーシャル・サポート）＋社会的企業（ソーシャル・ビジネス）からなる居住福祉コミュニティとして被災地の復興とまちづくりに応用されている。

東日本大震災・熊本震災や各地で頻発している災害からの復興の取り組みは、それぞれの地域の個別具体的でローカルな状況を踏まえ、歴史や文化も含めて住民の暮らし方や住民の、被災者の想いに添ったものでなければならない。

第 I 部 キーワード

1 人口オーナス
→ p.3 参照

団塊の世代と次世代の団塊ジュニア世代が生産年齢人口に加わったのが1980年代から1995年で、この時期を「人口ボーナス（恩恵）」期と呼ぶ。やがて、この膨張した生産年齢層が老年人口になっていき、さらに少子化が進行し、今度は人口に占める働く人（生産年齢人口）の割合が下がってくる。この現象を「人口オーナス（負荷）」と呼ぶ。

2 人口減少時代
→ p.3 参照

日本は世界に例を見ない速さで高齢化が進み、少子化傾向の定着と合わせて、人口減少による経済活動や社会保障・社会福祉への影響もみられるようになってきた。このような人口減少時代の社会は人口に占める働く人の割合の低下を意味し、それは、1人当たり所得の減少、人手不足、社会保障費負担の高まりをもたらすことになる。

3 社会的リスク
→ p.3 参照

ウルリッヒ・ベックが『リスク化する日本社会—ウルリッヒ・ベックとの対話』（岩波書店、2011年）のなかで警告。日本社会では、特に2000年以降、失業や雇用、年金や医療の制度疲労や企業・地域・家族の社会保障機能の縮小によって社会的リスクが拡大し、その縮減を図るべき社会保障制度や企業・地域・家族といった中間集団が機能不全に瀕している。

4 合計特殊出生率
→ p.4 参照

1人の女性が生涯に産む子どもの平均的な人数。15歳から49歳までの女性を出産期と想定して算出した年齢ごとの出生率を合算する。日本の人口を将来にわたって維持するには2.07の出生率が必要になる。アベノミクスでは、子どもを欲しいと考える夫婦の希望がかなった場合の出生率（希望出生率）を1.8にする目標を掲げている。

5 家族主義
→ p.5 参照

G・エスピン–アンデルセンは、『福祉資本主義の三つの世界—比較福祉国家の理論と動態』（ミネルヴァ書房、2001年）のなかで家族主義モデルを提示した。社会保険制度は未就労の主婦を給付対象に含めず、母性を支援する家族手当を給付した。その結果、公的支援の少ない在宅介護や育児・子育ては家族福祉への過重負担を強いることになる。

6 脱家族主義
→ p.5 参照

G・エスピン–アンデルセンの福祉国家レジーム分類によると、脱家族主義モデルは主として「社会民主主義的レジーム」の特徴として表現されている。家族構成員のニーズを充足するための給付・サービスの提供、女性の雇用進出を促進・支援するという政策効果

の反面、家族介護や子育てのコストを社会化するために、その必要な費用を税負担に頼る傾向となる。

7 ケインズ的福祉国家

➡ p.7 参照

市場経済と国家介入型経済が混在する国家のしくみを理論的に擁護したJ．M．ケインズの『一般理論』（1936年）に因んで、財政危機に対応する福祉国家をこのように称する。この社会システムを保護するために完全雇用を維持しつつインフレを防止し、経済成長を促進することが求められた。

8 ブレトン・ウッズ体制

➡ p.7 参照

1944年、アメリカのニューハンプシャー州のブレトン・ウッズにおいて第二次大戦後の世界経済秩序の合意をみた。この資本統制によって所得再分配の機能が有効にはたらいたといえるが、1971年のアメリカのニクソン大統領による金・ドル交換停止宣言を契機に崩壊しはじめる。

9 プラザ合意

➡ p.7 参照

1985年9月22日にニューヨークのプラザホテルで開かれた先進5か国蔵相会議におけるドル高是正のための合意。1970年代末期のようなドル危機の再発をおそれた先進国により協調的ドル安の実施を図った。その後日本では急速な円高が進行し、低金利政策が不動産や株式の投機を加速させバブル景気の加熱をもたらした。

10 社会階層

➡ p.8 参照

個人や集団が位置づけられる社会的地位のヒエラルキーを社会階層という。社会階層理論を用いて社会関係の不安定化を究明したのが籠山京・江口英一である。現実に貧困状態にある人々を救済するだけでは不安定化を解消しえず、進んで健康な人々の最低限の生活を保障しなければならないという予防的機能論につながる考え方を主張した。

11 インナーシティ問題

➡ p.9 参照

都市社会の産業空洞化によって、大都市中心部の衰退化が生じ、高齢の単身者や子どもと別居した高齢者夫婦、あるいは心身障害者や長期失業者、管理社会からの脱落者等が大都市部の中心地区あるいは郊外の集合住宅に滞留する状況が現れてきている。

12 労働市場政策

➡ p.9 参照

労働力を商品として、需要と供給をめぐる取引が行われる市場のこと。今、労働市場では、人口減少による人手不足の深刻化と急速な技術進歩による失業の増加に伴う労働力の流動化政策が進行している。それに伴って働き方のミスマッチが生じている。その解消には、雇用の安定化政策が急務である。

13 生きづらさ

➡ p.10 参照

経済が成熟して従来のようなパイの拡大という状況がなくなった今、集団の内部では過剰な気遣いが求められる半面、集団を一歩離れると何のつながりや"救い手"もないような

関係性のあり方が、かえって人々の孤立や拘束感・不安を強め、またさまざまな"生きづらさ"の源になっている（出典：広井良典『コミュニティを問い直す―つながり・都市・日本社会の未来』筑摩書房、2009年）。

14 社会的排除
➡ p.11 参照

フランスにおいて、戦後復興から取り残された人々の存在を問題化した概念。現在の難民問題に共通する市民権の相対的剥奪に類似した公共的諸問題の一つ。また、地域社会では、多様性を排除してきた結果、地域のさまざまな組織が社会変化に対応できなくなり、衰退が加速している側面もみられる。反対語は、ソーシャル・インクルージョン（社会的包摂）。

15 ジニ係数
➡ p.11 参照

所得や資産の格差がどの程度あるかを示す指数。0から1までの数値で示し、1に近づくほど格差が大きいことを示す。全世帯の所得が完全に同じなら0になる。日本は、国際比較統計によると2015年時点で0.33、OECD34か国中、格差が大きいほうから11番目に位置する。ジニ係数は、中産階級の不平等度をよく示すといわれている。

16 主体形成
➡ p.12 参照

地域福祉の理念の特徴は、福祉実践や政策・計画への住民主体に基づく参加・参画の保障である。政策・制度は、その対象とする人たちを限定せざるをえない場合が少なくないため、一般的な市民参加に加えて、利害当事者の主体形成の方法が開発される必要がある。また、サービス提供者（専門職）の主体形成も同時に問われている。

17 バルネラビリティ
➡ p.13 参照

社会的弱者（バルネラビリティ＝弱い立場の人たち）とは、弱かったり小さかったりするために、傷つきやすく、損害をこうむりやすく、攻撃を受けやすい人々の総称である。交通弱者や災害弱者など社会的弱者への支援プログラム、マイノリティや当事者の市民権の獲得への取り組みが必要ある。

18 アウトリーチ型援助
➡ p.13 参照

ソーシャルワーク援助が行われる「場」の考え方。地域で支援を必要とする状況にありながら専門的サービスに結びつきにくい人たちのもとに、専門家側が出向いて、支援するサービス提供の行為を指す。援助する側は待っているだけでなく、援助者のほうから相手の生活の場で一緒に考え、そのなかで援助するという姿勢が求められる。

19 リーマン・ショック
➡ p.14 参照

2007年、アメリカのサブプライムローン（信用力の低い個人向け住宅融資）問題に端を発し、2008年9月15日に投資銀行リーマン・ブラザーズ・ホールディングスが経営破綻し、連鎖的に世界的な金融危機が発生した事象を総括的に呼ぶ。日本の平均株価も大暴落し、デフレ・スパイラルの悪循環を引き起こした。

20 ノーマライゼーション
➡ p.15 参照

社会福祉の理念はノーマライゼーションの思想で説明がなされている。デンマークのバンク-ミケルセンが提唱したことにはじまる。それは、国連の『精神薄弱者の権利宣言』や『障害者の権利に関する宣言』にも盛り込まれ、さらに、1980年の国際障害者年の行動計画に受け継がれてきた。

21 ソーシャルサポート・ネットワーク
➡ p.15 参照

社会生活を送るうえでのさまざまな問題に対して、身近な人間関係における複数の個人や集団の連携による支援体制をいう。住民や社会福祉関連機関、施設の専門職、ボランティア等のさまざまな人により組み立てられ、サービス利用者の個別の生活状況を支援するネットワークの形成が必要である。地域包括ケアシステムでは、認知症高齢者の近隣住民による見守り体制の組織化等で用いられる。

22 親密圏
➡ p.16 参照

近年政治学や社会学で取り上げられている「親密圏」は従来、家族空間を指すものとして論じられていた。その一方、親密圏とは、気心の知れた者たちに囲まれること、その関係性に価値を置く空間（愛の共同体）であって、そこでの主体は他者に依存することで成立しており、従来こういった関係性は私的領域としてその政治性が認められてこなかった（出典：齋藤純一編『親密圏のポリティクス』ナカニシヤ出版、2003年）。

23 所得再分配
➡ p.17 参照

市場に委ねておくと生じてしまう所得分配の不平等を是正するために、政府が累進税などの財政手段を用いて低所得者に所得移転を行う政策。所得の不平等の存在に対して租税と社会保障給付による不平等の是正効果のこと。2014年の所得再分配調査によると、再分配前の当初所得でみたジニ係数より34.1％改善している。

24 ソーシャル・インクルージョン
➡ p.17 参照

「社会的包摂」と訳される。その反対語は、ソーシャル・エクスクルージョン（社会的排除）である。1980年代、雇用や地域的つながりから脱落する社会的排除が先進諸国で新たな社会問題となった。日本では「派遣切り」が大きく報道されたリーマン・ショック（2008年）以降、2011年1月「社会的包摂戦略（仮称）」策定に向けて「『一人ひとりを包摂する社会』特命チーム」が政府内に設置された。

25 マトリックス
➡ p.18 参照

マトリックス解析法として用いられる。例えば、製品開発において、要求品質を縦軸に、品質特性を横軸に置き、対策の優先順位付け（目的・目標と手段・方策）や問題解決（原因と対策）の関連を数値データに変換し、統計解析することにより、全体を見通しよく整理する方法として使用される。

26 公共圏
➡ p.19 参照

ユルゲン・ハバーマスの公共圏概念として知られる。公共性、公共空間としても使われる。私領域の対語。人間の生活のなかで、他人や社会と相互にかかわりあいをもつ時間や空間、または制度的な空間と私的な空間の間に介在する領域のこと。現代では、マスメディアやインターネットの普及で共通する興味関心をもとにコミュニティを形成するようになり、その意義に再び注目が集まりつつある。

27　豊かな公共
→ p.19 参照

質のよい公共サービスと言い換えることができる。私たちの生活は、医療、福祉、介護、文化、上下水道や道路、公園などさまざまな公共サービスによって成り立っている。これらの公共サービスは、主として営利を目的としない主体が運営するために、得てして効率が悪く肥大化しやすい。公民連携の第3セクターによる「新しい公共」が求められている。

28　マクロ・メゾ・ミクロ
→ p.21 参照

そもそもマクロ経済政策は「最大多数の最大幸福」を追求するもので、ミクロ経済とは、「この地域に出店すればどの程度の集客が見込めるのか」といった特定の市場や取引を細かく分析する際に用いられる。最近では、ソーシャルワークの領域でもミクロ・レベル、メゾ・レベル、マクロ・レベルとして用いられるようになり、その統合的把握が求められている。

29　政府・市場・地域・家族
→ p.21 参照

中間層の消滅や所得格差の拡大、機会の不平等が世界政治を揺さぶっている。そのような状況のなかで、「自由市場」と「政府の介入」は相容れない概念という呪縛から解放するために、新たに家族や地域のコミュニティ概念を媒介要素に位置づける地域福祉が注目されている。

30　公助・共助・互助・自助
→ p.21 参照

近年、地域包括ケアシステムのなかで用いられるようになった。公助は生活保障等セーフティネット。共助は介護保険制度のサービス提供。互助は住民同士の新たな支え合い活動。自助は自分の健康維持として使用されることが多い。安心の礎になってきた社会保障の立て直しが困難な今、公助や共助を補完する自助や互助が果たす役割が大きい。

31　生活困窮者
→ p.22 参照

収入や資産が少なく、生活に困っている者を表す用語で、ワーキングプア、ホームレスなどがこれに相当し、社会問題となっている。経済的に厳しい家庭の子どもを対象にした無料学習支援に併せて、子どもたちが交流できるスペースを用意したり、食事を提供したりする例が増えている。

32　ワンストップ・サービス
→ p.23 参照

従来は自治体が政策対象として切り取っていた（排除していた）問題を政策として包摂することをめざした地域包括ケアシステムや生

活困窮者自立支援事業など相談窓口が対象別であったものをワンフロアに統合化し、サービス利用者へのサービス向上と行政サービスの効率化を図る総合相談窓口や「丸ごと相談室」の設置が進んでいる。

33　施設コンフリクト
➡ p.23 参照

精神障害者施設の建設にあたっては、日本では現在もなお反対運動が各地で発生している。最近では保育園の建設にも波及している。精神障害者や知的障害者、発達障害者の施設を地域で支援しようとする動きが活発になるに伴い、これまで社会防衛思想により隔離されてきた精神障害者と地域住民との新たな関係が形成されることとなる。

34　社会的孤立（SNEP）
➡ p.24 参照

SNEPとは、Solitary Non — Employed Persons の略で、20～59歳で未婚かつ無業、さらに、同居家族（多くは親）以外の交流がない人たちを指す（出典：玄田有史『孤立無業（SNEP）』日本経済新聞出版社、2013年）。2011年にSNEPは162万人に上り、急速にその数を増している。

35　福祉ニーズ
➡ p.25 参照

人間は、生きるために、食べ物、水、空気、衣服、家などを必要とする。社会福祉の領域では、人間の基本的な必要要件として、この福祉ニーズ概念を用いる。このニーズを充足するために対人福祉サービスを用意する。経済用語では「需要（支払い能力のある欲求）」と呼び、社会学用語では「必要」と言い表すことが多い。

36　生活困窮者自立支援事業
➡ p.25 参照

2015年4月より生活困窮者支援体系の構築と生活保護制度の見直しが総合的に取り組まれるようになった。全国の福祉事務所設置自治体が実施主体となって官民協働による地域の支援体制のなかで、①自立相談支援事業、②住居確保給付金、③就労準備支援事業、④一時生活支援事業、⑤家計相談支援事業、⑥生活困窮世帯の子どもの学習支援、⑦自立の促進を図るための事業の各種事業が行われている。

37　生活構造
➡ p.26 参照

労働・余暇・休養のエネルギー消費と補給のバランスを満たすことが生活には必要である。篭山京は低所得階層ではこのバランスが崩れ、具体的には家計において飲食費だけではなく教育費・娯楽費・交際費などを合計した額にも現れていることに注目した。中鉢正美はこれを生活構造の履歴効果であるという理論を展開した。

38　非正規労働者
➡ p.26 参照

期間を限った雇用契約を結ぶ労働者の総称。派遣社員や契約社員、パート、アルバイトなどが含まれる。グローバル経済のなかで、企業は雇用調整が比較的容易なことなどから積極的に増やしてきた。役員を除く雇用者全体に占める非正規労働者の割合は1984年に15.3％であったが、2015年には37.5％に達した。

39　社会的共同消費手段

→ p.27 参照

資本主義の成熟とともに、国民生活を支える重要な契機である社会的共同消費財—住民生活に必要な道路・下水道・広場や遊び場・レクリエーション施設・医療機関・学校・保育所や社会福祉施設・福祉サービス等—の不備状況が過疎地域で加速し、また都市部でも、その老朽化が目立ってきている。

40　コンパクトシティ

→ p.28 参照

街の中心に都市機能を集めるコンパクトシティの実現をめざす改正都市再生特別措置法が2014年5月に成立した。区域を指定し企業に福祉施設やスーパーなどの建設を促す。地方都市の再生には「規制より誘導が有効」との考えに立っている。他方、周辺地域の住民移住の促進が地域衰退につながるおそれもある。

41　地域再生戦略

→ p.29 参照

地域社会は相互に助け合い、安心を分かち合い、相互に高め合うため、地域社会での人間の生活を保障する福祉や医療、人間を高める教育というサービスが共同事業として供給されていなければならない。地域社会の協力によって、社会の限界を克服する任務が国民国家の任務となる（出典：神野直彦『地域再生の経済学—豊かさを問い直す』中央公論新社、2002年）。

42　地場産業

→ p.29 参照

地場産業というのは、特定の地域で歴史と伝統のある特産品をつくっている産業のことです。燕の洋食器、瀬戸の陶磁器、今治のタオルなどが有名。その地域の産業という程度の意味で、商業や建設業など、どこにでもある業種も含む産業全般の総称。インバウンド（訪日外国人）が増えるなか地産地消で観光業も貢献している。

43　中山間地域

→ p.31 参照

条件不利地域を対象とする地域振興立法には、①特定農山村地域における農林業等の活性化のための基盤整備の促進に関する法律、②山村振興法、③過疎地域自立促進特別措置法、④半島振興法、⑤離島振興法の指定地域が含まれる。古民家で移住体験など過疎化防止へ施設整備やコンビニエンスストアの移動販売車の普及も進んでいる。

44　Iターン

→ p.31 参照

出身地とは別の地方に移り住むことを指す。長野市が2018年2月に東京都内で大規模な就活イベントを開くほか、小川村も学生との懇親会を開いた。若者の流出と人口減に歯止めをかけるのが狙い。新たに冬のインターンシップを始める企業もある（出典：2017年12月19日付　日本経済新聞）。

45　Uターン

→ p.31 参照

「首都圏在住者のUターン意向調査」（電通九州）では、首都圏に上京した福岡都市圏の出身者、対象の500人のうち52％がUターンを希望していると回答。理由は「離れてみて出身地のよさ・魅力を再認識した」（26.5％）

や「東京での仕事に疲れやストレスを感じた」(18.8％) などとしている（出典：2017年11月8日付　日本経済新聞）。

46　包摂
➡ p.32 参照

社会的排除（ソーシャル・エクスクルージョン）を余儀なくされている人々は社会的に孤立し、文化芸術の享受はもちろん、社会参加の機会が失われがちである。そうした人々のコミュニティや社会参加を促進していく。このような考え方が生まれたのは、1960年代半ば、福祉国家の危機が議論されていたフランスである。その後、イギリス、EU諸国へと広がりをみせた。現在、先進国の文化芸術政策や公共劇場・ホールの運営において社会的包摂は重要な概念となっている（全国公立文化協会）。

47　承認
➡ p.33 参照

承認には2通りの意味がある。①障害者への差別を禁じ、社会参加を促進する障害者権利条約の締結、承認されたという意味と、②規制国家としての福祉国家では、社会的マイノリティに対して多数者が押し付ける「歪められた承認」を是正するための措置としての承認という意味がある。

48　マイノリティ
➡ p.33 参照

社会的少数者、または社会的少数集団、社会的少数派とは、その社会の権力関係において、その属性が少数派に位置する者の立場やその集団を指す。欧米では、マイノリティ・グループと呼ばれる。多くの場合、そのグループの一員であることによって社会的な偏見や差別の対象になり、社会的に抑圧されることがある。

49　分かち合い
➡ p.34 参照

深刻な経済危機が世界を覆っている。不況にあえぐ日本でも失業者が増大し、貧困や格差は広がるばかり。この「危機の時代」を克服するには、「痛み」や「幸福」を社会全体で分かち合う、新しい経済システムの構築が急務である（出典：神野直彦『「分かち合い」の経済学』岩波書店、2010年）。

50　福祉社会
➡ p.34 参照

福祉国家の問題点を克服する意味で登場した福祉社会。福祉国家の行政運用面でいくつかの問題点を指摘することができる。福祉社会をめざす福祉改革のスタンスは、社会保障（公的責任・措置）原理から相互扶助・市場原理へのシフト、福祉の多元化、自立と相互扶助、住民参加と住民自治、分権化と計画化等のキーワードで言い表されるとしている。

51　お互いさまの思想
➡ p.35 参照

農耕社会で普及した結（ゆい）、講（こう）のような伝統的な互酬のしくみを、新たな市民活動やNPOに結合させ、地域の自然や伝統文化などの資源と新たな市場を結びつけ、現代的な市場経済のなかでも機能するように制度化していく試みの思想。「お互いさまのシステム化」「互酬の制度化」と言い換えることができる。

52 共生社会

➡ p.37 参照

政府では、すべての国民が障害の有無にかかわらず、互いに人格と個性を尊重し合い、理解し合いながら共に生きていく共生社会の実現に向け、障害者基本法および障害を理由とする差別の解消の推進に関する法律の理念に沿って、障害および障害者に対する国民の理解を促進するための広報啓発活動に取り組んでいる（内閣府）。厚生労働省では、「地域における住民主体の課題解決力強化・相談支援体制の在り方に関する検討会（地域力強化検討会）」（2017年9月）の最終とりまとめを公表した。

53 コモンズ

➡ p.37 参照

土地だけでなく、広く人々にとって共同の利益を生み出すような共同の有形無形の資産を指す。生物学者ギャレット・ハーディンが1968年に『サイエンス』誌に発表した論文「コモンズの悲劇」のなかで、多数者が利用できる共有資源が乱獲されることによって資源の枯渇を招いてしまうという経済学における法則と説いた。

54 新しい共同

➡ p.37 参照

日本社会は、コモンズの衰退への不安に根ざした「共同性の危機」に直面している。社会保障の分野においても、少子高齢化による負担の押し付けあい、既得権への固執など、格差や世代間の分断が続いている。共に生きることの価値を確認し、それぞれがよりよい価値を分かち合っていくことのできるような共同性の再構築が望まれる。

55 生活困窮者自立支援法

➡ p.39 参照

2015年4月1日施行。生活保護法の改正に合わせて、生活保護に至る前、あるいは保護脱却の段階での自立支援の強化を図るための法律。本法第2条において「生活困窮者」とは、現に経済的に困窮し、最低限度の生活を維持することができなくなるおそれのある者と定義している。支援事業の主体は市（特別区を含む）および福祉事務所を置く町村および都道府県である（第3条）。

56 地域包括ケアシステム

➡ p.39 参照

地域包括ケアシステムは、それぞれの地域における「自助・互助・共助・公助」の役割分担を踏まえたうえで、それぞれの関係者が参加することによって形成される。したがって、住民のニーズや地域の特性が反映されたシステムの構築が求められる。「住まい」「生活支援」「介護」「医療」「予防」の5つを地域包括ケアシステムの構成要素としている。

57 地域再生

➡ p.39 参照

それぞれの地域のもつ優れた文化や、自然的、人間的環境を再生することが何よりも緊急な課題である。それは同時に、日本経済の苦境を救い、経済の活性化につながるものである（宇沢弘文）。地域社会の再生は地域文化の再生、伝統的建築物を残そうとするヨーロッパの地域社会再生に学ぶ必要がある（神野直彦）。

58 実践科学

➡ p.40 参照

今、地域福祉実践に求められているのは、構想力に裏打ちされた判断と行動、そして、それができる強い思いをもった人材の育成である。新たなビジョンを構想し、ローカルの場で、現場の一人ひとりが実践知のリーダーとなって、経験知と形式知を相互変換しながら新たな知識と技術を創造していくことである。

59 地域福祉の主流化

➡ p.41 参照

2000年の社会福祉事業法等の改正により、社会福祉法に新たに地域福祉計画が規定された。地域福祉が社会福祉のメインストリーム的な位置づけとなり、その状況を武川正吾氏が「地域福祉の主流化」と命名。現代日本の地方行政、地方自治、地域社会などに関係する諸問題が地域福祉のなかに集約的に表現される事態のことを指す。

60 デフレ不況

➡ p.41 参照

1990年代以降、グローバル化のなかで、デフレ不況が続いている。景気が悪くて物が売れない→企業は売値を下げる→売値を下げればコストが下がる→企業は賃金カットとリストラを進める→人々は物を買わなくなる→企業はますます売値を下げねばならない→ますます賃金カットとリストラが必要となる、という悪循環のしくみである。脱デフレの出口は見えない。

61 共同体

➡ p.42 参照

戦後の日本社会の遅れの原因を個人の未確立に求め、その要因の1つとして「共同体」をあげたのが大塚久雄『共同体の基礎理論』（岩波書店、1955年）である。本来は、単なる人間の社会ではなく、自然と人間の社会、生と死を一体化させた自治社会であり、伝統的な共同体は、自然への信仰を基底にもちながら展開する、共有された永遠の生命世界を形成していた。都市においても同様に「講」など多様な小さな共同体をまちのなかに張り巡らしていた（出典：内山節『共同体の基礎理論―自然と人間の基層から』農山漁村文化協会、2010年）。

62 アノミー

➡ p.42 参照

フランスの社会学者デュルケームがギリシア語のアノミアから創造した社会学用語で、『社会分業論』では、社会の分化した諸機能がうまく統合されず、対立や葛藤を生じている状態（出典：森岡清美・塩原勉・本間康平編集代表『新社会学辞典』有斐閣、1993年）。語源的には「無法律状態」を意味する。住民像の特色は、都市化の進展に伴って、いっそう増加すると予測される「伝統型地域無関心層」が多い。

63 コミュニティ崩壊論

➡ p.43 参照

生活様式の変化に伴う貧困化ともいえる実態は、他面において「コミュニティの解体」として現象化している。旧来型の地域社会は生産と労働の組織を媒介として成立していたものであるが、現代社会ではそれは消費の共同性として成立せざるをえない。人々の消費行動を地域社会全体の共同化へと連鎖させず、個々の世帯がバラバラに自己完結し、地域社会解体の基本的な要因の1つとなっている。

第Ⅰ部　地域福祉の思想と枠組み　キーワード

64 グローバル資本主義
➡ p.44 参照

国家間の障壁を取り除き、自由化を推し進めた資本主義のグローバル化のこと。リーマン・ショック後に進展した国際金融を中心とした新自由主義を世界規模へ適用したともいわれる。他方、グローバル資本主義を牽引する新自由主義による合理主義的生活習慣の偏重の過程で、人や地域間の格差が拡大、現代コミュニティを担っていく主体を喪失していった側面もみられる。

65 私的個人主義
➡ p.44 参照

一般的には、共同体や国家などの社会や集団よりは個人に価値を認め、その普遍性を主張する態度（出典：森岡清美・塩原勉・本間康平編集代表『新社会学辞典』有斐閣、1993年）。個人が至高の価値を有するという道徳原理の起源はキリスト教の伝統に求めることができる。現代社会においては新自由主義の経済思想の影響により、金融資本主義の実現をめざして欲望の極限化社会をつくり出してしまった。

66 公共政策
➡ p.45 参照

国民生活の安定と向上を直接の目的として策定・実施される政策のなかで、雇用、社会保障、住宅、教育など多様な領域が含まれる。その担い手は中央政府、地方政府、各種国際機関など多岐にわたる。今日では、その範囲は、①維持のための政策、②経済政策、③社会政策に拡がる。

67 見える化
➡ p.46 参照

厚生労働省は、都道府県・市町村における介護保険事業（支援）計画等の策定・実行を総合的に支援するための情報システムとして「見える化」システムを示した。介護保険に関連する情報をはじめ、地域包括ケアシステムの構築に関するさまざまな情報が本システムに一元化され、かつグラフ等を用いた見やすい形で提供される（厚生労働省、地域包括ケア「見える化」システム）。

68 ソーシャル・キャピタル
➡ p.46 参照

ボウルズとギンティス（2002年）は、信頼、同胞に対する配慮、コミュニティの規範の遵守を強調し、社会の良いガバナンスのために不可欠であると説いている。しかし、異質なものを排除して、同質のものだけでソーシャル・キャピタルを高めるという閉鎖的な共同体に留意する必要がある。

69 指標
➡ p.47 参照

一般に、何らかの現象をそのまますべて指標化することは困難であるため、それから概念をし、指標化すること。理論的定義と操作的定義を備えていることが望ましい。そして数量化されていても、数量化されていない定性的な目印でもよい。地域福祉の領域では、地域診断の手法としてコミュニティの生活指標を用いることがある。

70 福祉コミュニティ
➡ p.48 参照

1970年代に福祉コミュニティという言葉を

はじめて用いた岡村重夫は、「日常生活上の困難を現に持ち、または持つおそれのある個人や家族、さらにはこれらのひとびとの利益に同調し、代弁する個人や機関・団体が、共通の福祉関心を中心として特別なコミュニティ集団を形成する必然性をみとめることができる」（出典：岡村重夫『地域福祉論』光生館、1974年）と規定した。今では、福祉コミュニティの実質と、その実現が求められている。

71 福祉的価値
→ p.48 参照

福祉コンシャスな社会とは、社会的に弱い立場にある人々の福祉に対する配慮が行き届いた、また、人間的価値を承認した福祉社会という意味である。W. A. ロブソンは、『福祉国家と福祉社会―幻想と現実』（東京大学出版会）のなかで、「福祉社会が存在していなければ福祉国家は成り立たない」と福祉的価値の基盤を提唱している。

72 認知症徘徊事故訴訟
→ p.49 参照

認知症の男性は2007年12月、家族が目を離したすきに1人で外出し、電車にはねられて死亡した。最高裁は、民法第714条は責任無能力者が他人に損害を与えた場合、法定の監督義務を負う者に賠償責任があると定めるが、保護者や成年後見人であるというだけでは監督義務者には当たらないとの判決を下した。頻繁にこのような事故は起こりうるのであって、地域コミュニティの見守り支援体制の充実が急務である。

73 特殊性
→ p.51 参照

ある地域福祉実践には、普遍性と特殊性の両面からのアプローチが必要である。実践事例の研究方法は、事実（存在の把握）、普遍性（他の諸事例のなかに見出されるか）、その次に、特殊性（その事例にのみ存在する）の手順で行われる。

74 復興公営住宅
→ p.51 参照

東日本大震災で被災した自治体で、整備が進みつつある災害公営住宅にグループでの入居を促す動きが広がっている。仮設住宅で縁ができた人たちに隣り合って住んでもらうことで孤立を防ぐ狙い（出典：2013年11月26日付　日本経済新聞）。復興公営住宅の入居の年数が経過すると孤独死も増えてくる傾向にある。住民の見守り体制とともに、ソーシャルワーカーの巡回も必要である。

75 見守り支援
→ p.51 参照

厚生労働省の推計によると、介護や支援が必要な認知症の65歳以上の高齢者は2012年で305万人。高齢化を背景に2025年には470万人に増える見通し。65歳以上の4人に1人が認知症とその予備群となる計算となる。医療や介護の支援に加え、地域で徘徊を防ぐ取り組みなど見守り支援の組織化が急務となる。

第Ⅱ部

地域福祉の政策と計画

1 6講 地域福祉の行財政
福祉国家の揺らぎと地方分権
―成熟社会の地域福祉

■ 図表6-1 経済成長社会から成熟社会への移行

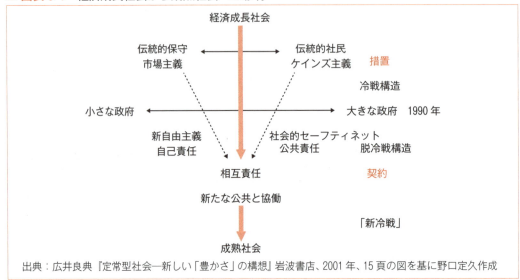

出典：広井良典『定常型社会―新しい「豊かさ」の構想』岩波書店、2001年、15頁の図を基に野口定久作成

POINT
- 冷戦構造期の経済成長が社会保障の財源
- 成熟社会の社会保障財源（福祉環境志向）、その分岐は1990年
- 経済成長以外の豊かな安定を志向する成熟社会

① 経済停滞期の地域福祉

　経済成長至上主義を基調とする、わが国の福祉国家体制（**日本型福祉社会**[1]）は、冷戦構造のなかで達成しえたものであった。そして、この右肩上がりの経済成長の財政力を背景に社会保障制度と費用の拡大を図ってきた。それに陰りが見え始める歴史的な転換点は、1989年から1991年の冷戦体制の崩壊であった。すなわち、1990年を境に経済社会の基調は、「脱冷戦構造」（グローバリゼーションによる格差の拡大社会）に移行したといえる。このような経済社会政策の環境変化のなかで、わが国の社会福祉基礎構造改革が進行していくことになる。わが国の福祉レジームのベクトルは、図表6-1で示したように、中央集権的な経済成長至上型の福祉国家レジームから地方分権による福祉環境型の福祉社会レジームへ方向転換していくことになる。以前のような経済成長が見込めない縮小型の経済社会においては、国や地方自治体で社会保障費の膨張を抑制しながら、人口減少社会に応じた新たな公共と協働による地域福祉実践に取り組んでいかなければならない。

② 成熟社会の地域福祉―2つの定義

　成熟社会[2]の1つの指標は、経常収支が黒字の場合は国内に入ってくるお金（輸出）が、出ていくお金（輸入）よりも多いことを示す。これを「成熟した債権国」と呼ぶ。日本の経常収支は第2次大戦後から1960年代まで黒字と赤字を繰り返した。石油危機を経験した1970年代は原油が大幅に値上がりして貿易収支が悪化し、1973年から1975年と1979年から1980年の経常収支は赤字となった。1980年代以降は自動車や電気製品などの輸出が伸び、経常収支は黒字を保った。2007年の経常黒字は約25兆円となり、比較できる85年以降で最高の数字である（出典：2014年2月11日付　日本経済新聞）。経済学者G.クローサーの国際収支発展段階説によれば、近年の日本社会は貿易・サービス収支の赤字を所得収支の黒字で補う「成熟した債権国」に分類されている（日本大百科全書）。ここでは、成熟社会における地域福祉の2つの定義を示しておく。第一の定義（構造）は、住民の社会的ニーズを充足し、地域生活にかかわる諸課題を解決するために、生活に最も身近な小地域および市町村レベルにおいて住民の参加と公民協働による公共目的を設定し、地域コンフリクトの解消を図りつつ、福祉コミュニティを形成していくための政策および実践の組織的営為を指す。第二の定義（機能）は、人権尊重とノーマライゼーション（社会的常態）およびソーシャル・インクルージョン（社会的包摂）の理念に基づき、地域コミュニティを基盤に一人ひとりの生命と生活を総合的に見守り支えるしくみを、当事者や住民の主体的な参加によって専門職間の連携を通じてつくっていく機能的行為を指す。

③ 成熟社会の地方財政

　現在の**地方分権改革**[3]は、第1次安倍内閣時代の2007年に発足した**地方分権改革推進委員会の勧告**を出発点に進められている。その後の2014年度の地方分権改革の特徴は、希望する市町村を優先して移譲する方式を一部取り入れた点（出典：2013年9月22日付　日本経済新聞）である。例えば、過疎地などで自家用車を使って高齢者を有料で送迎する事業者の登録事務などがそうである。希望する市町村がない地域では、都道府県が代わりに引き受けることもできる。実際には、仕事がさらに増えることに対して不安に感じている市町村もある。地方に事務や権限を移すときには財源もしっかりと手当てしなければならない。自立した自治体をつくるためには国から地方に配る補助金を減らして、その代わりに地方に税源を移譲することが欠かせない。しかし、税源を移すと都市と地方の税収格差が開く懸念があるため地方側ですら税源移譲に消極的なことが影響している。住民に身近な自治体の自由度を高めて、地域の発想を活かすことが地方分権のねらいである。これまでの地方分権改革で首長の発言権は強まったが、住民からみれば何が変わったのかよくわからないのが実情ではないだろうか。自治体は、例えば、**高齢者福祉計画・介護保険事業計画**などのこれまでの成果計画や実態を政策の形で、住民にはっきりと示すことがまず必要となる。

2 　6講 地域福祉の行財政
地方財政の建て直し
―歳出と歳入の構造改革

■ 図表6-2　国と地方の歳出・歳入の構造（2013年度決算ベース、兆円）

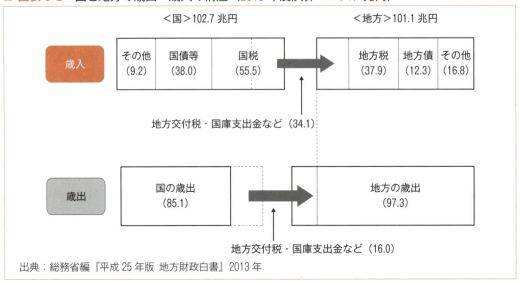

出典：総務省編『平成25年版 地方財政白書』2013年

> POINT
> ▶ すべての自治体が地方公共団体の財政の健全化に関する法律の定める指標をクリア
> ▶ 人件費を削り、住民サービスの質を落とし、数字を取り繕う
> ▶ 社会保障費や公共施設の維持費を賄うため貯金の切り崩し

① 国と地方財政の歳入・歳出割合

　2013年度決算ベースにおいて、わが国の**地方歳出**の割合は、全体の歳出のほぼ5割（53.3％）を占め、これは、世界的にみても、地方の歳出のレートがかなり高いことを示している。すなわち、実際に地方自治体に事務事業の多くが下りているということである。では、他方、国と地方の租税収入の実質配分をみると、日本全国の税収のなかで、地方の税収が約4割（40.4％）しか占めていない。すなわち、地方の事務事業の割合が高い割には、地方税収の割合がそれほど高くないということである。それを補うために、国から地方に財源移譲が行われている。具体的には、地方交付税、国庫支出金、地方譲与税であるが、大部分は**地方交付税**と国庫支出金である。現在の地方財政制度は自治体間の税収格差を調整し、自治体の歳入不足分を地方交付税として国が補填するしくみになっている。地方交付税は国の一般会計（2015年度時点で約96兆円）の16.1％を占め、社会保障費の次に大きな歳出項目でもある。国から地方への**財源移譲**の改革とし

て、特定補助金から一般補助金への補助金改革、そして地方交付税への切り替え等が指摘されている。

② 地方財政の現状と課題

このように全国的にも地方自治体の財政は楽になったわけではない。2013年度決算では、税など毎年決まって入る収入に対し、社会保障費など必ず生じる支出の割合を示す経常収支比率は全体で91.6％。この指標は「自治体のエンゲル係数」とも呼ばれ、比率が高いほど財政の自由度が乏しいことを示す。2004年度から毎年90％を超え、地方公共団体の財政の健全化に関する法律（以下、**地方財政健全化法**[4]）（借入金の返済額を指標化し資金繰りの程度を示す「実質公債費比率」や、将来の債務の重さを示す「将来負担比率」など）の施行前後で大きな変化はみられない。国庫支出金や地方交付税交付金は、地域の平均所得が低くても地域住民が必要な公的サービスを受けられることを目的としている。地方自治体の財政力の差は地方単独事業にも現れる。地方単独事業とは国庫支出金の対象とならない事業を指し、地方自治体の裁量の余地が大きいと考えられる。

社会保障関係の単独事業には地域福祉に関連する事業が多く含まれている。例えば就学援助、乳幼児医療費助成、妊婦健診助成、予防接種助成などである。これらの単独事業は、地方自治体の財政力の差に依存しているとすれば、「住民が住み続けられる地域」に格差が生じやすく、地方自治体の公平性の観点からみると、自治体の努力はもちろんであるが、そのうえで、自治体の特性に見合った国の援助が必要となるであろう。

③ 地方自治体の対人福祉サービス

地方自治体の財政状況は、増える社会保障費や老朽化した公共施設の維持費などを賄うため貯金の切り崩しや地方債の発行に頼っているのが実情である。米経済学者ウォーレス・オーツの**分権化定理**[5]では、住民に「近い」地方自治体に業務を任せるほうが効率的であるとし、地方自治体の**対人福祉サービス**[6]の再分配政策を推奨している。

しかし、自治体の再分配政策（例えば、介護保険料や高齢者負担、子育て支援策）による住民の移住によって、効果が減殺される可能性もある。給付水準の低い地域の人は、より給付の高い地域に引っ越すかもしれないが、そのような移住は流入先の地域での給付水準の切り下げ、ひいては切り下げ競争をもたらす可能性がある。これを「底辺への競争」と呼ぶ（出典：2015年11月23日付　日本経済新聞　別所俊一郎）。地方自治体の再分配政策、特に対人福祉サービスの取り組みの格差は、住民の他地域への移住を促進することになりかねない。

3

6講 地域福祉の行財政

地方財政再建の戦略
―ゲーム理論の応用

■ 図表6-3① 社会保障費と消費税の関係

	社会保障費の削減	社会保障費の確保
増税する	3 ＼ 1	−3 ＼ 2
増税しない	1 ＼ −3	0 ＼ 0

注：数字は左が納税者、右が受給者の利得
出典：2005年7月29日付　日本経済新聞　佐藤主光「財政政策と戦略」を参考に野口定久作成

POINT
- 社会保障費抑制と消費増税は双方の利得
- 増税後に利益団体は公共事業の歳出削減に反対
- 財政再建には増税と歳出削減の両方が不可欠

① ゆがむ地方財政の現状

　地方財政計画とは、政府が翌年度の予算編成に合わせて地方自治体の歳出入の規模を把握するためにつくるものである。約1800ある自治体の地方税収や歳出の総額を大まかに見積もることによって、国が地方交付税や補助金として補う必要額がわかる。この計画に基づいて、それぞれの自治体は年明け以降に予算を編成することになる。ただし、自治体が営む上下水道や地下鉄などの収支は含まない。

　ここで、ある自治体の財政状況を示しておこう。人口約2000人の山あいのこの町は、財政運営を国からの支援金である地方交付税に依存する。交付税の金額は17億円と税収の10倍に及ぶ。一方、貯金にあたる町が独自に積み立てた基金の残高は52億円。町の年間予算の2倍に相当する。全国の地方自治体が積んだ基金の総額は、2015年度末に21兆円とバブル期並みの水準に膨らんでいる。「自主財源は乏しく、将来への備えも必要だ。必要経費以外にお金を使えば無駄遣いの批判も受ける」（自治体担当者の説明）。2008年秋のリーマン・ショックの後、税収が見込みを下回り財源不足に陥る自治体が続出した。そして、平時でも危機に備えて余計にお金を積むことになる。都道府県レベルでの基金の額は1000億円単位である。政府の経済財政諮問会議や財務省は盛んに是正を求めるが、改革のメスはそう簡単に患部には届かない。問題の根深さは、国と地方で予算や配分額を決めるしくみがあまりにもざっくりしている点にある。

　戦後約75年、連綿と続く「地方財政計画」の作成という枠組みが根源である。毎年の予算編成の過程で、全国津々浦々の自治体を「地方全体」という形でひとくくりにし、支出計画をつく

る。地方の税収だけで足りなければ不足分を交付税で補う。この時点での支出はおおむね見積もり。予算に計上しても使わなければ繰り越しが発生し、2007年度から2013年度で毎年1兆円前後の額になる。財務省は地方財政計画上の余りは、結果として基金に流れているとみている、「親がお金を借り仕送りしているのに、子はその金を貯金している」。財務省幹部は国・地方の税財政の現状をこう表現する。2020年度の基礎的財政収支は経済成長した場合でも、国は13.2兆円の赤字が残るが、地方は4.9兆円の黒字を保つことになる（出典：2017年6月29日付　日本経済新聞）。

② 地方財政再建の戦略

　前述したように地方分権改革とは、少子高齢化や人口減少を背景に、地方財政の悪化という「歴史の曲がり角」ともいうべき時代に、地方社会の目標を成長優先から生活重視へと転換を図る画期的な改革であるといえよう。そこで、地方財政再建の戦略を考えてみよう。国の**財政再建**[7]には、成否はともかく税と社会保障の一体改革、官業務の民営化、国民との合意による増税の3つの政策が採られている。地方自治体は、どちらかというと借金の返済ではなく、公共事業など他の用途に使いたいという誘惑に駆られる。そのため、事後的には利益団体などによる歳出拡大の要求が強まり、財政再建が進まない、という現状に置かれている。

　ここで公共事業と税金の関係を**ゲーム理論**[8]で読み解いてみよう。図表6-3①は、公共事業削減とともに増税を実施すると、将来の財政不安を解消するので双方の利得になるとしている。これが逆の政策、すなわち増税が先で歳出削減の順で財政再建を進めると、増税後に利益団体は納税者らとの合意を破って、歳出削減に反対しはじめる可能性があり、財政再建路線の停滞を招くおそれがある。財政再建は住民との対話なしでは実現しない。住民からの信用を得るために改革を行うのでなければならないからである。

③ 全員を救うことは可能か

　「財政の問題は「現在世代」の我々が自発的に自己犠牲的な改革を実行するか、問題を先送りして将来世代に犠牲を押し付けるか、を選択するしかない。我々が自発的に自己犠牲的改革を決意し実行するには、現在世代の快適な私生活よりも、世代を越えた「社会」の持続的発展により大きな価値を置く何らかの「政治思想」をもっていなくてはならない」（出典：2015年6月12日付　日本経済新聞　小林慶一郎「世代越えた価値を」より抜粋）。この小林の言説を図表6-3②の「救命ボートのジレンマ」で考えてみよう。現在世代（親世代）が増税など一定のコストを払って財政再建プロジェクトを開始すると、将来世代（子世代）が親世代が死亡した後、経済混乱の回避というリターンを得るという事例である。Aが子世代で、A以外を親世代とする。例えば、①子世代が将来の社会保険サービスのリターンを望まず、増税を拒む（退船）選択をする。親世代も近未来の社会保険費のリターンが目減りするので増税を拒む（退船）とすると、結果的

にゼロサムゲームとなり、日本の社会保険制度は破綻してしまう（全員死ぬ）。②のケースは、親世代が生き残り、③は子世代が生き残る。④は子世代も親世代も増税を拒み、社会保険のリターンはもらい続ける。このケースも社会保険制度の破綻は免れない。つまりは、子世代の将来の安定を第一に社会保険のリターン部分を子世代に重点配分し、リターン分の一部を親世代にうまく配分できれば、親世代は自発的に財政再建を実行する。問題は、このような世代間の所得移転を伴う協調が可能かどうかである。増税を容認することが前提である。全員が助かるためには、これらのジレンマを乗り越えた世代間協調（地域福祉的価値：地域共生社会）が求められる。

④ 財政再建は住民の信認を得て

「ある町の財政が危機に瀕していて、消滅寸前の集落に居住する少数の者が不利益を自発的に甘受する自己犠牲的な行動をとれば、残りの全員が利益を受ける、という状況が消滅可能性集落の置かれた立場である。「ある集団の存続のために、一部の人々が犠牲になる必要がある」という事態は政治では頻繁に起きることである。しかし、地域福祉的価値では、全員を救うことができる。経済政策が対象とする「囚人のジレンマ[9]」であれば、全員が得をする均衡が存在するので、長期的な取引を導入するなどの工夫次第で全員が最善の行動をとるように経済的利益で誘導できる。そして、住民から信認を得るには財政の窮状を訴えるだけでは足りない」（出典：2015年6月12日付　日本経済新聞　小林慶一郎「経済教室」下線は筆者）。例えば、歳出削減として不必要な公共事業の削減、自治体施策や人件費の歳出カットなどが財政再建に寄与することを住民へのシグナルとして提示することが必要である。したがって財政再建には、増税（住民は同意するか）と歳出削減（公共事業、人件費など）の両方が不可欠である。問題は、その順番である。財政再建についていうならば、住民にとって「良い行政」の信認を得るためには、歳出削減を先行させ、それにコミット（確約）することが「良い行政」だというシグナルを送る必要がある。

■ 図表6-3② 救命ボートのジレンマ

A＼A以外	退船する	船に残る
退船する	①全員死ぬ 	②A以外助かる（※最善） 
船に残る	③Aだけ助かる 	④全員死ぬ 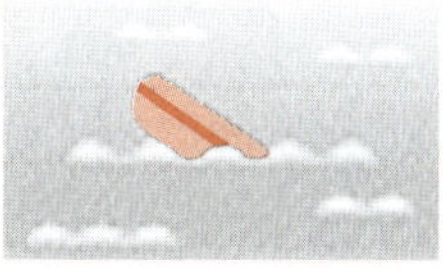

囚人のジレンマ

囚人A＼囚人B	協力（自白せず）	抜け駆け（自白）
協力 （自白せず）	Aの利得：10 Bの利得：10	Aの利得：0 Bの利得：15
抜け駆け （自白）	Aの利得：15 Bの利得：0	Aの利得：5 Bの利得：5

出典：2015年6月12日付　日本経済新聞　小林慶一郎「経済教室」

4

6講 地域福祉の行財政

新たな地域福祉の財源づくり

■ 図表6-4① 新たな地域福祉財源―コミュニティ・ファンド

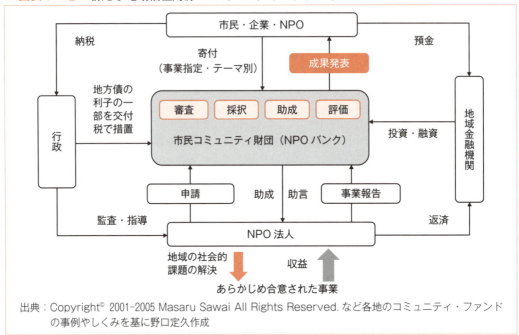

出典：Copyright© 2001-2005 Masaru Sawai All Rights Reserved. など各地のコミュニティ・ファンドの事例やしくみを基に野口定久作成

POINT
- 発達障害、自閉症の人の生涯にわたる療育、家庭支援を行う組織
- 市民の自主的な活動に対する助成や顕彰を行う官民協働組織
- 市民からの寄付を融資原資として活用

1 地域福祉の財源

　地域福祉の財源は、公的財源と民間財源に大きく分かれる。公的財源の予算科目は、一般会計予算、社会保障費、在宅福祉事業補助金が記されるが、主な**地域福祉財源**は、在宅福祉事業補助金が占めている。その多くは租税で賄われている。民間サイドでは、共同募金や福祉基金がすぐ念頭に浮かぶが、必ずしも寄付行為が習慣になっていない日本の現状を鑑みると、NPOの育成や設立による**コミュニティ・ビジネス**[10]、地域通貨（エコマネー）、**コミュニティ・ファンド**[11]を通じた地域福祉活動と地域経済を結びつけた財源調達活動も注目される。民間財源の新たな動きとしては、介護や障害者福祉、子育て、教育などの担い手として活発化しているNPO活動に対して融資を行うNPOバンクの設立が注目されている。NPOバンクは、行政からの出資や補助金を原資として行政がNPOに地域活性化のための事業を委託し、その活動資金を市民や企業、

地域金融機関からの出資金（投資・融資・寄付）が支えるというしくみである。

② 地域福祉活動を支援するコミュニティ・ファンド

　地域の社会的課題の解決やまちづくりに新たなコミュニティ・ファンドの動きが活発化している。しくみは、図表6-4①のとおりである。事例で紹介してみよう。飯田市は一般社団法人ムトス飯田市民ファンド（事務局：飯田市）を立ち上げ、NPO法人を対象に事業資金として無利子（NPO法人の事業以外の社会貢献活動を行うことを利息と捉える）で上限100万円、貸与期間2年以内で貸し付けるしくみをつくった。さらに、ムトス飯田市民ファンドはお金を貸し付けるだけではなく、貸付先のNPO法人へのアドバイス、フォローアップとして、助成事業やNPO関連情報の提供などを行っている。同様に、山形市においてもコミュニティ・ファンドへの団体登録が2005年ごろより始まっており、いくつもの団体が活動を行っている。

③ 保育所づくりへの福祉ファンド

　東京都では、福祉インフラのファンドをつくり、民間業者が保育所や**介護ビジネス**をつくるときにお金が足りない場合、（新ファンドが）銀行と同じ役割を果たし、投資家は保育所などの事業の利益の一部を受け取る、というしくみである。

　全国の**再生可能エネルギー**[12]事業に投融資する約300億円規模の**官民ファンド**を設立するなど、すでに実績がある。同様のしくみで福祉事業向けのファンドをつくり、ニーズが高いにもかかわらず整備の遅れている保育所などの建設を後押しする。東京都内は地価が高いため、配当に回す収益を確保できるしくみをつくれるかが課題になっている（出典：2014年8月26日付　日本経済新聞）。

■ 図表6-4②　官民連携福祉貢献インフラファンド

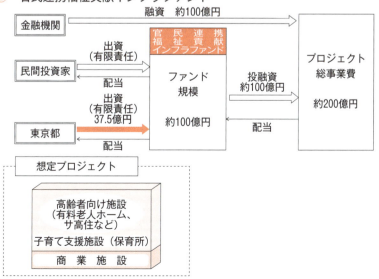

5

6講 地域福祉の行財政

福祉行政の中長期ビジョン
―地域福祉計画

■ 図表6-5① 地域福祉政策長期ビジョン

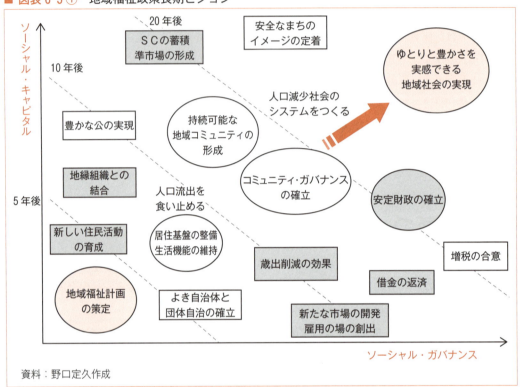

資料：野口定久作成

POINT
- 短期計画は利益団体の既得権益の壁が立ちはだかる
- 子どもや孫が借金返済に苦しむ社会か
- 子どもや孫が安心して住み続けられる社会か

① 地域福祉政策の長期ビジョン

　ここでは、中山間地域における地域福祉計画に取り組んだ山形県最上町の地域福祉の政策や実践にかかわる長期ビジョンの事例を紹介する。この長期ビジョンでは、**ロードマップ**[13]の手法を用いた。最上町地域福祉長期ビジョンでは、ソーシャル・キャピタルの蓄積（豊かな公による準市場の形成、安全なまちのイメージの定着）とソーシャル・ガバナンスの形成（新たな市場の開発と雇用の場の創出、安定財政の確立）を一対の軸として、最上町の20年後を想定し、持続可能な福祉社会の実現への構図を描いた。ここで3つのことを提起したい。第一は、地域福祉計画

の5年間を長期ビジョンの目標設定のなかに位置づける。第二は、計画の目標実現に向けて、地域福祉計画策定の軸を設定する。その軸は、住民参加と協働の手法によるワークショップで考案することである。その軸の要素には、ソーシャル・キャピタルとソーシャル・ガバナンスを設定する。そして第三は、ソーシャル・キャピタルとソーシャル・ガバナンスの要素からその地域に適した**コミュニティ・ガバナンス**[14]を自己創出することである。

② それでも日本の人口は減少する

　2015年に政府は地方創生の一環として自治体に5か年計画の地方版総合戦略と人口ビジョンの策定を求めた。将来人口を予測する人口ビジョンは、各自治体がさまざまな想定を示している。長期ビジョンでは、2060年に1億人を確保する目標を定めた。一方、国立社会保障・人口問題研究所の推計によると、総人口は、2015年国勢調査による1億2709万人から2065年には8808万人に減少するとの見通しが示されている。

■ 図表6-5 ②　合計特殊出生率は1.8には遠い

出典：厚生労働省「人口動態統計」

〇 2025年度目標の希望出生率の1.8の実現にはめどが立たない現状
〇 第1子の出産年齢が上がると第2子以降の出産は減る傾向
〇 晩産化の進展が出生率の伸び悩みにつながっている

③ 日本社会の将来ビジョン

　日本の合計特殊出生率の**人口置換水準**は、2.08と推計されている。それでも、日本社会は、合計特殊出生率1.8を達成するために地域福祉は何をなすべきなのだろうか。①自治体ごとに実現すべき将来像として地域福祉総合戦略を構想する。②地方人口ビジョンを出生率上昇や人口流出抑制、人口減少社会に応じた社会システムなどを想定し、自治体ごとに推計する。③**総合政策**[15]に企業、行政機関、大学、地方銀行、生活協同組合、メディアなどが参加し、目標に向かってそれぞれがネットワークを形成する。これが、人口減少時代の地域福祉の役割である。

7講 地域福祉の政策と計画

1 地域福祉政策の推移 ―経済政策との関係

■ 図表7-1　経済計画から地域福祉計画への位相

	成長の30年		衰退の20年	
1960	→	1990	→ 2000	→ 2010
	経済計画	社会計画	社会福祉計画	地域福祉計画
課題・領域	経済開発 　経済全体の領域 　経済政策 　　経済の安定的成長 　　物価の安定 　　国際協調 　　生活水準の向上 　　完全雇用	社会開発 　非経済領域 　社会政策 　　教育 　　住宅 　　保健医療 　　少子高齢化 　　ジェンダー 　　社会保障 　　雇用 　　日本型福祉社会論	社会福祉 　社会生活の領域 　社会福祉政策 　　福祉国家の再編 　　社会サービスの基盤整備 　　公共的諸問題の解決 　　地方分権 　　地域ケア 　　福祉社会の開発	地域福祉 　地域生活の領域 　地域福祉政策 　　ローカル・ガバナンス 　　地域主権 　　社会サービスの開発 　　セーフティネットの張り替え 　　ソーシャル・キャピタルの蓄積 　　地域包括ケアシステム 　　新しい公共の拡充 　　新しい共同の創造 　　地域居住資源の発見
	社会開発	社会福祉	地域福祉	居住福祉

出典：このマトリックスは、高田真治「社会福祉の計画技術」福祉士養成講座編集委員会編『改訂社会福祉士養成講座⑩ 社会福祉援助技術各論Ⅱ 第2版』中央法規出版、1992年を基に、近年の社会福祉や地域福祉計画の動向を踏まえ、野口定久作成

POINT
- 日経平均が史上最高値をつけた1989年までの30年を成長期と呼ぶ
- 1990年以降のバブル崩壊から20年が衰退期
- 経済成長と社会保障の好循環をつくり出す

① 戦後日本の経済動向―30年成長、20年衰退

　戦後日本の経済は、大きく「30年成長、20年衰退」の時期区分ができる。日経平均が史上最高値をつけた1989年までの30年を成長期と呼ぶことにする。その要因は、①繊維、鉄鋼、電気、自動車といった基幹産業の技術革新、②政治の安定、③金融システムの安定、④官主導の計画的な産業育成をあげることができる。そして、1990年以降のバブル崩壊から20年が衰退期にあたる。この「**失われた20年**」の特長は、①市場主義とグローバリゼーションという世界の大潮流のなかで、②少子高齢社会が急速に進行し、③生産年齢人口の減少に伴う内需の縮小、デフレ不況と円高による輸出産業の停滞、④近年の円安好況局面にもかかわらず、デフレから脱出する新たな国家ビジョンや成長メカニズムをつかみ切れなかったことによるところが大である。この「30年成長、20年衰退」の50年程度の景気循環の流れを「**コンドラチェフの波**[16]」と呼ぶ。

② 景気停滞期に登場した社会福祉計画

　この概ね50年の景気循環のなかで、経済計画から地域福祉計画までの位相を示したのが、図表7-1である。1960年から1989年までが「成長の30年」で、この時期が経済計画と社会計画が主流の時期にあたり、1990年から2010年までが「衰退の20年」で、この時期は、いみじくも社会福祉計画および地域福祉計画と相対している（野口、2015：105）。この図表を少し解説すると、経済計画は、経済開発にかかわるさまざまな課題をもっているが、経済成長のマイナス面を補完するものとして、社会開発が取り上げられた。社会計画は、非経済領域の社会政策（教育、住宅、保健医療、少子高齢化、ジェンダー、社会保障、雇用等の範囲）から社会福祉へと接近していくことになる。社会政策からの要請を受けた社会福祉は、生活関連領域の質的向上、福祉国家の再編、社会サービスの基盤整備という1990年代における社会保障・社会福祉の課題を解決するために、2000年以降、特に地域を基盤にした社会福祉へと大きく舵を切っていくことになる。一方、地方分権下において福祉サービスの地域間格差や地域共同体の崩壊によって生起する社会的排除や相対的剥奪といった公共的諸問題は、主として地方自治体が担うべき地域福祉サービス、施設ケアと在宅ケアを内在化した地域包括ケアを内容とする地域福祉計画の策定とともに住民参加を得て、その解決を否応なしに迫っている。

③ 経済政策と社会保障政策の合一化

　社会保障制度を充実していくためには、適切な分配（**再分配**[17]）政策が欠かせないが、分配だけが重視されるとバラマキになり、結果平等の考え方ばかりがはびこって、社会の活力が失われてしまう。今、日本社会は、一人ひとりの生産性を伸ばしながら、その果実を適切に分配するしくみづくりが求められている。例えば、出生率を上げるには単に子育て世帯への補助を充実するだけでは十分ではない。仕事と育児が両立できる環境の整備が肝要である。高齢化が進む日本では、介護を必要とする人は増え続け、要介護3以上の人は213万人（2015年）と2000年の2.2倍になる。介護離職者は年間約10万人にのぼる。国は「**ニッポン一億総活躍プラン**」で介護離職ゼロを掲げ、介護の受け皿拡充などに着手している。介護離職防止に向けた対策を行う企業に助成金を出すなど取り組みをはたらきかける。**介護離職**[18]を防止しようとすれば、**家族介護**の負担を軽減するだけでなく、さまざまなメニューを用意することで仕事と介護の両立を可能にする必要がある。労働力の減少が続く日本にとって、こうしたアプローチの意義は大きい。子育てや介護と仕事の両立を図ることで、就労人口が増加し就労者の脱落を防ぐことができるのである。そして、彼らが所得を得れば、それが消費に回って経済の拡大につながるという好循環をつくり出すことが必要である。

2　社会福祉計画と地域福祉計画
―新たな問題群の登場

7講　地域福祉の政策と計画

■ 図表 7-2　新たな問題群の登場と福祉政策の対応

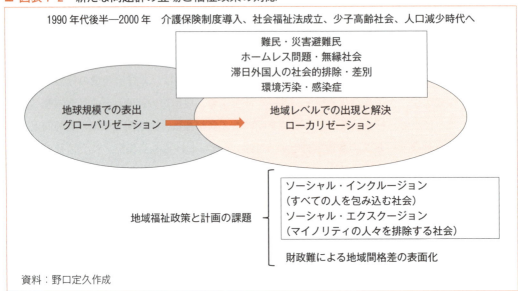

資料：野口定久作成

POINT
- 1990年代後半から2000年以降に地球規模の問題が地域レベルに影響
- その問題解決は地域社会で求められている
- 財政難のなかで地方自治体と住民の参加・協働による地域福祉計画の必然性

① 地球規模の問題が地域レベルに影響

　1990年代は東西冷戦構造が崩壊し、市場経済を中心とする新たな秩序づくりを目論む資本主義陣営の時代の幕開けとなるはずであった。しかし、この時代に世界を席巻した**新自由主義**[19]によるグローバリゼーションは、世界中に貧困・格差を拡大させ、国際的な環境問題を引き起こした。反面、現代の地域社会における生活は、グローバル化（Globalization）とローカル化（localization）のなかで展開されている。今日のグローバル化は、①世界の市場を高速に流通する資本や金融の量的規模の拡大、②開発途上国から先進国への労働力の移動、③情報の瞬時の移動、④生活資源の流動化等が特徴的である。**グローバリゼーション**には、情報の瞬時の伝達によって世界中との経済・社会・文化の結びつきの強化が促進されるというメリットがある。しかし他方で、新自由主義経済の流通によって、それぞれの地域や国の農業や工業が脅かされ、多国籍企業への利潤集中が発生し、貧富の拡大やそれに伴う宗教対立が世界規模で進む、といったデメリットも現れている。このようなグローバリゼーションから生じた社会問題への反発から、

「**反グローバリゼーション運動**」が発生している地域や国も少なくない。

② 具体的な問題はローカルの場で起こっている

そのことは、日常生活の場である地域社会（地場産業の海外移転による地方経済の衰退、外国籍住民の増加による地域住民とのトラブル等）に影響を及ぼしている。そして日常生活の場の地域社会で、その問題解決が迫られているのである。すなわち、ローカル化とは、日常生活から遠く離れたところで生成した諸問題がその解決の場として身近な地域社会のなかで求められていることを意味している。例えば、紛争地域の難民問題、途上国の貧困、地球温暖化や感染症等の環境問題、エネルギーや食の安全問題等である。これらの問題は遠く離れたところで生じている問題ではあるが、まさに日常の暮らしと密接に関係している問題でもある。

図表7-2は、経済のグローバル化が一方で日常生活の場である地域社会に影響を及ぼしており、ローカル化は日常生活から遠く離れたところで生成した諸問題が身近な地域社会のなかで解決を求められていることを意味している。これらの問題は遠く離れたところで生じている問題ではあるが、まさに地域や家族の日常生活と結びついている問題でもある。グローバル化の進展は、地域社会からの労働力や資本の流動化を促進するが、他面では人間の生活がますます地域社会に根付くことを意味しているといえよう。

③ 財政難に苦悩する自治体の出口戦略

財政難の市町村では効率論が優先される。それをどう切り替えるかが重要である。負担と受益の関係は、行政と住民の信頼関係の証でもある。地域主権改革が進み、住民に身近な地方自治体が福祉サービスなどの権限をもつ以上は、市町村自治体は住民との信頼関係を築かなくてはいけない。そのためには、行政の事業や政策決定に住民が参加することが必要で、そのしくみをつくらなくてはいけない。そして行政がきちんと**経常収支比率**[20]など地方財政の情報公開をすることが大切である。住民が政策決定へ参加する場としてよいのが地域福祉計画の策定である。地域福祉計画は、住民参加なしではつくれない。行政はよく「財政赤字だから住民の力を借りる」というが、それは誤り。住民は財政赤字の補填のために活動するわけではない。行政は住民と**パートナーシップ**をとるつもりでやらなければならない。一方、住民は地域福祉計画づくりを通じ、行政に意見を言えるような力を付けていくことが大切である。人口減時代を迎え、移住者を増やすことは全国の自治体が直面する課題である。自治体間競争が激しくなるなかで「破綻懸念のレッテルを貼られたら、人も企業も入ってこなくなる。そうなれば悪循環が加速し、本当に立ちゆかなくなる」（出典：2015年3月6日付　日本経済新聞）。そのため、地域経済の活性化と福祉サービスの拡充による雇用の創出を一体的に進める地域福祉計画の策定が**出口戦略**[21]の糸口になると考える。

3 地域福祉（活動）計画策定のマトリックス

7講 地域福祉の政策と計画

■ 図表7-3① 地域福祉（活動）計画策定のマトリックス

	目標	政策の範囲	地域の設定	住民参加の手法	財源調達	ガバナンス
地域福祉計画	地域セーフティネットの整備	コミュニティの生活の質	合併（広域） 市町村 中学校区	コミュニティミーティング アンケート意識調査	地域ファンド クラウドファンディング Social Impact Bond	行政 NPO 企業 市民・住民
	ゆるやかな共同体の形成	公共政策	地域コミュニティとネットワーク形成	市民（住民）会議 ワークショップ	地域づくりを推進する財源づくり	公平と効率による協働統治
地域福祉活動計画	福祉コミュニティづくり	家族・地域のSCの形成	小学校区 日常生活圏	地区住民懇談会 ニーズカード調査	会費 事業収益 寄付 テーマ型共同募金	社協・施設 市民福祉活動 住民・地縁組織

資料：野口定久作成

POINT
- 地域福祉計画の目標は地域のセーフティネットの整備
- コミュニティはゆるやかな共同体の形成
- 地域づくりを推進する財源づくり

① 地域福祉計画におけるセーフティネット

　20世紀型の福祉国家体制では、**最低生活保障**[22]は国家の責務であった。しかし、今日、低所得者や貧困者に対する福祉政策（主として所得再分配）の重要性はいささかも薄れていないが、福祉の対象として経済的には必ずしも困窮していなくとも、社会的にさまざまな障害や生活の諸困難を抱える人々の存在が重要性を増してきている。すなわち、貧困―心身の障害・不安にかかわる福祉問題である。このことから、障害を負った人々への配慮が特別なことではなく、あたりまえの社会が「福祉社会」であることが認識されるようになってきた。地域福祉政策の考え方でいうと、所得の再分配（貧困・低所得）とノーマライゼーション（人身の障害・不安）による対応ということになる。生活保護制度は、生活に困窮している人に対して、その程度に応じた保護を行うとともに、自立を助長することを目的としている。このように地域福祉計画におけるセーフティネット（安全網）の整備は行政の重要な責務である。

2 生活困窮者自立支援事業と生活保護

　生活保護は最後のセーフティネットであるといわれている。受給者数は1990年代後半以降、増加が続いており、2016年度（2月現在）には217万人、162万世帯と過去最高を更新し続けている。受給者の過半数は60歳以上である。60歳以上のうち生活保護を受給している人の割合は上昇傾向にあり、生活保護受給世帯の48.5％となっている。また、リーマン・ショック以後の特徴として、失業した人が生活保護を受けるケースが増加したことがあげられる。さらに、生活保護制度を利用しない、利用できない若者や中高年者も増加している。その人たちの存在は、ワーキングプア、**ネットカフェ難民**、ニート、ホームレス、孤独死という状態で地域社会のなかに膨れ上がっている。このような就労可能な人が就労を通じて自立できるように、切れ目のない支援や就労へのインセンティブを強化するための取り組みが自治体やNPO法人等で実施されている。その一環として、新たに**就労自立給付金**[23]や生活困窮者自立支援事業が創設されるに至っている。こうした取り組みにより、就労可能な人の自立が助長されることが期待される。

3 地域づくりを推進する財源づくりの取り組み

　ここでは新たな地域福祉の財源づくりの試みとして**ソーシャル・インパクト・ボンド**[24]（Social Imapct Bond、以下、SIB）の取り組みを紹介する。SIBとは、イギリス発の官民連携の社会的投資モデルのことである。そのしくみの手順は、①投資家がサービス提供者（NPO等）に事業資金を提供する。②サービス提供者がサービス対象者や社会問題の解決に向けて、その専門性とノウハウを活用したさまざまなサービスを提供する。③サービス提供者が提供するサービスの成果について、独立した評価機関があらかじめ設定された成果指標とその測定方法に基づき評価を行う。④あらかじめ設定した成果目標を達成した場合のみ、行政が投資家に利子を付けて成功報酬を支払う。成果目標を達成しなかった場合、行政は支払う必要はない。ただし、行政は、目標達成できない団体に対して指導を行う義務を有する必要がある。

■ 図表7-3 ②　ソーシャル・インパクト・ボンド（SIB）のしくみと動向

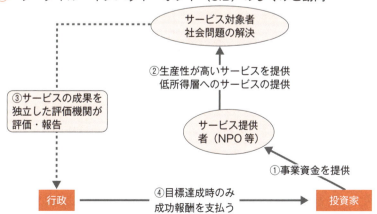

出典：ケイスリー社作成の図を一部改変

4　地域福祉計画の策定戦略
―ゆるやかな共同体の形成

7講　地域福祉の政策と計画

■ 図表 7-4　ゆるやかな共同体の形成

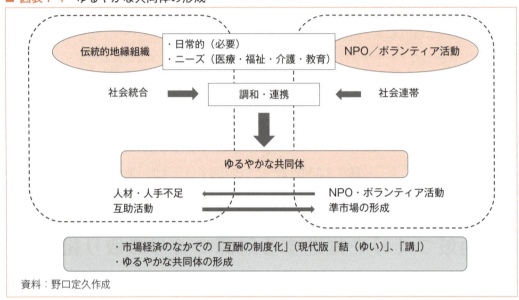

資料：野口定久作成

> **POINT**
> ▶ 従来の共同体からゆるやかな共同体の形成へ
> ▶ 互助の拡大は受益と負担による住民の選択肢が増える
> ▶ NPO 活動の活発化には寄付税制や活動への優遇措置拡大が望まれる

① 互酬の制度化

　持続可能な福祉コミュニティを形成するための地域福祉活動の特徴は、従来相容れなかった伝統的な地縁組織と NPO 等の市民・住民活動の接点をつくり出すことである。その結節は、地域社会が抱える日常的な必要であり、福祉や介護の需要ニーズである。そのためには、地域社会の地縁組織の社会統合と NPO やボランティア活動の社会連帯が連携・融合して新たなソーシャル・キャピタル（以下、SC）の形成への循環を意識的につくり出すことである。これらの動きは、「互酬の制度化」と言い換えることができる。このことは、農耕社会で普及した結（ゆい）、**講**（こう）のような伝統的な**互酬**[25]のしくみを、新たな市民・住民活動や NPO に結合させ、地域の自然や伝統文化などの資源と新たな市場を結びつけ、現代的な市場経済のなかでも機能するように制度化していく試みであるといえる。すなわち、SC と市民・住民活動の関係とは、一般市場で交換されにくい地域内の介護や子育て支援といったボランティアや相互扶助的なサービス

の交換形態を、伝統的な互酬慣行の再活用によって、現代社会に適応可能な形で制度化し、一定の範囲の地域社会に**準（疑似）市場**[26]を形成し、より強固で安定したSCをそれぞれの地域社会で形成する目的指向型の集合的営為である、としておく。

② ゆるやかな共同体の形成

1つの事例を紹介しよう。SCのヒアリング調査のために集落の公民館に祖母と母親と幼児たちが集まった。そこでは、祖母や母親が個別に介護や子育てを担っており、お互いに話し合う場がないことがわかった。また、地縁組織では町内会や神社の共同作業等日常的な活動があたりまえのように継続されている。この地縁組織による日常の紐帯活動と介護や子育ての新しい互酬活動が公民館という「場」を中心に結節することによって、新たなSC持続可能な地域コミュニティの形成には、これら両者のSCを結合させていく方法をとる必要がある。まず、地縁組織の活性化である。自治会や町内会、婦人会や高齢者会などの地縁組織が重要な役割を担うことになるが、現在では大都市部や地方の集落においても、その加入率の低下など衰退化が著しい。他方、福祉や環境、教育など多様な市民活動を行う非営利組織（NPO）の台頭の勢いには目を見張るものがある。

③ 社会の良いガバナンスのために

これらの実践活動の共通点は、伝統的な地縁組織をNPO活動と協働して再生させる試みである。地域社会の新たなニーズに応えるNPO法人を自ら設立し、運営するというように、地縁組織とNPOが調和・連携して新たなSCの形成への期待が膨らむ。異質のネットワークをも横断的に橋渡しをするような役割を助長するようなプラスの力を発揮させることである。こうしたコミュニティは、単独で行動する個人にとっても、あるいは市場や政府によっても対処することができないような問題に取り組むことができるがゆえに、良い**ガバナンス**[27]の一環となりうるのである（Bowles and Gintis：2002）。

お互いの利害がぶつかりあう従来の政策決定のやり方では限界があり、それぞれの利害を超えたところに新たな方法論を発見するしかない。行政・企業・社会福祉法人・ボランティア・住民それぞれが適正に出資し、それぞれが事業運営へのアイデアと知恵を出し合い、それをもって地域福祉計画のテーブル（課題共有の空間）で実現していくことが可能になる。

【参考文献】
Samuel Bowles, and Herbert Gintis, (2002) Social Capital and Community Governance, Economic Journal,112（November）

5

7講 地域福祉の政策と計画

地域福祉のガバナンス
―新しい公共

■ 図表7-5　地域福祉のガバナンス

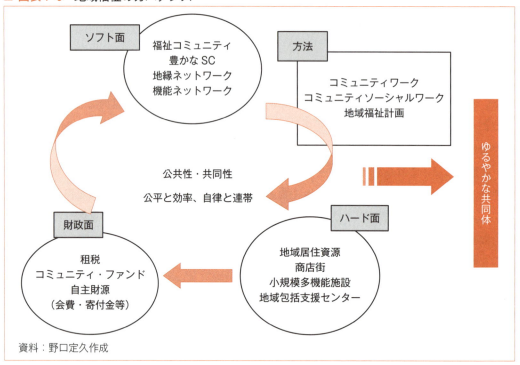

資料：野口定久作成

> **POINT**
> ▶ 地域社会の希少資源の有効活用と新しい公共
> ▶ 「公平」と「効率」の積極的な両立
> ▶ 持続可能な地域コミュニティはガバナンスを決定する

① 新しい公共性

　従来の公共性の展開基盤である福祉国家の行政運用面でいくつかの問題点が指摘される。①タテ割り行政や硬直化を伴う官僚主義、②利用者の権利ないし選択権の否定、③生活の質に対応できない、最低水準を越えないナショナル・ミニマム（「生活の質」に対応できない）、④福祉サービス利用に伴うスティグマ等があげられる。新しい公共性は、こうした福祉国家の運営手続き面の欠陥を克服する概念として主張される側面もある。

　新しい公共[28]に求められるのは、まさに地域社会の希少資源を有効に活用しながら新しい価値（公共）を創造して、公共性の構成要件である「公平」と「効率」を積極的に両立させることに

ある。また、従来の公共性には、社会の上にある国家が社会に向かって救いの手を差し伸べるという印象があったが、現代では国家と社会は水平的関係にあり、むしろ社会を構成する人々が政府を媒介として自ら公共的諸問題を解決していく主体として登場している傾向がみられる。したがって、新しい公共では、公セクター（政策）、民間セクター（資源）、市民・住民セクター（情報）の三者の協働によって、公共的諸問題を解決していく政治・経済・社会システムを地方自治体が中心となって構築していくことになる。これを推進していくための方法として、現在注目されている理論がソーシャル・ガバナンス論である。

② 地域福祉のガバナンス

今日のような**高齢社会**には、**大量生産・大量消費**の生活様式になじまない過疎地域の高齢者や在宅障害者等の生活ニーズの充足やサービスへのアクセスの方法が求められる。例えば、御用聞きとか、消費者の好みや消費行動といった個人情報を集め、個人の嗜好に合わせた販売方法などである（ソフト面）。そのソフト面を活かすには、従来のコミュニティが生活機能として保有していた諸資源（例えば、鉄道の駅舎、商店街、寺社、郵便局、銭湯、街並み、朝市、骨董市等）を再活用した、高齢者等が住み続けられるコミュニティ空間を形成するための居住環境が基盤になければならない。住民が集まれる住まいやまちの空間づくり、よろず相談所、世代間の交流施設、高齢者・障害者・子どもの交流空間をコミュニティの中に生活機能ストックとして蓄積していくことである（ハード面）。そして、ハードとソフトを媒介する財政が必要となる。地方にとって**三位一体改革**[29]は、国への依存体質から脱却するチャンスとなる。だが、「カネ」を手にすると同時に責任も負うことになる。自治体がいかに創意工夫して、住民本位の行政を実現するのか。住民を含めた新しい公共の担い手による創造力が求められ、その協働によって、公平性と効率性の両立が問われることになる（財政面）。

③ 持続可能な地域生活

文豪トルストイは『アンナ・カレーニナ』のなかで、「すべての幸福な家庭は互いに似ている。不幸な家庭はそれぞれの仕方で不幸である」と述べている。最近の介護施設で生じる不祥事はその逆である。優れた施設はユニークネスを発揮するが、不祥事を起こす施設には共通するものがある。それは、施設のガバナンス機能の欠如である。社会的弱者と共生する施設や地域コミュニティを人間の生活の「場」として再生させるシナリオをどう描くか、その理念と方法、アイデアが求められている。良い施設や地域コミュニティの維持は、人間の尊厳のある生活の**持続可能性**[30]を追求することでもある。

1 | 8講 地域福祉計画の戦略
住民自治とガバナンス
―小学校区と中学校区

■ 図表8-1 地域福祉計画の地域戦略―コミュニティの範囲とネットワーク

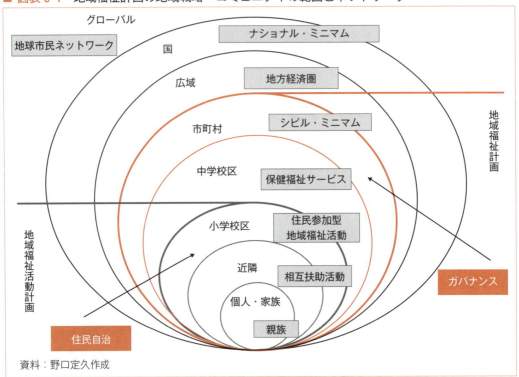

資料：野口定久作成

> POINT
> ▶ コミュニティ・ネットワークは援助関係の結び付きとして再定義
> ▶ 最も日常的な生活の場で助け合いのネットワークをつくる「場」
> ▶ 小学校区は住民自治の場として中学校区はガバナンスの場として捉える

① コミュニティの多層ネットワーク

　地域福祉や在宅福祉サービスが、小地域コミュニティを抜きにしては実践できないことは自明のことであるが、それはコミュニティを単にサービスの利用圏として見るのではなく、援助関係の結び付き、援助のネットワークとして捉えようとしたことにある。小地域での拠点を中心に、要援護者の早期発見システムづくりや、近隣やボランティアなどの援助活動の組織化などが小地域活動であるといえる。小地域はコミュニティ形成の場であり、公共的なサービス供給の効果を確かめ、最も日常的な生活の場で助け合いの**ネットワーク**[31]をつくれる場である。

88

② 地域戦略としてのネットワークの範囲

　地域福祉計画[32]の地域戦略への構想は、1環（個人・家族・親族網）から始まり、2環（近隣）、3環（小学校区）、4環（中学校区）、5環（市町村）、6環（広域）、7環（国）、8環（グローバル）までの8層で構成される。8層それぞれの環には、コミュニティの問題とネットワーク活動を当てはめる。それが図表8-1である。そうすると8層の空間とネットワークは、3つのコミュニティに大別することができる。第一のコミュニティ・グループは、1環から3環までで、主として**地域福祉活動計画**[33]の守備範囲に属することになる。この領域は、住民自治活動が展開されることになる。第二のグループは、4環の中学校区と5環の市町村のエリアに位置し、そこでは地域福祉計画の守備範囲である。中学校区では、主として**地域包括支援センター**や介護予防支援事業、保健福祉のワンストップ・サービス相談等が展開される。市町村のエリアでは、合併自治体も含めて、市町村全域の政策スタンダードの制度設計やシビル・ミニマムの水準化といったローカル・ガバナンスが展開される。6環の広域は、都道府県の域内で、特に**地域福祉支援計画**の守備範囲となる。

③ 地域福祉計画の一体化

　自治体にとって地域福祉計画の策定が求められている理由は3つあると考える。第一には、自治体の財政危機状況のなかで従来のような社会資本基盤整備型の施策積み上げ方式では、担当者や当事者の利害が絡んで政策や施策に優先性がつけられないからである。第二の理由は、中山間地域の集落の約2割が消滅の危機（2005年国土交通省調査）にあり、まさに中山間地域にとっては待ったなしの状況におかれているからである。第三には、政府が「日本21世紀ビジョン」（内閣府経済財政諮問会議）の最終報告書を発表したことによる。この2030年の日本像が示すビジョンのなかで、地方自治体の将来像にかかわる重要な内容が提案されている。つまり、これまで"国是"としてきた「国土の均衡ある発展」を否定し、「特定地域への人口集約化」を促進するという内容である。

　そして、地域福祉計画の特徴は、総合性・包括性、社会政策の計画化、参画と協働、地域性の重視といったことをキーワードにしている。また、地方自治体の財政難が強調されるなかで、特に少子高齢社会への対応、増大する福祉需要への対応、医療・福祉・介護サービスの地域包括ケアシステムの確立、在宅福祉と施設福祉の統合化、介護保険制度の事業計画の策定作業等への実践的・政策的課題への取り組みが行政の重点課題として取り上げられている。したがって、これらに対応する地域福祉計画と、**社会福祉協議会**が主体となって作成する**地域福祉活動計画**は、別個に作成するのではなく、共通の政策・施策・事業を協働分担する関係が重要となる。

2

8講 地域福祉計画の戦略

地域福祉の協働統治と住民自治

■ 図表 8-2　地域福祉の協働統治と住民自治

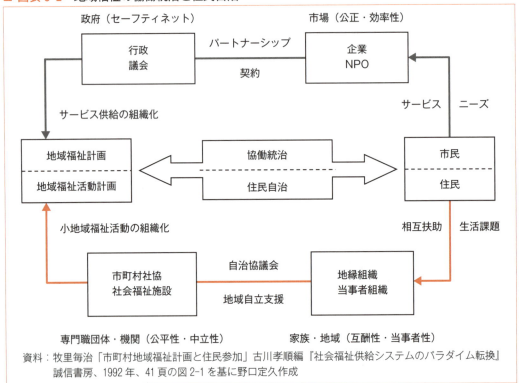

資料：牧里毎治「市町村地域福祉計画と住民参加」古川孝順編『社会福祉供給システムのパラダイム転換』
誠信書房、1992年、41頁の図 2-1 を基に野口定久作成

> **POINT**
> ▸ 市民のニーズはサービス供給の組織化を志向する地域福祉計画
> ▸ 住民の生活課題は小地域福祉活動組織化を志向する地域福祉活動計画
> ▸ 地域福祉計画は協働統治を、地域福祉活動計画は住民自治を体現

1　協働のまちづくり

　今、社会的孤立が深刻化している。大都市部の集合住宅や**公営団地**などで、特に高齢者の孤独死が相次いでいる。そこで、新たな取り組みとして責任ある機関や施設が橋渡し役となり、一人暮らしの高齢者から鍵を預かって近くの福祉施設に保管し、万が一の場合に駆けつけるしくみである。また、低所得層の集合住宅で生活支援や緊急通報システムを整備した地域拠点を設置する。社会的に孤立しやすい男性高齢者の料理教室や健康づくりなどの取り組みも始まっている。
　近年、このような新たな協働の取り組みは、日本の地方自治の分野で、まちづくりの取り組み

に不可欠なものとして唱えられている概念の1つである。例えば、地域の課題解決に向けて、行政単独では解決できない問題がある場合、または市民だけでは解決できない問題などがある場合に、相互に不足を補い合い、ともに協力して課題解決に向けた取り組みをする。または、協働したほうがサービス供給や行政運営上の効率が良いとされる場合に**協働のまちづくり**[34]が推進される。

2 共同・協同・協働

ここで地域福祉計画やコミュニティで多用される協働という用語に類似する共同の説明をしておく。共同と協同は、主に複数の人や団体が、同じ目的のために一緒に事を行ったり、同じ条件・資格でかかわったりすることを意味する。例えば、「共同で経営する」、「共同で利用する」という表現で用いられる。「協同」に類似している。協同組合は、農林漁業者・中小商工業者、または消費者などが、その事業や生活の改善を図るために、協同して経済活動などを行う組織体である。**農業協同組合**や**生活協同組合**などが一般的である。

これらに比して協働とは、異なる主体が何らかの目標を共有し、ともに力を合わせ活動することをいう。まだ、一般的な概念ではないが行政やNPOの現場で、パートナーシップのあり方を表現する概念として少しずつ普及がすすんでいる。これは、日本語の造語である。

3 地域福祉の協働統治と住民自治の循環

図表8-2は、地域福祉計画と地域福祉活動計画の2つの流れを構図化したものである。第一の循環は、住民・**住民自治**[35]・地域福祉活動計画の関連を示したものである。第二の循環は、市民・協働統治・地域福祉計画の関連である。

まず、第一の循環は、住民の生活課題を通じて地縁組織や当事者組織による**相互扶助活動**が展開され、さらにその生活課題や相互扶助活動を市町村社協・社会福祉施設の専門職団体・機関が「小地域福祉活動の組織化」に発展させる。これらのプロセスを地域福祉活動計画として循環させる構図である。その方法論は、**住民自治論**である。

第二の循環は、市民の**ニーズ・需要**[36]の充足から出発することになる。多元的供給体（事業所やNPO・ボランティア等）は、市民の多様なニーズを充足するために良質の福祉・介護サービスを提供し、市場や準市場を形成する。しかし、良質のサービスが適切に提供されているとは限らない。そこで市場や準市場が十全に機能するように指導し、支援するのが行政であり、その行政に対して議会が監視することになる。そこには、市民社会のパートナーシップと契約が成立する。また、行政は地方政府として適切な社会的セーフティネットを設定する任務がある。その社会的セーフティネットが適切であるかどうかを評価し、適切でない場合にはその張り替えを提起するのが議会であり、また市民の役割でもある。これらのプロセス全体を通じて地域福祉計画の**協働統治**[37]（ローカル・ガバナンス）を指す。さらに第一環と第二環は、相互に補完し、循環する必要がある。

3

8講 地域福祉計画の戦略

自治体の各種計画と地域福祉計画の相関─総合性と包括性

■ 図表8-3① 自治体の各種計画と地域福祉計画の相関図

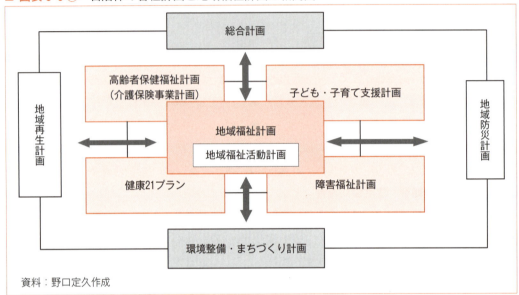

資料：野口定久作成

POINT
- 地域福祉計画と地域福祉活動計画は一体的に作成する
- 地域福祉計画のコンセプトは総合性と包括性
- 地域福祉計画と総合計画は相互補完関係

① 人口減少時代の都市計画

　本格的な人口減少時代に入るなかで、都市のあり方が問われている。政府は2014年、都市再生特別措置法を改正し、コンパクトなまちづくりへと大きく舵を切った。国土交通省の推計では、2010年から2050年までの間に、人口が半分以下になる居住地域が全体の6割以上を占めると予測している。さまざまな生活機能を維持するためには一定の人口密度が必要で、高齢化も踏まえれば車への依存度を下げるまちづくりも欠かせない。そこで、地方自治体では、住宅や商業・福祉施設などを集約してコンパクトなまちをめざす動きが全国で広がり始めた。このコンパクトシティは、生活関連の機能を維持し、自動車に過度に依存しないまちをつくるためであるが、反面、「コンパクトシティの正体は過疎地域をさらに過疎化させ住めなくさせる政策」という見解も傾聴しなければならない。

② 地方人口の流出と流入

　全国の市区町村の人口の流出入を見ると、図表8-3②のように所得の高い東京23区や政令市には人口が流入する一方、小規模な市町村では**人口流出**[38]が起きていることがわかる。ただ、平均所得の格差拡大は人口流出入の一因ではあるが、所得だけが住むところを決めるわけではない。例えば、人口1人当たりの都市公園の面積は北海道や宮崎県などで広くなっている。住環境は住むところを決める要因の1つであり、平均所得の低い地域が選ばれる可能性はある、との見解もある（出典：2015年11月11日付　日本経済新聞「地方再生の行方　第1章　地域格差と財政　(2)人口集中で所得に差」別所俊一郎）。地方への人口流入の可能性は十分に認められる。

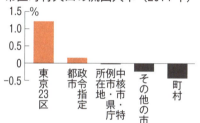

■ 図表8-3②　市区町村人口の流出入率（2014年）

出典：総務省

③ 人口減少時代の地域福祉計画

　人口減少時代の地域福祉計画では、図表8-3①で示したように、それぞれの自治体で策定された高齢者保健福祉計画、介護保険事業計画、障害福祉計画、子ども・子育て支援計画、健康プラン21など個別計画と**総合計画**[39]や防災計画等の自治体計画を再度、地域福祉の視点から総合的かつ包括的に捉え直すことが重要である。具体的な作業としては、作業委員会の過程で、これらの個別計画の施策や事業のなかから地域福祉計画と連動したほうが実効性のあがる事項を取り出し、改めて行政の果たすべき役割として提示する必要がある。

　また、人口減少が進み、自治体の財政難が強調されるなかで、特に少子高齢社会への対応、増大する福祉需要への対応、医療・福祉・介護サービスの地域包括ケアシステムの確立、社会福祉法人の地域貢献活動、介護保険制度の適正化計画等への実践的・政策的課題への取り組みが行政の重点課題として取り上げられている。したがって、これらに対応する地域福祉計画と、社会福祉協議会が主体となって作成する地域福祉活動計画は、別個に作成するのではなく、共通の政策・施策・事業を協働分担する関係が重要となる。

4 8講 地域福祉計画の戦略
地域福祉計画の構図
―市民計画と行政計画の連動

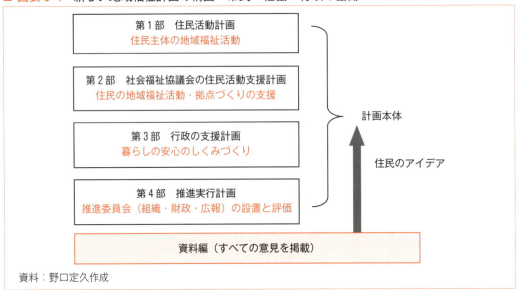

図表8-4 新しい地域福祉計画の構図―市民・社協・行政の協働

資料：野口定久作成

POINT
- 課題解決の方策は住民の活動計画で
- 行政計画と社協活動計画の役割分担
- 少数意見も掲載することの意味

① 住民主体と地域福祉活動

　住民運動[40]（活動）が多発した時期は、1960年代後半から1970年代前半であった。この時期の住民運動の争点は、地域開発関連型（原子力発電、工業立地、都市開発）と生活環境関連型（公害問題、自然環境破壊、平和問題）に分類できる。両者は、わが国の高度経済成長期における地域開発政策と中山間地域の自然環境破壊の実態と組み合わさっている。前者は、大都市部で、後者は過疎化が進む地域で展開されている。高度経済成長を急ぐ過程で必然的に起こったといえる。その代表的な例は、静岡県三島・沼津・清水の石油コンビナート反対住民運動である。後者の生活環境型の運動は、1990年代まで運動が継続している。1970年代後半以降の低成長期には、**革新自治体**が退潮し、新保守主義が広がるなかで、住民運動は変容する。質的に見れば、障害者・高齢者問題への取り組み、福祉コミュニティをめざす総合的・継続的運動が行政を巻き込むなど、新しい住民運動が展開している。神戸市真野地区の**公害反対運動**から福祉コミュニティづくりの実践が典型である。地域福祉における住民活動の原点である。

2 ソーシャル・アクションとしての住民活動

ソーシャル・アクション[41]は、社会的に弱い立場にある人の権利擁護を主体に、その必要に対する社会資源の創出、社会参加の促進、社会環境の改善、政策形成等ソーシャルワーク過程の重要な援助および支援方法の1つである。ソーシャルワークの展開過程では、コミュニティ・オーガニゼーションの一形態として発生し、1960年代のアメリカを中心に、頻発した社会問題に鋭く対立した社会運動、特に公民権運動や社会福祉運動をリードする問題解決型のソーシャルワーク援助方法として用いられた。同時期に、日本では公害運動などに影響を与えた。しかし、近年では、現代社会の福祉問題（社会的排除や摩擦、孤立）のなかで、当事者の立場や利害を代弁する**アドボカシー**（権利擁護・弁護）および福祉資源の拡充・創設、社会福祉の運営の改善をめざす組織化活動として用いられることが多い。また、ソーシャル・アクションには2つの流れがあり、1つは、社会的発言力が弱く、身体的・精神的ハンディのある対象者にかわって、対象者とかかわるソーシャルワーカーが中心に活動する活動形態、もう1つは、対象者自らを主体として、ソーシャルワーカーがそのニーズの実現のためにさまざまな社会資源を組織化し、対象者の自立生活を支援する活動形態である。

3 行政と社会福祉協議会の支援計画

地域福祉計画を戦略的に捉えるために、ここでは4部と資料編の構成にした。第1部では、住民活動計画（住民主体の地域福祉活動）を、第2部には住民活動の組織化を専門的に支援する社会福祉協議会の住民活動支援計画（住民の地域福祉活動・拠点づくりの支援）を配置し、第3部には行政の支援計画（暮らしの安心のしくみづくり）を位置づけた。さらに、第4部には計画の運営を主として住民が担う推進実行計画（計画を推進する推進委員会の設置と評価）を設けることにした。そして、すべての意見や少数意見を掲載する資料編を編集した。

家庭内から外部化してくる諸問題は、これまで主として、問題の性格によって「国民国家（中央政府）」や「**市民社会**[42]（市場）」がそれぞれ対応してきたが、今日ではそれぞれの供給システムに破綻が見え出している。そこで、再登場してきたのがメゾ領域としての「地域社会」である。今日、住民にもっとも身近な**基礎自治体**である市町村が中核となって、年齢、性別、障害の有無、国籍などにかかわらず、誰もが住み慣れた地域でその人らしく安心して暮らせる地域社会の実現を図っていくこと（＝地域福祉の推進）が求められている。そして、地域の多様な生活課題に迅速かつ的確に対応し、誰もが幸せを実感できる豊かな地域社会を構築していくためには、行政による支援（＝公助）とともに、社会福祉協議会などの専門機関やさまざまな主体が力を合わせて課題解決を図るしくみや住民同士の支え合い（＝共助・互助）のしくみをつくっていくことが大切であり、そのしくみづくりの基盤整備が行政に求められる役割の1つといえる。

【参考文献】
野口定久「住民運動と市民運動」日本地域福祉学会編『新版 地域福祉事典』中央法規出版、2006年、360～361頁

5 地域福祉計画の策定プロセス ―住民会議

8講 地域福祉計画の戦略

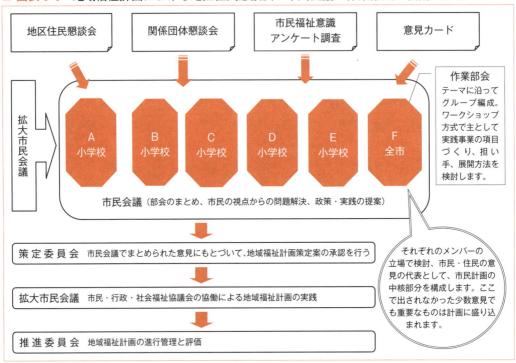

■ 図表8-5 地域福祉計画における地区住民懇談会・市民会議・作業部会の役割と流れ

POINT
▶ 市民会議で用いる共通シートの作成
▶ なるべく多くの住民の意見を集める努力
▶ 若者や女性などの参加を保障する市民会議の構成

① 地域福祉計画と住民参加

　住民参加の手法としては、直接請求、住民監査請求や住民訴訟等、**地方自治法**で規定された住民参加制度のほか、各自治体独自に住民自治の拡充を図るための施策が展開されている。住民の声を聞く場として、例えば**市政モニター制度**[43]、市民説明会、市民アンケート、委員会等への市民公募等は、多くの自治体でこれまで地域福祉計画の策定過程の手法として取り組まれてきた。また、住民の判断材料となる情報の提供も広報誌やホームページ等を通じて行われている。それから一歩進んで、現在求められているのは、単に「住民の声を聞く」ということではなく、「市民会議などの**ワークショップ**[44]を通じて住民活動のアイデアを実現する」、あるいは「聞いた声

を政策に反映させる」ということである。

　そのため、各自治体でワークショップ手法やパブリックコメント等の手法を用いた取り組みも行われている。また、全国的には自治基本条例（まちづくり条例）や住民参加条例、住民参加・協働指針等を制定している自治体もあり、住民参加のための強い方針を内外に示している例もある（大分県本部／別府市職員労働組合　牧宏爾）。

② 住民参加による評価システム

　今、アメリカやイギリスでは、**行政評価**の方法が進んでいる。事例としては、オレゴン州ムルトマ郡におけるコミュニティ・**ベンチマーキング**[45]が有名である。「行政評価」とは、連邦、州、郡、市町村等それぞれのレベルにおいて存在する政府が、住民（納税者）に対して、自らの達成目標を公表し、それに向けてどのように政策や予算を立て、また、その結果どこまで実行できたかを説明していくプロセスを言い表している。

　オレゴン州ムルトマ郡におけるコミュニティ・ベンチマーキングの手法によると、①事前に立てた目標と実際の達成の度合いが具体的な数値でトレースされており、数字を見るだけで何ができて、何ができていないかが、誰の目にも一目瞭然にわかるようになっている。②行政にとっての顧客である住民の目に見える具体的な成果が何なのかを、行政側が積極的に市民に対して説明することが求められている。③評価のための数値は行政部門がつくるが、評価主体はあくまで第三者中立機関や首長、議会にあり、行政内部の評価に加えて行政の外が行政を監視する、という視点からの運用がなされている。すなわち、行政サービスはいかにあるべきか、税金はどう使われているかという住民の意識、身の回りのごみ収集や小学校の運営、老人福祉、市町村道の整備といったところから生まれているといえる。

③ 政策評価や活動評価への住民参加

　アメリカの行政機関は、常に「**バリュー・フォー・マネー**（税金の払いがい）」を証明することを迫られている。「私の払った税金が、どこで、どう使われているかをうまく説明してほしい、説明できないようなら、税金を払わない」というような哲学が住民に意識化されており、また、行政も情報公開の義務を負っている。納税者にとって大切なことは、よりよいサービスをより安く提供してもらうことであり、行政がやろうとしていることが、わかりやすく説明され、疑問があれば口を挟むことができるということである。

【参考文献】
ポートランド・ムルトマ改革委員会・ムルトマ郡理事会、上山信一・玉村雅敏・吉川富夫監訳『行政評価による地域経営戦略—ムルトマ郡におけるコミュニティ・ベンチマーキング』東京法令出版、1999年
野口定久「住民参加による行政評価」日本地域福祉学会編『新版　地域福祉事典』中央法規出版、2006年、370〜371頁

9講 地域福祉計画の住民参加と組織化

1 地域福祉計画策定の組織化

■ 図表9-1　地域福祉計画策定の組織

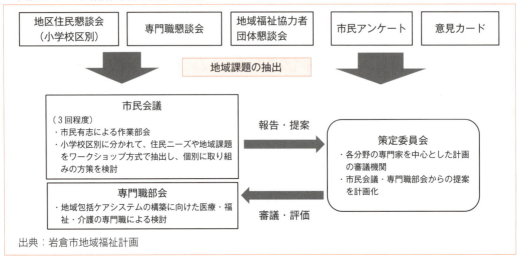

出典：岩倉市地域福祉計画

POINT
▶ 排除と孤立を乗り越えて地域課題の抽出を
▶ 地域福祉計画には「良きガバナンス」の関係構築が必須
▶ 計画の評価には個別項目の「見える化」が必要

1 地域課題の抽出―「排除」と「孤立」を乗り越えて

　いまや、解体しつつある家族関係やコミュニティのつながりを再び組織化し、また複雑化・多様化していく福祉のニードにマッチした保健福祉サービス等のソーシャルサービス・システムを構築していくには、住民の主体形成力、自発的な問題解決能力や自治意識の向上の必要性が問われている。そのためには、生活問題の直接的な担い手である当事者、地域の住民、地域ボランティアの参加や協力を欠くことができない。なぜならば、このような住民参加の促進こそが、福祉問題の解決の主体者としての住民意識の向上、近隣関係の希薄化による孤立化の防止、人間の尊厳を侵害している状況の改善など、地域福祉の政策や実践が連動したまちづくりにつながるからである。例えば、いま都市部では保育所の建設に住民の反対運動が生じている。少子化対策や子育て、女性就労の促進などの政策には総論賛成という意見が圧倒的に多数を占める。しかし、当該の地区住民の地域懇談会では反対意見が出ることもある。この保育園建設**コンフリクト**[46]（排除）を解消することが地域福祉計画の市民会議には求められる。

② 市民会議は良きガバナンスの実験の場

　ここで言う**市民会議**は、政府・市場・コミュニティの失敗を克服するための新たなコミュニティ・ガバナンスを模索する場であると考える。まずは、一般的なコミュニティにありがちな失敗の認識である。すなわち、コミュニティの失敗とは、一般的なコミュニティの有する集団の同質性による異質者の排除の論理がはたらくことへの警告であると捉える。

　「**良きガバナンス**[47]」とは、政府・市場・市民による協働的統治状態を意味する。そして、地域福祉計画には、この「良きガバナンス」の関係構築が必須となる。なぜならば、「市場によるガバナンスも、政府によるガバナンスも、どちらも現実には単独で良いガバナンスの理想を実現しえず、市場によるガバナンスには市場の失敗が、そして政府によるガバナンスには政府の失敗が、例外ではなく原則としてつきまとう」（出典：宮川公男・大守隆編『ソーシャル・キャピタル―現代経済社会のガバナンスの基礎』東洋経済新報社、2004）ことになる。それぞれの失敗を克服するためには政府と市場に、**市民ファクター**の参加が重要な位置を占めることになる。

③ 地域福祉計画の策定手順

　図表9-1に提示したのは、第1期岩倉市地域福祉計画策定の組織図（2013年から2017年）である。策定にあたって、次の4点の特徴があげられる。①**住民主体**[48]による地域課題の抽出：小学校区別の**地区懇談会**の開催、高齢者、障害者、次世代育成の専門職による専門職懇談会、地縁組織やボランティア団体などの地域福祉協力者団体懇談会、市民アンケートの実施、意見カード配布と回収という多種多様方法を用い、地域課題を抽出する。②市民の参加による計画策定：地域福祉計画は**行政計画**であるが、策定にあたって、「住民主体」を重視しているという特徴がある。地域福祉計画の策定段階から市民が参加し、市民会議を形成することが必要である。この市民会議では、テーマ別に作業部会を設定して、市民と行政と社会福祉協議会が、合同で地域課題を解決するための施策を検討する。③地域包括ケアシステム構築をめざした「顔の見える連携」の取り組み：第1期岩倉市地域福祉計画では、保健・医療・福祉・介護などさまざまな職種や組織・機関の間の連携やネットワークを形成していく地域包括ケアシステムの構築を重要な柱としている。異なる専門領域の専門職同士、さらには専門職と地域福祉協力者団体の間において「顔の見える連携」をつくり出すために、専門職懇談会や地域福祉協力者団体懇談会を開催している。④計画の進行管理・評価・修正：計画を着実に進行するにあたって、事業の実施状況について適切な進行管理と事業遂行の達成度の評価を怠らないことである。その際に、市民からの意見の収集に努め、事業実施の見直しを極力反映するように努めることが重要である。

2 地域福祉計画推進の組織論
―行政主導から住民主導へ

9講 地域福祉計画の住民参加と組織化

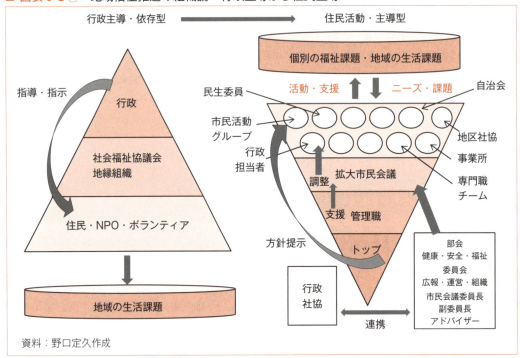

■ 図表9-2 ① 地域福祉推進の組織論―行政主導から住民主導へ

資料：野口定久作成

> POINT
> ▶ 地域福祉計画は行政主導型から住民主導型へ
> ▶ 行政が頂点の組織論は地域の生活課題に対応しきれない
> ▶ ピラミッド型から逆ピラミッド型への変革が必要

① 住民のニーズと向き合う多様な小組織

　現代の地域社会には多様な住民の生活課題やニーズが存在している。多様で不確実な環境のなかで地域社会は、どうやってそれらの諸課題に対応しながら存続しうるのか。そのためには、外部環境を上回る多様性を組織内部に備える必要がある（出典：高木晴夫『ビジネススクール・テキスト　人的資源マネジメント戦略』有斐閣、2004年、17頁）。すなわち、図表9-2①に示したような住民の個別の福祉課題や地域の生活課題に対置する、多様なグループ（ここでは、市民活動グループ、自治会、地区社会福祉協議会、民生委員、事業所、ソーシャルワーカーの専門職チーム）などの**小組織**[49]を地域福祉計画推進の組織内部に包摂することが重要である。

100

② 行政主導から住民主導への組織転換

多様な住民のニーズに直面する地域福祉計画推進の組織内部の多様性を高めるには、多様で強い個の力をもつ人材が住民、行政、社会福祉協議会、ソーシャルワーカーに不可欠だと考えられる。すなわち、従来のピラミッド型の組織編成から逆ピラミッド型への変革が必要となる。ところが、この逆ピラミッド型の組織は、従来の縦割り的同質的な組織原理の否定につながり、伝統的な秩序をもつ行政組織ではなかなか受け入れられない。結果として、地域福祉計画のような多様性を増し続ける住民ニーズや地域課題に立ち向かうことはできないのである。

能力の多様性を高める方法は採用や配置などさまざまだ。優秀な社員をグローバルな起業家ネットワークに預けて独力で事業構想を追求させ、そこで得た突破力をもとの会社に戻ってから発揮させる手法も有効である（出典：2013年12月16日付　日本経済新聞　岡田正大「組織の内部に多様性を備える」より抜粋）。これは、スモールワールド・ネットワーク理論の応用である。

③ 地域福祉計画推進のための機動的な組織編成

1979年の**サッチャー政権**以来、イギリスでは、英国病からの脱却をめざして行政改革を断行した。その取り組みは、従来の規制国家から民意による自発的な活動を促し、民間活動の支援国家へと変貌した。行政改革は、伝統的な予算管理型の**行政財務方式**[50]からアイデア管理型の**プロジェクトチーム**[51]への変革を意味する。長期戦略プログラムに基づいて、多数の部局横断型プロジェクトチームを率いている多様な専門家からなるチームを立ち上げ、使命達成後は速やかに解散させる事業ごとの機動的な編成、解体のしくみが求められる（野口、2016）。

■ 図表9-2 ②　地域福祉計画推進体制イメージ図

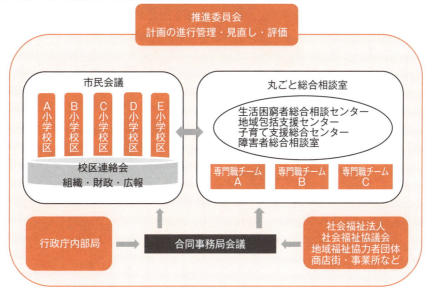

資料：野口定久作成

3

9講 地域福祉計画の住民参加と組織化

行政と住民の活動範域と関係

■ 図表9-3 行政と住民の活動範域と関係

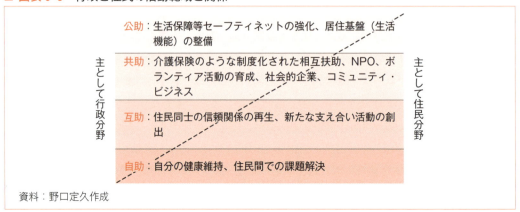

資料：野口定久作成

POINT
- 総合計画と地域福祉計画の範域と関係にも応用
- 公助・共助・互助・自助の順番で安心と自立をめざせ
- 共助と互助の具体的な施策・事業づくりを急げ

① 地域社会におけるセーフティネットの構築

　セーフティネット[52]とは、生活者に起こりうる不幸な出来事（死亡、病気、交通事故、火災、地震、失業、貧困、倒産など）に備えるための社会政策の基幹をなしている。その中核をなす社会保障のしくみには、まず社会保険があり、そして社会福祉が、さらに最低保障としての公的扶助が位置づいている。社会保障制度（社会保険・社会福祉・**公的扶助**[53]のセーフティネット）の領域では、貧困・所得格差などの社会問題に政策および実践として対処しながら、強固なセーフティネットの整備を中央政府と地方政府が公助として取り組む必要がある。セーフティネットの内容としては、社会保険（病気や老齢、失業などで生活が困難になったときに給付し、生活を安定させる強制加入の保険）、社会福祉（障害者や母子家庭などハンディキャップのある人が安定して生活を営めるよう支援する）、公的扶助（生活が困窮している人に最低限度の生活を保障し、自立を助ける）をあげることができる。これらのセーフティネットは、クッションやトランポリンのように、一度落ちても、ポーンとまた戻ってこられるようなしくみのことをいう。今の日本にはその部分が欠けている。

② 行政と住民の活動範囲

　図表9-3を見ていただきたい。地域福祉計画において主として行政分野が担う範囲は、①公助：生活保障等セーフティネットの強化、居住基盤（生活機能）の整備、②共助：介護保険のような制度化された相互扶助、NPO法人やボランティア活動の育成、社会的企業やコミュニティ・ビジネスの育成である。ここで注目したいのは、共助の領域における新たな福祉サービス供給組織の主体形成の課題である。例えば、介護保険事業によって民間企業の進出が拡大している。福祉サービスに参入する企業や事業所は、「社会貢献」という活動原理が重要である。単なる利潤追求だけでは、福祉サービス供給からの撤退は余儀なくされるであろう。その意味でも、行政や社会福祉法人等の旧来からの福祉サービス供給体への効率性の効果が求められる。特に、社会福祉法人に対しては、社会保障審議会福祉部会で施設職員や内部の余剰資金を活用し、無償・低額で生活困窮者支援など地域での社会貢献活動を義務付ける方針を打ち出しており、NPO・協同組合等との新たな協働関係も生まれ始めている。NPO・協同組合等は、現代の福祉問題に対する即応性や柔軟性が活動の源である。行政との契約関係、企業との社会貢献による**エンタープライズ**の提携関係が進展している。今後は、社会福祉法人・社会福祉協議会等との新たな関係構築が求められる。

　そして、住民側が主として担う範囲は、①互助：住民同士の信頼関係の再生、新たな支え合い活動の創出。例えば、**認知症高齢者**[54]の見守り活動、ウォーターサーバーの事業所と一人暮らし高齢者が手渡し契約を結び安否確認を行う。②自助：自分の健康維持、住民間での課題解決。例えば、健康体操などの普及で健康寿命を引き上げ、医療費や介護費を削減することにつなげるといった取り組みが有効な事例も紹介されている。

③ 認知症高齢者の見守り体制は急務

　最高裁は、2016年3月1日に**認知症徘徊事故訴訟判決**を言い渡した。認定事実は、男性は2000年12月ごろから認知症の症状がみられ、妻と、近くに転居した長男の妻が自宅で介護していた。症状が進んで徘徊するようになり、家族は連絡先を記した布を着衣に縫い付けたり、玄関にセンサー付きチャイムを設置したりした。男性は2007年12月、家族が目を離したすきに1人で外出し、電車にはねられて死亡した。この認定事実に関して最高裁は、「男性の妻や長男は監督義務者に当たらない」という判決を下した（出典：2016年3月2日付　日本経済新聞）。このような事故が地域社会で頻発することが予想される。厚生労働省の推計による国内の要介護認定を受けた認知症の高齢者は2012年に305万人。2025年には470万人と1.5倍になると予測されている。認知症患者の増加には医療機関、自治体と介護事業者、住民の見守り活動が連携して適切なサービスや活動を提供する体制をつくる必要がある。

4

9講 地域福祉計画の住民参加と組織化

住民意識調査
—つきあい・信頼・社会参加

■ 図表9-4① 「しあわせ」と「安心」のまちづくりアンケート

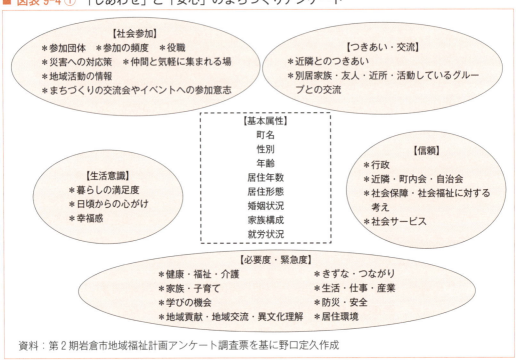

資料：第2期岩倉市地域福祉計画アンケート調査票を基に野口定久作成

POINT
▶ 住民や市民にとっての主観的な「しあわせ」とは何か
▶ 「安全で安心して住み続けられる地域社会」の目標設定
▶ 目標に現実を近づける具体的な取り組みや施策を考案する

① しあわせ（幸福）調査の背景

　しあわせ（幸福）度が取りざたされる社会的背景には、リーマン・ショック後の長引く不況のなかで経済格差が社会問題となり、経済的富と幸福の直接的関係が疑われるようになったからである。直接的には、**中所得国の罠**[55]に関する事象の研究が影響している。つまり、自国経済が中所得国のレベルで停滞し、先進国（高所得国）入りがなかなかできない状況をいう。しあわせ調査の背景には、①人間が気にするのは自分の絶対所得ではなく、他人との相対所得であること、②所得が上がれば、一時的に**幸福度**[56]は増すが、すぐに慣れて幸福は元に戻る、という言説がある（出典：2014年10月3日付　日本経済新聞　依田高典）。また、個人の幸福に影響を与えると思われるさまざまな要因を検証する調査もみられる。例えば個人の幸福に影響を与えるのは所

得なのか、働くことそのものなのか、あるいは正規・非正規社員といった働き方なのか、家族、結婚や子どもなのか、格差の影響なのか、住んでいる地域で幸せに差があるのか（出典：2015年5月4日付　日本経済新聞　白石小百合）。

② しあわせアンケート調査と地域福祉計画―第1期岩倉市地域福祉計画より（2013年策定）

　地域社会には、一生懸命に子育てをしている若い夫婦や、障害をもちながら働いて自立をめざしている人、あるいは一人暮らしの高齢者など、さまざまな手助けを必要としている人々が大勢暮らしています。かつては、子育てや介護など誰かに手助けしてほしいことが起こった時には、家族や親族のなかで、あるいはご近所や町内会など身近な地域社会のなかで、お互いが協力して解決していました。現代社会は、保健、医療、福祉、教育など公的な支援の充実が進むにつれて、健康寿命が延び、長寿社会を迎えています。私たちの暮らし方が変わってくるにつれて「生活上の困りごと」が多様化し、「高齢者福祉」や「障害者福祉」など、特定の分野のみを対象とした、公的な支援だけでは対応できないことが増えています。これからは、地域社会のなかで住民同士がお互いに支え合うしくみづくりを進めるとともに、公的な支援と市民が協働して、社会福祉だけではなく、保健・医療・教育・雇用・住宅・環境・防災・交通など生活にかかわるあらゆる分野を取り入れた総合的・包括的な切れ目のない**安心度**[57]の高い支援体制を整えて、「誰もがしあわせに暮らすことができる、住みやすいまち」をつくっていくことが求められています。

③ アンケート結果からわかったこと

　つきあい・交流については、近隣の人との関係では「あいさつ」する関係がある人は95％以上、「世間話をする」「おすそわけをする」は60％程度、「なにかと相談する」は35％程度であった。信頼は、年代が高くなるにつれて地域や近隣の人への信頼度が高くなっている。また、困りごとが生じたときに「家族」「友人・知人」「近所の人」を頼りにすることが多く、身近な人との絆を大切にしている傾向がみられた。社会参加では、社会活動への参加頻度を年代別にみると、50代の参加頻度が最も多く、若年者層と高齢者層では少なくなる傾向がみられた。**連帯**（安心）は、社会サービスのなかでも、特に防災対策については行政が主体となって行ってほしいという意見が多くみられた。包摂（社会福祉的価値）は、介護が必要になったとき、「保険福祉サービスや介護福祉サービスを積極的に利用したい」「老人ホームなどの施設に入所したい」という意見も多い反面、「家族や親族から介護を受けたい」という意見も多くみられた。また、家族に福祉や介護などの社会サービスが必要となったとき、過半数の人が「抵抗なく利用できる」と回答しているが、30％近くの人が「抵抗はあるが利用する」と回答している。この抵抗感の主な理由としては「経済的な負担が心配」であったり、「家族、隣近所に迷惑をかけたくない」から利用するという意見が大部分を占めていた。

5

9講 地域福祉計画の住民参加と組織化

地域福祉計画の
ワークショップの効用

■ 図表9-5　地域福祉計画のワークショップ―地域福祉の課題をみんなで共有しよう

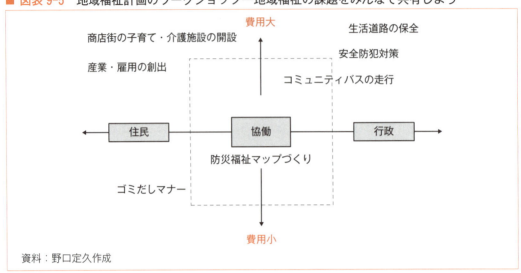

資料：野口定久作成

> **POINT**
> - 座標軸（行政と住民、費用大と費用小）を設定する
> - 市民会議の分科会ごとにKJ法で抽出した項目を参加者が位置づける
> - 最後に「協働」のキーワードを中心におき各項目を位置づけ直す

① 地域課題の共有化
―買い物難民とコミュニティバスの走行

　今、都市部においても人口減少や高齢化により、買い物難民の地域が現れている。バスなどの公共交通機関の採算が取れなくなっている自治体も増えている。そこで、中山間地域の集落はもちろんこと、都市部での**買い物難民**[58]の生活機能を維持するために、公共経営という考え方を地域福祉の協働経営や運営に応用した場合、どのような政策と実践に焦点を当てることが妥当なのか。例えば、山形県最上町では、地域福祉計画策定の過程で全集落を対象に、**コミュニティバス**[59]の運行に関するアンケート調査を実施した。アンケート調査の内容は、集落住民の生活機能（日常的な買い物、通院、行政サービス、福祉サービス等の社会的共有消費財および地域で産出される伝統的な生産物の生産と消費、そして地域の伝統文化や家族、近隣、親族等の相互扶助のネットワークの総合的機能）へのニーズは何か、不足している資源や情報は何かを調べた。それらの意見をもとにワークショップをもち、「全集落に毎日1本コミュニティバスを走らせる」という具体的な政策目標を掲げ、集落住民のニーズや必要のデータを公共経営（ここでは地域福祉

の**協働**[60]経営・運営）の論拠でもって、それを実際に運行させるための方策として「**コミュニティバス運営協議体**」の設置を企画した。

② 協働のまちづくり

　今、地域社会や家族で生じている生活困窮の問題群は、個々の問題と連鎖複合化し、都市部から都市部の近郊へ、そして地方都市へ、中山間地域へと日本の地域社会の至るところに拡大している。そうした状況のもとで、これらの公共的諸問題（現代社会の福祉問題の多くが含まれる）の自主的な解決の場としての地域コミュニティが新たな意味をもつようになったのである。安全なコミュニティや安心して住み続けることのできる居住環境の整備といった公共政策に属するプログラムを行政・企業・NPO・住民等の参加によって協働して解決するローカル・ガバナンスを実現することが求められている。

　近年、この協働の概念は日本の地方自治の分野で、まちづくりの取り組みに不可欠なものとして唱えられている概念の1つである。例えば、地域の課題解決に向けて、行政単独では解決できない問題がある場合、または市民だけでは解決できない問題などがある場合に、お互いの不足を補い合い、民間企業の参加を促進し、ともに協力して課題解決に向けた取り組みをする。または、協働したほうがサービス供給や行政運営上の効率が良いとされる場合に協働のまちづくりが推進される。

③ ワークショップの手順

　このワークショップのテーマは、「地域福祉の課題をみんなで共有しよう」と題する。この図の使用法を解説しよう。まず第1段階では、それぞれの政策領域（ここでは上記の5領域）ごとに、一つひとつの生活課題を、「行政―住民」と「費用大―費用小」の対立軸からなる4つの象限のなかに、参加者で合議をしてはめ込む作業をする。そして、第2段階において、「協働」という概念を用いて、第1段階で仮に配置した生活課題を、再配置するわけである。そうすると、例えば、第1段階では「行政・費用大」の象限の右上に位置していた課題が、「協働」という概念を入れた場合、同じ「行政・費用大」象限のなかでも、破線のなかに移動することになる。そこで、その課題は、協働という概念を通して、参加者のなかで共有化されることになる。さらに、協働化された課題は、それを事業化していくためのアイデアを模索することにつなげていくことができる。

1 | 10講 居住福祉のまちづくり
居住福祉の思想
―内発的発展論と生命誌

■ 図表10-1　居住福祉の研究方法論―内発的発展論（鶴見和子）と生命誌（中村桂子）

内発的発展論	⇔	近代化論
イギリスやアメリカと同様に近代化することをよしとするのではなく、それぞれの地域がそれぞれの自然生態系とそれぞれの文化にしたがって、住民の創意工夫によって発展の道筋を創りだす		西欧社会は長期間かけて近代化を実現したが、前近代にとどまっている非西欧の後発諸国・旧植民地諸国も別のコースを辿りつつ同じく近代化を達成する
生命誌	⇔	**社会進化論**
生物学の最先端であるDNA研究の成果を踏まえ、約40億年という平等な歴史を背負うものとして、人間を含むすべての生物の多様性と相互の関係を捉え直そうとする、生きものの歴史物語		一般に社会は進化し進歩するものだという社会理論で、キリスト教的社会観の崩壊を意味するものとして19世紀後半に大流行。ダーウィンの自然淘汰・生存競争・適者生存という考え方を人間社会に適応した社会ダーウィニズム

出典：鶴見和子・中村桂子『四十億年の私の「生命」―生命誌と内発的発展論』藤原書店、2002年

POINT
- 多様性は強さのもとであり強固な基盤
- 「何人も排除せず」の思想
- 安心できる居住は基本的人権であり生存・生活・福祉の基礎

1 内発的発展論という思想

　内発的発展とは、目標において人類共通であり、目標達成への経路と創出すべき社会のモデルについては、多様性に富む社会変化の過程である。共通目標とは、地球上すべての人々および集団が、衣食住の基本的欲求を充足し人間としての可能性を十全に発現できる、条件をつくり出すことである。それは、現存の国内および国際間の格差を生み出す構造を変革することを意味する（出典：鶴見和子『内発的発展論の展開』筑摩書房、1996年）。

　人口減少時代の地域福祉および居住福祉の展開方法論として必要なのは、そこに住み続ける住民による内発的発展である。内発的発展という考え方は、鶴見和子が提唱した近代化論に対抗しうる地域社会の論理である。西欧は長期間かけて近代化を実現したが、前近代にとどまっている非西欧の後発諸国・旧植民地諸国も別のコースを辿りつつ同じく近代化を達成する議論で、アメリカの社会科学者を中心に展開されたのが**近代化論**である。これに対し、内発的発展論はイギリ

スやアメリカと同様に近代化することをよしとするのではなく、それぞれの地域がそれぞれの**自然生態系**とそれぞれの文化にしたがって、住民の創意工夫によって発展の道筋をつくり出すことを提唱する社会理論である（出典：野口定久『人口減少時代の地域福祉―グローバリズムとローカリズム』ミネルヴァ書房、2016年）。

② 生命誌という思想

生命誌とは、生物学の最先端であるDNA研究の成果を踏まえ、約40億年という平等な歴史を背負うものとして、人間を含むすべての生物の多様性と相互の関係を捉え直そうとする、生きものの歴史物語である。**中村桂子**が提唱する思想である。

生物学における共生の思想は、異種の生物が一緒に生活している現象のことを指す。両者が共に利益を得ることを「**相利共生**[61]」と呼び、一方が利益を得ることを「片利共生」「寄生」などといい、さまざまな形がある。近年これらすべて合わせて、生物全体を共生系とみる見方が生まれている。

生命誌では、共通性と多様性を結びつける考え方を重視する（鶴見和子・中村桂子『四十億年の私の「生命」―生命誌と内発的発展論』藤原書店、2002年）。生物学は、自然のなかへ入って観察する学問である。一方で生物には、生きているという共通性がある、それを見ていこうとする学問でもある。ここでの共通性とは、細胞でできていないものはない。生きているという最小の単位は細胞であり、一個の細胞のなかのDNA全部のことを**ゲノム**[62]という。ゲノムという共通性が見えてきたのが21世紀の大発見の1つでもある。また、**普遍性**[63]と多様性の両方に目配りできる学問が生まれる。外から見て分析するだけでなく、なかに入って記述していく方法論は大切である。一方でみんなが共有できる方法がないと、学問として確立しにくいからである。

③ 居住福祉学の普遍性

居住福祉学の創始者の早川は、その名著『空間価値論』のなかで**空間使用価値説**を説いている。空間価値は、空間の使用価値に基礎をおいて形成される。つまり、空間は一見空いているように見えるが、そこには使用価値がある。その使用価値は、ある労働量の投入によって現実のものになると同時に、空間としての利用価値となるのである。

地域福祉も居住福祉も、現場の学問である。実践研究方法の3原則は、①現場のなかに入って観察すること、②現場からデータを集めること、③収集したデータを分類して理論として主張することである。とはいっても、膨大な記述はたまるが、それを整理することがむずかしい。生物学はゲノムに注目すれば、普遍性からの整理もできるし、多様性も可能となる。すなわち、地域福祉も居住福祉も、生物学でいうところの「ゲノム」なるものを一回通過したという意味で、普遍性を獲得できる。例えば、地域福祉では「社会的包摂」、居住福祉では「居住権」ということになろうか。

2 | 10講 居住福祉のまちづくり
居住福祉と地域福祉
―融合をめざして

■ 図表10-2　居住福祉と地域福祉の融合をめざして

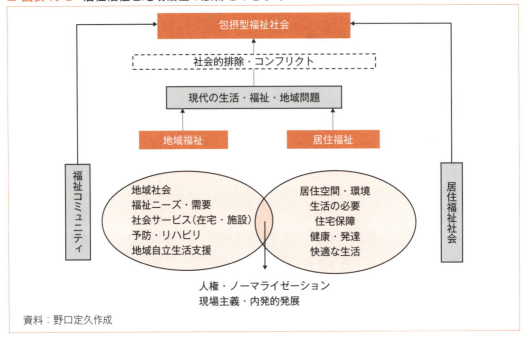

資料：野口定久作成

POINT
- 排除と摩擦を克服して包摂型福祉社会を創設
- 地球規模で拡大する貧困・格差・テロ・難民問題に対する応戦
- それぞれの国・地域の経済成長率を維持しながら中間所得層を中核とした市民社会を形成

① 地域福祉と福祉コミュニティ

　地域福祉の究極の目標は、福祉コミュニティの形成にある。本来、コミュニティの概念には、人々が共に生き、それぞれの生き方を尊重し、主体的に生活環境システムにはたらきかけていくという意味が含まれている。R. M. マッキーバーはコミュニティ発達の基準として、「身体の弱い者、貧窮者、女性、被支配者、子ども、異邦人、外国人を配慮するか、無視するか」という価値的・態度的意味をコミュニティの考え方のなかに取り入れ、すでに福祉コミュニティの原型を描いている（出典：R. M. マッキーバー、中久郎・松本通晴監訳『コミュニティ―社会学的研究：社会生活の性質と基本法則に関する一試論』ミネルヴァ書房、1975年）。このような福祉的価値を受け止めるコミュニティとは何か、それが福祉コミュニティとして問われているといえ

る。したがって、福祉コミュニティとは、単に地域性とか、共同関心性というような外存的に規定するものではなく、地域社会のなかで疎外されているか、また排除されようとしている人々を受け入れる価値と社会的態度から成り立っているものである、といわなければならない。例えば、現在、地域福祉が抱える大きな論点に、差別・排除や異文化の問題が横たわっている。すなわち、もう１つの国際化としての在日外国人の生活権・社会権の剥奪や障害者問題、ホームレスの問題は、貧困や人権の問題と同時に、差別や排除（social exclusion）の問題として、また異質文化の交流（social inclusion）という**社会的包摂**[64]論の交差の課題を、コミュニティや地域住民に問いかけているのである。

② 居住福祉という考え方

居住福祉の基本的な考え方は、**居住福祉学会**[65]の目的として明記されているので、全文を紹介しておこう。「人はすべてこの地球上で生きています。安心できる"居住"は基本的人権であり、生存・生活・福祉の基礎です。私たちの住む住居、居住地、地域、都市、農山漁村、国土等居住環境そのものが、人々の安全で安心して生き暮らす基盤に他なりません。本学会では、"健康・福祉・文化環境"として子孫に受け継がれていく"居住福祉社会"の実現に必要な諸条件を、研究者、専門家、市民等がともに調査研究し、これに資することを目的とします（原文のまま）」と謳っている。このことを、日本居住福祉学会長の早川和男氏は、「住居は生活の基盤、健康・発達・福祉の基礎」（早川和男・岡本祥造『居住福祉の論理』東京大学出版会、1993年）であると、簡潔に言い表している。そして、その実践は実際に、「社会における様々な居住をめぐる問題の実態や「居住の権利」「居住福祉」実現に努力する地域を現地に訪ね、住民との交流を通じて、人権、生活、福祉、健康、発達、文化、社会環境等としての居住の条件とそれを可能にする居住福祉政策、まちづくりの実践」（日本居住福祉学会活動方針）から学ぶ、という**現場主義**[66]に他ならない。

③ 地域福祉と居住福祉のつながり

21世紀は、人間の生命と生活の課題を、地域と地球的規模の循環関係のなかで、質的に解明しようとする大きな流れが感じられる。これらの課題解明には、自然科学、社会科学、人文科学の総合的かつ協働的な取り組みが重要となってきている。その融合領域として地域福祉と居住福祉の実践的理論的なつながりが認められる。その意味においても地域福祉と居住福祉はきわめて類似した概念であり、このつながりを示したのが図表10-2である。地域福祉・居住福祉ともめざすべき社会は、包括的社会であり、差別や排除、人権侵害という現実を克服していく理論と実践の構築が求められている。共通のキーワードには、人権、ノーマライゼーション、住民参加、実践研究、内発的発展などがあげられる。

3

10講 居住福祉のまちづくり

居住福祉社会のかたち

■ 図表10-3　居住福祉社会のかたち—分配・幸福・尊厳・資源の調和

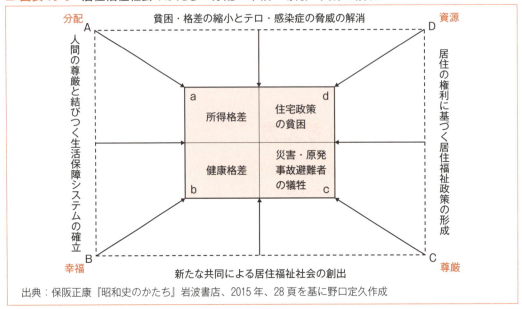

出典：保阪正康『昭和史のかたち』岩波書店、2015年、28頁を基に野口定久作成

> **POINT**
> ▶ 現代日本の居住福祉の諸課題（abcd）を封じ込める
> ▶ 4つの概念（分配・幸福・尊厳・資源）を居住福祉のけん引役に
> ▶ 住居は生活の基盤であり、健康・発達・福祉の基礎

① 居住福祉のかたち—現在と未来

　現代のローカル・コミュニティは、グローバルな世界動向のなかで、さまざまな課題や個別の事象が複雑に絡まって表出し、あるいは潜在化している。現代日本の居住福祉の領域は、この複雑な諸問題の現象を内側の実線（a所得格差、b健康格差、c **災害・原発事故避難者**[67]の犠牲、d **住宅政策**[68]の貧困）の「かたち」として表すことができる。このように閉塞された現状から人々を解き放つためには、外側の破線に示した4つの座標を構想する必要があるのではと考えた。そして、外側の破線の四角に、A分配、B幸福、C尊厳、D資源の概念を置いた。そして、それぞれの4辺が現代の居住福祉が置かれている状態から脱出する方向を指し示している。AとBの辺は、「人間の尊厳と結びつく生活保障システムの確立」、BとCには「新たな共同による居住福祉社会の創出」、CとDは「居住の権利に基づく居住福祉政策の形成」、DとAの辺には「貧困・格差の縮小とテロ・感染症の脅威の解消」をそれぞれ目標として掲げた。したがって、これ

からの居住福祉学の使命は、ABCDの4辺、それぞれの目標の実現に向けて、abcdの現状（4つの箱）の面積を小さくしていく政策的・実践的試みが、これからの居住福祉の実践研究に求められることになるであろう。

② 転機を迎える住宅政策
—住宅の使い捨てから住宅の再生へ

　戦後日本の住宅政策は、質の高くない住宅が供給され、それを使い捨てていくことが一般的であった。現在の日本は人口減少局面に入っており、地方や都市部でも条件が悪い地域ほど、空き家が目立つようになってきた。しかし、空き家が増加する現在でも、年間80万から100万戸の住宅が新築されており、日本の住宅市場は、空き家が増加する一方、新築住宅が造られ続ける特異な状況に陥っている。住宅政策は今、大きな転機を迎えている。

　国土交通省は、住宅政策の指針である新たな**住生活基本計画**[69]の骨子案をまとめた（2016年3月）。その核心は、①人口減少と世帯数も減少に転じ、住宅需要が本格的に減り始めたこと、②日本の住宅の総戸数は約6060万戸と、すでに総世帯数（約5250万世帯）を大幅に上回っていること、③住宅政策の重点を新規物件の建設から、既存住宅の流通へと移行させることにある。例えば、住宅の流通戸数に占める**中古住宅**の割合は2013年で14.7％と欧米に比べてかなり低い。

③ 災害列島日本の居住問題

　今、日本列島は災害列島と化している。東日本における震災や各地で頻発している災害（大水害、火山の噴火からの復興の取り組みは、それぞれの地域の個別具体的でローカルな状況を踏まえ、歴史や文化も含めて住民の暮らし方や被災者の想いに添ったものでなければならない。

　都市が地震に弱い最大の要因は過密である。都市社会には、何百万という人間が集まっているからこそ都会の魅力が発揮されるのは確かだが、過密なればこそ、緑地などを十分確保できないし、本来、人が住んではいけない超軟弱地盤や急傾斜地にまで技術を過信してまちを広げ、大震災の下地をつくることになる。一方、都市の過密と裏腹に田舎の過疎がある。震災よりもっと恐ろしいのは、この過密と過疎の構造が列島の環境と自然を破壊し、地球環境と人類存続の危機に直結していることである。過密都市は資源とエネルギーを浪費し、大気や水を汚染し、行き場のない大量の廃棄物を排出するし、中山間地域では放棄された農地・山林が荒廃し、苦し紛れのリゾート開発によって国土が崩壊している。それによって、過疎地域の災害も増幅され、そのことが都市部にも深刻な影響を及ぼすという悪循環は、これまでの災害などから明白である。

4

10講　居住福祉のまちづくり

居住福祉社会の構図
—フローとストックの融合

■ 図表10-4 ①　居住福祉社会の構図—フロー・ストックのマトリックス

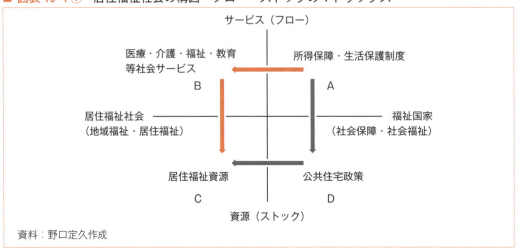

資料：野口定久作成

> POINT
> - フロー（消費：制度やサービス）の整備に重点が置かれ、ストック（資源：住宅政策・居住福祉資源）の側面は政策的にも実践的にも劣化
> - コミュニティの「資源（ストック）」と社会保障・社会福祉のサービス（フロー）を包摂
> - 居住福祉資源を基礎に福祉国家の政策と社会サービスの順に居住福祉社会を実現

① 福祉国家と居住福祉

　社会保障や社会福祉の根幹をなすのが居住環境と住宅であり、これが社会保障制度や社会福祉制度を基盤にした**福祉国家**[70]における居住福祉の位置づけである。わが国の場合は、この住宅政策が不完全であることが、この橋全体を不安定なものにしている原因であるといえる。早川は、わが国の住宅政策の貧困から、「劣悪な住環境や危険な家屋構造が病人をつくりだし、家庭内事故を続発させ、寝たきりや痴呆老人をつくりだしているとすれば、そのことを放置しておいて、結果として生じる貧困や傷病や福祉需要を事後的に救済するというのでは、社会保障は機能しなくなるであろう」と、居住福祉が社会保障制度や社会福祉サービスを支える逆機能としての役割を強調している（出典：早川和男・岡本祥浩『居住福祉の論理』東京大学出版会、1993年）。

② 住居は福祉の基礎

社会保障は、図表10-4②の橋の図のように、①出産・児童手当、雇用・労災・医療保険、老齢・母子・障害・遺族年金、生活保護などの所得保障、②医師・保健師・看護師・理学療法士・作業療法士・ホームヘルパー・ソーシャルワーカー、社会福祉士・介護福祉士、ケアマネジャーなどの人的福祉サービス、③保育施設、養護施設、障害（児）者施設、介護福祉施設（特別養護老人ホーム、老人保健施設、介護療養病床）、在宅介護支援センター、デイサービスセンター、保健所、診療所・病院等の保健・医療・福祉施設などである。したがって、**居住福祉社会**[71]は、これらの制度やサービス、専門職人材や施設・機関の上部構造を公共住宅政策および**居住福祉資源**[72]の下部構造で成り立つものである。

■ 図表10-4② 住居は生活・福祉・防災の基礎（Ⓒ 早川和男）

出典：早川和男『「居住福祉資源」の思想――生活空間原論序説』東信堂、2017年、9頁

③ 居住福祉資源の発見と蓄積

リーマン・ショックを引き金とした世界同時経済危機は、日本の、特に地域社会や住民の生活に襲いかかり、「居住福祉資源」の維持に大きな打撃を与えた。日本の経済社会は、まだ危機の最中にあり、その出口を模索して迷走している。こうした悪循環から「居住福祉資源」を蓄積する経済社会へと好循環軌道に移行する道標の役割を居住福祉学が担っているといっても過言ではない。

図表10-4①は、「福祉国家」対「居住福祉社会」と、「フロー（消費）」対「ストック（資源）」に対応する政策や実践を4つの象限に、A（所得保障・生活保護制度）、B（医療・介護・福祉・教育等社会サービス）、C（居住福祉資源）、D（公共住宅政策）として配置することができる。こうしてみると、これまでは、どちらかというとフロー（消費：制度やサービス）の整備に重点が置かれ、ストック（資源：住宅政策・居住福祉資源）の側面は政策的にも実践的にも劣後していたと言わざるを得ない。今後は、コミュニティの「資源（ストック）」と社会保障・社会福祉のサービス（フロー）を包摂して理解することが重要である。そして、居住福祉社会の居住福祉資源（ストック）へと収斂していく道程が必要となる。

5

10講 居住福祉のまちづくり

「住まい」は「まちづくり」の基盤

■ 図表10-5 ① 「住まい」と「まちづくり」の関係構造

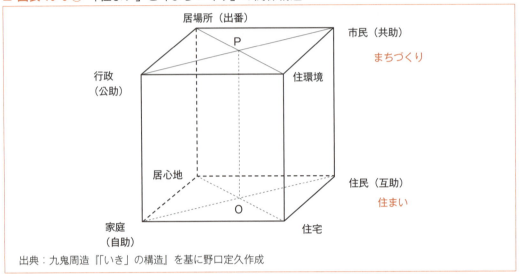

出典：九鬼周造『「いき」の構造』を基に野口定久作成

POINT
- 市民や住民がそれぞれの意志によって集合できる「居場所」と「出番」
- 住宅のなかで労働と余暇と休養と消費の営みの場である「家庭」＝「自助」
- PとOを切り結んでいく直線こそが福祉コミュニティの実践

① 安全に「住まう」ということ

　東日本大震災（3.11）以降、安全に「住まう」ということ、そして安心して暮らせる「地域コミュニティ」の再生への願望が高まっている。それには、人々が住みたいと思うところに住み続けられることができる「住まい」と「地域コミュニティ」がその基礎的条件となる。高齢化や過疎化といった現状は、震災以前から厳しい状況に置かれていた。それは、全国の地方や都市のインナーシティがすでに直面している現実であり、地方および都市の未来の縮図が震災や原発事故被災地である。それゆえに、高齢者や障害のある人々、子どもたち、ホームレス等社会的脆弱層から全住民に至るまで、すべての人々の生命や生活、生産を支えるしくみづくりを基点に据えた「住まう」を支援する福祉社会の再設計を急がなくてはならない。

② 空き家と中古住宅の活用

　2013年で約820万戸ある**空き家**[73]は、2023年には約1400万戸に膨らむという試算がある。急増する空き家対策のための「**空家等対策の推進に関する特別措置法**」が全面施行（2015年5月）された。周辺に迷惑を及ぼす古い家屋などを対象に立ち入り調査や解体が可能になった。ただし、この法律で空き家そのものが減るわけではない。空き家の増加を抑えるためには既存の住宅をもっと取引しやすくする必要がある。安心して中古住宅を購入できるようにするためにはまず、第三者が住宅の状況を調べるインスペクション（住宅診断）を普及させ、築年数などと併せて診断結果を示せば、適正な価格で取引しやすくなるしくみをつくる事である。単身高齢者や所得の低いひとり親世帯などは、賃貸住宅への入居を希望しても、孤独死や家賃滞納のリスクがあるとして、断られるケースが多い。賃貸住宅への入居を断られやすい単身高齢者や低所得者向けに、図表10-5③のような空き家や空き部屋を活用する新たな制度が2017年10月から始まった。

■ 図表10-5 ②　空き家が増え、防災・防犯面や景観面で問題も発生

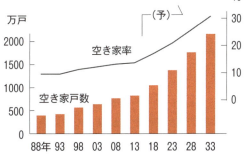

出典：総務省「住宅・土地統計調査」。18年以降は野村総合研究所の予測値（撤去や活用が進まない場合）。空き家率は住宅総数に占める空き家の割合

■ 図表10-5 ③　空き家活用のしくみ

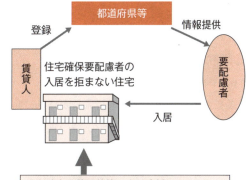

出典：国土交通省

③「住まい」と「まちづくり」をつなぐ

　高齢社会が進行する地方のコミュニティにおいて高齢者や地域住民、そして旅行者が気兼ねなく集まり、交流できるインフォーマルな「**居場所**[74]と出番」づくりにかかわる実践が注目を浴びている。特に、**コミュニティカフェ**[75]や認知症カフェなどの実践は、地域社会から排除されやすい、また孤立しやすい社会的弱者（高齢者や障害者、外国人等）のさまざまな「居場所」を「福祉コミュニティ創造への拠点」として新たに位置づけなおしたことである。家族やコミュニティの内部では過剰な気遣いが求められる半面、集団を一歩離れると何のつながりや"救い手"もないような関係性のあり方が、かえって人々の孤立や拘束感・不安を強め、個々人のネットワークが疎遠になっているが、見知らぬ利用者や観光客との「都市的な関係性」をつくっていることなど、そうした"関係性の組み換え"のプロセスのなかにあるのが、この実践の意味するところである。

第II部 キーワード

1 日本型福祉社会

➡ p.66 参照

1979年に閣議決定された「新経済社会7カ年計画」のなかで「日本型福祉社会論」が提起された。わが国がケインズ主義型の福祉国家から世界的な流れの市場主義に移行するときに生起した考え方である。1980年代のレーガノミックスに基礎を置く、一連の自由主義経済政策である家族主義的イデオロギーとして批判が高まった。

2 成熟社会

➡ p.67 参照

量的拡大のみを追求する経済成長が終息に向かうなかで、精神的豊かさや生活の質の向上を重視する、平和で自由な社会（出典：『大辞林 第3版』三省堂、2006年）。しかし、他方で、少子高齢化を伴う人口減少、地方の過疎化、巨額の財政赤字、崩壊寸前の社会保障、超円高とデフレによる不況など負の側面の現実も存在する。

3 地方分権改革

➡ p.67 参照

1989年に提出された第2次行革審の「国と地方の関係等に関する答申」が契機である。その趣旨は、中央集権的行政システムから地方分権的行政システムへの移行である。しかし、自立した自治体をつくるためには国から地方に配る補助金を減らして、その代わりに地方に税源を移譲することが欠かせないのだが、税源移譲に消極的な自治体も見受けられる。

4 地方財政健全化法

➡ p.69 参照

2008年9月のリーマン・ショックの後、税収が見込みを下回り財源不足に陥る自治体が続出。日本でもかつて北海道夕張市が財政破綻した（2007年）。地方公共団体の財政の健全化や再生が必要な場合に迅速な対応を取るための「地方公共団体の財政の健全化に関する法律」が2009年4月に全面施行された。

5 分権化定理

➡ p.69 参照

公共サービスに対する地域独自のニーズは、その地域の自治体と中央政府との間で非対称性をもっている。総じて地方自治体のほうが国に対して情報上、比較優位があるわけであり、これを最大限活かすよう地方に権限移譲を行い、公共サービスの供給を担わせることが効率的な資源配分に即するという考え方である。

6 対人福祉サービス

➡ p.69 参照

パーソナル・ソーシャル・サービスの訳。社会福祉の対象拡大に対して社会サービス、特に対人社会サービスの必要性を強調。地域福祉の視点からは、1970年代中頃から現れ始めた財政の行き詰まり状況に対応するための新しい社会福祉サービスやその経営のあり方に関する論議である（出典：全国社会福祉協

議会編『在宅福祉サービスの戦略』全国社会福祉協議会、1979年）。

7 財政再建

➡ p.71 参照

国と地方の基礎的財政収支（プライマリーバランス）を2020年度に黒字化するとされた。これは団塊の世代が退職して公的年金給付が大きく増加する時期に当たり、それまでに財政健全化を進めておいて、社会保障費の増加に備えるという思惑である。しかし、達成の見込みは立たず、先送りされる可能性が高い。

8 ゲーム理論

➡ p.71 参照

1994年にノーベル経済学賞を受賞した数学者ジョン・ナッシュが提唱した経営戦略手法。例えば、エスカレーターの利用客がそれぞれ選ぶことのできる行動は「右側に並ぶ」「左側に並ぶ」の2つである。お互いに「自分だけ行動を変えても得にならない状況」を、ナッシュ均衡と呼ぶ。

9 囚人のジレンマ

➡ p.72 参照

ゲーム理論によく登場する例に囚人のジレンマ（2人とも黙秘を守れば、互いに2という高い利得が得られるのに、自分がかわいいばかりに裏切ってしまい、結果的に互いに1という低い利得に甘んじること）がある。企業にとって両社とも「低価格」という状況はあまり好ましくないが、消費者には望ましい。デフレの状況と同様である。

10 コミュニティ・ビジネス

➡ p.74 参照

地域（コミュニティ）等におけるニーズや課題に対応するための事業がコミュニティ・ビジネスである。主に地域における人材、ノウハウ、施設、資金等を活用することで、対象となるコミュニティを活性化し、雇用を創出し、人の生き甲斐（居場所）などをつくり出すことが主な目的や役割となる場合が多い。行政コストの軽減にもつながる。

11 コミュニティ・ファンド

➡ p.74 参照

近年、民間財源の新たな動きとしては、介護や障害者福祉など社会的な課題解決の活動主体に対して融資を行うNPOバンク（あるいは市民コミュニティ財団）の設立が注目されている。NPOバンクは、行政からの出資や補助金を原資として行政がNPOに地域活性化のための事業を委託し、その活動資金を住民からの出資金が支えるというしくみである。

12 再生可能エネルギー

➡ p.75 参照

太陽光や風力、地熱、バイオマスなどの自然の力を利用して発電することで得られるエネルギー、一度利用しても短期間で再生できる。石油や天然ガス、石炭といった化石燃料と違い、資源が枯渇する心配がなく、発電に使ったときに二酸化炭素（CO_2）を出さない。地球温暖化対策の観点から普及が求められてきた（出典：2017年10月4日付　日本経済新聞）。

13 ロードマップ
➡ p.76 参照

企業が今後予定している製品の見通しを時系列でまとめたもの。あくまでも予定であり、随時変更されるが、業界の動向を探る貴重な資料となる（出典：『大辞林 第3版』三省堂、2006年）。転じて、自治体の地域福祉計画の行程表にも応用できる。

14 コミュニティ・ガバナンス
➡ p.77 参照

ボウルズとギンティス（2002年）の概念。一般に、市場で交換されにくい地域内の相互扶助的なサービスの交換形態を、行政・企業・社会福祉法人・ボランティア・住民が協働して伝統的な互酬慣行の再活用によって、現代社会に適応可能な形で制度化し、一定の範囲の地域社会に準（疑似）市場を形成し、より強固で安定したコミュニティ・ガバナンスをそれぞれの地域社会で形成する。

15 総合政策
➡ p.77 参照

社会問題を総合的に解決するための方法を研究する学問。具体的問題の構造の把握と解決のためのビジョンとミッションと達成方法の提案を目的とした実学重視の学問体系のこと。慶應義塾大学総合政策学部（SFC）では、不確実性の高い現代社会において、新しい状況を的確に理解し、最適な状況をつくり出すための技術や制度、組織の設計ができる人材を育成する方針を打ち出している。

16 コンドラチェフの波
➡ p.78 参照

景気循環には、3つの周期がある。①3〜4年の短期周期で「キチン循環」、②10年周期の設備投資で「ジュグラー循環」、③50年周期で「コンドラチェフ循環」である。最も長い景気循環を指し、新しい技術の芽生え、発展、普及と成熟、陳腐化が経済盛衰の大きなうねりをつくる。その周期を50年程度とする考え方。

17 再分配
➡ p.79 参照

厚生労働省の2014年所得再分配調査によると、税金や社会保障制度を使って低所得層などに所得を再分配した後の世帯所得の格差を示す「ジニ係数」は0.3759で、再分配前の当初所得でみた係数より34.1％縮小し、この縮小幅は過去最大となった。年金・医療でたくさんの給付を受ける高齢者の増加が背景にある。

18 介護離職
➡ p.79 参照

厚生労働省によると要介護3以上の人は213万人（2015年）と2000年の2.2倍。特別養護老人ホームなどの介護施設に入れず待機高齢者となる人も多い。家族の介護を理由に離職する人は年約10万人にのぼる。政府と企業は、人材確保のためにも介護の受け皿拡充、介護休業、そして介護職員の賃金の引き上げの取り組みが急務である。

19 新自由主義
➡ p.80 参照

ネオリベラリズムと訳す。国家による福祉・公共サービスの縮小（小さな政府、民営化）と、大幅な規制緩和、市場原理主義の重視を特徴とする経済思想。国家による富の再分配

を主張する自由主義（liberalism、リベラリズム）や社会民主主義（Democratic Socialism）と対立する（www.jri.co.jp/column/medium/shimbo/globalism）。

20 経常収支比率
→ p.81 参照

モノやサービス、配当、利子など海外との取引を総合的にまとめた指標。経常収支は輸出入の差額である貿易収支のほか、旅行などのサービス収支、海外からの株式の配当などの所得収支、無償援助協力などの経常移転収支で構成する。経常収支が黒字の場合は国内に入ってくるお金が、出ていくお金よりも多いことを示す（出典：2014年2月11日付　日本経済新聞）。

21 出口戦略
→ p.81 参照

安倍政権は、2015年9月に「国内総生産（GDP）600兆円」「希望出生率1.8」「介護離職ゼロ」の目標をそれぞれ掲げた。出口戦略としてアベノミクスの第2ステージは、経済成長を社会保障の充実に充て、さらなる成長につなげることができるか。デフレを脱却できたとしても、賃金が増えないままでは消費者の生活が苦しくなるだけで、金融緩和の副作用に苦しむことになる（出典：2017年8月4日付　日本経済新聞）。いぜん、出口戦略が不透明である。

22 最低生活保障
→ p.82 参照

政府がすべての住民や国民に最低水準の生活を営むために必要なお金を支給する考え方。「ベーシック・インカム」と呼ぶ。年金、生活保護など制度が複雑に分かれた社会保障を一本化して行政のムダを省き、貧困層を支援する効果が見込める。一方で勤労意欲の低下や財政の負担増を招く問題がある。フィンランドなど欧州の一部の国が導入を巡り議論している（出典：2016年6月6日付　日本経済新聞）。

23 就労自立給付金
→ p.83 参照

生活保護の受給を「廃止」に移行するタイミングで、廃止後の自立を支える目的で、お金がもらえる制度である。生活保護が廃止になるより前の、直近6か月間において「仕事で働いて得た収入」が多ければ多いほど、給付金も大きくなる。

24 ソーシャル・インパクト・ボンド
→ p.83 参照

官民連携の社会的投資モデル。イギリス発のソーシャルセクターへ向けた新たな資金調達のしくみで、いったん投資家および銀行からNPOなどの活動資金を調達した後、NPOなどによる社会問題の解決の成果に応じて政府が投資家に配当を支払うモデルのこと。

25 互酬
→ p.84 参照

元来、人類学において、贈答・交換が成立する原則の1つとみなされる概念。有形無形にかかわらず、それが受取られたならば、その返礼が期待されるというもの。アメリカの人類学者、M.サーリンズは互酬性を3つに分類した。①一般的互酬（家族や親しい関係での物のやりとり）、②均衡的互酬（常に返済されることが期待される）、③否定的互酬

（一方的に奪い取る）。

26 準（疑似）市場
➡ p.85 参照

医療・福祉など公的サービスにおいて、部分的に市場原理を取り入れている場合の総称。疑似市場。サービスの需要者である住民が供給者であるNPOや協同組合等を中心とした非営利組織から介護や子育て等の日常生活に必要なサービスを購入し、地域の日常生活に必要な商品やサービスと住民のニーズを結びつけて成立する新たな市場を指す。

27 ガバナンス
➡ p.85 参照

ガバメントは政府が上の立場から行う、法的拘束力のある統治システム。一方、ガバナンスは、組織や社会に関与するメンバーが主体的に関与を行う、意思決定、合意形成を行うこと。近年、不祥事を起こす企業に対してコーポレートガバナンス・コード（企業統治指針）が導入された。

28 新しい公共
➡ p.86 参照

一般に、公共性とは、公権力に対して市民や住民の私権が侵害されたときの対抗概念として主張される意味合いが強い。これまでの公共サービスは、行政が管理的に提供する立場、市民は供給される立場であった。民間セクターや市民・住民セクターと同じように協働的経営や運営を行い、公正と効率を両立させるようにして公共性の追求を図らなければならない。

29 三位一体改革
➡ p.87 参照

国が地方に渡す補助金の削減、国から地方への税源の移譲、国が地方に支給する地方交付税の削減3つを同時に実施する国と地方の税財政改革（2005年）のこと。国が配分額から使い道まで決める補助金をできるだけ減らし、その分、税源移譲して地方が自由に使えるお金を増やす。全国一律ではなく、地方の事情にあった使い道を選ぶことができ、より効果的な予算を組むことができる。

30 持続可能性
➡ p.87 参照

サスティナビリティのこと。民間の市場経済とともに、政府が前向きかつ創造的な役割を果たす必要があり、現在の状況を続けていると将来必ず問題が表面化し、国民の福祉が損なわれる状況に陥るおそれがある。現時点の「効率」と「公平」を考えるだけでなく、将来の人々の福祉をも考えて行動すべきである。

31 ネットワーク
➡ p.88 参照

コミュニティを単にサービスの利用圏として見るのではなく、援助関係の結び付き、援助のネットワークとして捉えようとしたことにある。小地域はコミュニティ形成の場であり、公共的なサービス供給の効果を確かめ、最も日常的な生活の場で助け合いのネットワークをつくる場でもある。

32 地域福祉計画
➡ p.89 参照

社会福祉法第107条の規定に基づき、市町村

が行政計画として策定するものであり、「地域の助け合いによる福祉（地域福祉）」を推進するために、人と人とのつながりを基本として、「顔の見える関係づくり」、「ともに生きる社会づくり」を目指すための「理念」と「仕組み」をつくる計画。地域力強化検討会中間とりまとめ（2016年12月）では、多分野の福祉計画の上位計画と整合を図り、総合的に推進していく必要があると記載されている。

33 地域福祉活動計画
➡ p.89 参照

行政が策定する地域福祉計画と連携・協働し、地域住民および福祉・保健等の関係団体、主として市町村社会福祉協議会が中心となって地域福祉推進に主体的にかかわるための具体的な活動の計画である。住民主体の地域福祉活動の組織化を支援していく専門職として社会福祉協議会に期待が向けられている。

34 協働のまちづくり
➡ p.91 参照

人手不足が深刻化するなか、産業の現場において人とロボットが同じ空間で協働する新たなシステムが次々と開発されている。行政や企業と市民の「協働統治」による持続的価値の創造を求め、「高質の対話」を追求するまちづくりが進められている。

35 住民自治
➡ p.91 参照

地方分権化に伴い、自治体の自主性・自立性を高め、個性豊かで活力に満ちた地域社会の実現が求められている。このため従来の住民自治に加え、さらなる住民の直接参加や自治体と住民の協働が重要になってきている。

36 ニーズ・需要
➡ p.91 参照

社会福祉の供給システムは、ハード・ウェアよりもソフト・ウェア、ヒューマン・ウェアを重視し、要援護者の社会的ニーズに対応する対人社会サービスこそが、情報・知識産業を基軸とする社会サービスの基盤を形成することになる。また、需要と供給の関係は、日本のように少子高齢化・人口減少社会に突入した現在、何もしなければ需要が減少していくため、需要サイドへの景気のテコ入れが求められる。

37 協働統治
➡ p.91 参照

これから自治体と企業と市民の、それぞれのセクターによる協働統治は、どのように進んでいくのだろうか。目的は、三者のセクターがより良い関係を築き、地域の価値を高めることにある。政府の成長戦略を機に、市場と市民の対話の重要性が高まっている。市場価値向上を実現し、経済活性化に結びつけるためにも、関係者の前向きな取り組みが期待される。

38 人口流出
➡ p.93 参照

2008年に、総務省は地方から都市への人口流出防止策を打ち出した。定住自立圏構想である。都市への人口流出を食い止め、地域の活力を維持しようとするものである。具体的には、中心市の総合病院や大型商業施設など生活に必要な都市機能を集積し、周辺市町村

と中心市の両者が自主的に協定を結び、権利や負担を明確にするという、現在のコンパクトシティの基礎版である。

39 総合計画
➡ p.93 参照

これまで総合計画については、地方自治法第2条第4項において、市町村に対し、総合計画の基本部分である「基本構想」について議会の議決を経て定めることが義務付けされていたが、国の地域主権改革の下、2011年に「地方自治法の一部を改正する法律」が公布され、基本構想の法的な策定義務がなくなり、策定および議会の議決を経るかどうかは市の独自の判断に委ねられることとなった。

40 住民運動
➡ p.94 参照

一定の居住域の住民が、共通の要求達成や問題解決のために政府、自治体、企業などに対して行う抗議や交渉等の集合行動を指す。1960年代以降の高度経済成長期における公害反対運動を通じ全国的に広くみられるようになり、今日では、日照権を問題にしたマンション建設反対運動、辺野古移設反対運動などにみられる。

41 ソーシャル・アクション
➡ p.95 参照

ソーシャル・アクションの日本語訳は社会福祉活動法または社会活動法である。それは個人や家族のニーズ、地域社会のコンフリクト（葛藤）の解決を求めて関係者を組織化しながら、政策形成および当事者自身の主体形成を図る、エンパワメント等ソーシャルワーク過程の重要な援助および支援方法の1つである。

42 市民社会
➡ p.95 参照

一般的には、自由・平等な個人が、自立して対等な関係で構成することを原理とする社会。封建的な身分制度を打破した市民革命によって成立した社会（出典：『大辞林 第3版』三省堂、2006年）。高齢者であれ、子どもであれ、社会は人権をもつ者として同等に取り扱う義務をもち、人々は同等の取り扱いを受ける権利を有するものである。

43 市政モニター制度
➡ p.96 参照

モニタリングという。定期的にモニターに選ばれた住民が地域福祉計画の一つひとつの項目を評価するという手法である。登録したモニターと行政との間における権利義務関係を定める自治体もある。

44 ワークショップ
➡ p.96 参照

地域福祉計画の策定過程やまちづくり協議会などのなかで用いられる。講師による講義スタイルと違って、参加者自らが積極的な意見交換や協働体験を通じて、実践的な知識・技術を学びとるのが特徴である。

45 ベンチマーキング
➡ p.97 参照

アメリカ企業において、経営改革の手法として用いられる。住民による行政評価の手法としてアメリカ・オレゴン州ポートランド・ムルトマ郡におけるコミュニティ・ベンチマーキングが有名。住民や地域にとって重要な

テーマごとに計測可能な数値目標を時系列に提示することにある。

46 コンフリクト
➡ p.98 参照

地域のなかに建てられる障害者施設と周辺住民とのコンフリクト（葛藤・摩擦）が絶えない。最近では、保育園の建設でも地域住民とのコンフリクトが生じるようになった。コンフリクトにはマイナス面だけでなく、プラス面もある。人が歩く場合に摩擦が生じなければ前に進めない。コンフリクトを経験して、よりよい関係に発展させることが肝要。

47 良きガバナンス
➡ p.99 参照

政府・市場・市民による協働的統治状態を意味する。市場によるガバナンスには市場の失敗が、そして政府によるガバナンスには政府の失敗が起こりうる。それぞれの失敗を克服するためには政府と市場に、市民ファクターの参加が重要な位置を占める。

48 住民主体
➡ p.99 参照

地域の生活の場で生じる複雑で、かつ多様なニードを充足するためには、公的なセクターのみのサービス供給だけでなく、民間の社会資源をも最大限に活用する必要性が認識され、住民参加が要請されるようになった。福祉実践や政策・計画化への住民参加の契機は何よりも民主的なコミュニティの存在である。

49 小組織
➡ p.100 参照

人の認知限界や諸資源の制約を超える繁栄の秘訣が、ネットワークの小世界化といわれるものである。小組織のプロジェクトチームは、情報伝達経路の一部分をつなぎ直すことでシステム全体を「小世界」化し、組織の活性化を促す。個人、グループ、企業組織など特定の境界をもつシステムの内部にいくら情報が多いようにみえても、それは外部環境の圧倒的な情報量の多さにはかなわない。

50 行政財務方式
➡ p.101 参照

旧総務省方式による貸借対照表および行政コスト計算書のこと。2006年に総務省から示された「地方公共団体における行政改革の更なる推進のための指針」に基づき、各地方公共団体において、発生主義の活用と複式簿記の考え方の導入を図り、普通会計および公営企業・第三セクター等を含めた連結ベースでの財務表を整備することになった。

51 プロジェクトチーム
➡ p.101 参照

情報伝達経路の一部分をつなぎ直すことでシステム全体を「小世界」化し、組織の活性化を促すチーム編成を指す。各部門の代表がプロジェクトを介して、従来離散していた情報を一気に共有し、結果的に全体への情報伝達経路も短くなって組織全体の問題解決能力などが向上する効果がある。

52 セーフティネット
➡ p.102 参照

個人や家計の予想できないリスクへの対応のための社会政策プログラムを意味する。例えば、死亡、病気、交通事故、火災、地震、失

業、貧困、倒産等不幸な出来事に備えるための社会政策ということができる。最近では、国土交通省が「新たな住宅セーフティネット制度」の普及を図っている。

53 公的扶助
➡ p.102 参照

公的機関が主体となって一般租税を財源とし、最低限の生活を保障するために行う経済的援助。社会保険とともに社会福祉制度の大きな柱の1つである。日本の社会保障制度は、「社会保険」「社会福祉」「公的扶助」「公衆衛生」の4つの柱からなっている。

54 認知症高齢者
➡ p.103 参照

厚生労働省の推計による国内の要介護認定を受けた認知症の高齢者は2025年には470万人になると予測している。グループホームなど介護施設を新設して受け入れるには政府や自治体の財政負担が重く、限界がある。認知症患者の増加には医療機関、自治体と介護事業が連携して適切な社会サービスを提供する体制づくりと地区住民による見守り体制をつくる必要がある。

55 中所得国の罠
➡ p.104 参照

一人当たりの国内総生産（GDP）が5000ドルから1万ドル（中所得）に達したのち、経済構造の転換が進まず、長期にわたり伸び悩むことを指す。アジアでは先進国入りを前に経済成長が鈍化する「中所得国の罠」に直面している国が多い。成長に伴って人件費が上昇し、成長をけん引してきた製造業のコスト競争力が低下したからである。

56 幸福度
➡ p.104 参照

世界各国の国民が日々の暮らしに満足し、幸せを感じているかどうかを調査した新たな報告書が発表され、ランキング首位のデンマークをはじめ、欧州北部の5か国が上位を独占した。そのほかの主要国ではイギリスが22位、ドイツ26位、日本43位であった（CNN.co.jp2017年9月10日配信）。

57 安心度
➡ p.105 参照

客観的な事実としての「安全」と、個々人の気持ちによる「安心」は別物である。今は安全のわりに安心できない時代。安心がないと消費が伸びない。万が一の場合には社会保障からの給付が助けてくれるとの安心感があれば、お金を消費にも回しやすい（出典：2014年12月16日付　日本経済新聞）。

58 買い物難民
➡ p.106 参照

過疎地域や大都市部でも運転できない高齢者が増加し、通院や買い物、役所への用事など不便さが顕在化している。高齢者の自宅と病院や商店街の間にコミュニティバスや自動運転車用の道路を整備するなど、公共交通網が十分でない地方での実用化の実験が進んでいる。

59 コミュニティバス
➡ p.106 参照

自治体などが主体になって住民の足として走らせる乗り合いの小型バス。不採算でバス会社が撤退した地区を走る。九州運輸局によると、2010年4月時点で、九州7県で293事

業者が1341コースを走らせている。運行は自治体の補助金に支えられている（出典：2011年7月29日付　朝日新聞）。

60 協働
➡ p.107参照

公セクター、共セクター、市民・住民セクターの三者の協働によって、公共的諸問題を解決していく政治・経済・社会システムを地方自治体が中心となって構築していくことになる。指定管理者制度を活用した民間団体の経営・運営、市民プールや公民館等公共施設の市民運営、コミュニティバスの運営、町内会とNPO組織の協働によるまちづくり協議会などの実践が広がっている。

61 相利共生
➡ p.109参照

共生関係にある生物種のいずれにも有利な点のある関係。相利共生を共生と同義とされることもあるがこれは誤りで、実際には共生というと片利共生や片害共生、寄生などが含まれる（出典：『生物学用語辞典 第5版』岩波書店、2013年）。

62 ゲノム
➡ p.109参照

生命の設計図とされるゲノム（全遺伝情報）が医療や農業を大きく変えようとしている。遺伝子を自在に切り貼りできる「ゲノム編集」と呼ぶ画期的技術が登場、解析コストも劇的に下がって一気に活気づいた。一方、安易な生命操作や差別などの課題も抱える（出典：2017年8月17日付　日本経済新聞）。

63 普遍性
➡ p.109参照

個別的・特殊なものを捨て、共通なものを取り出すことによって概念や法則などを引き出すこと（出典：『大辞林 第3版』三省堂、2006年）。例えば、介護保険制度は、全世界で普遍の制度ではなく、日本・ドイツ・韓国で採用されている特殊の制度である。また、これら3か国においても、それぞれ制度の内容は個別である。

64 社会的包摂
➡ p.111参照

すべての人を包み込む社会。1990年代後半以降、社会的排除・差別—社会的孤立・孤独の問題群が顕在化した。これらの問題は地球規模（グローバリゼーション）で、さらに地域（ローカリティ）レベルで、複合的に現れてきているのが特徴である。これらの問題群に対応する社会政策の考え方でいうと、社会的包摂と社会的排除（マイノリティの人を排除する社会）への対応ということになる。

65 居住福祉学会
➡ p.111参照

社会におけるさまざまな居住をめぐる問題の実態や「居住の権利」「居住福祉」実現に努力する地域を現地に訪ね、住民との交流を通じて、人権、生活、福祉、健康、発達、文化、社会環境等としての居住の条件とそれを可能にする居住福祉政策、まちづくりの実践等について調査研究を行っている。会員には、建築学、医学、法学、経済学、社会学、社会福祉学など融合領域の研究者と実践者が集う。

66 現場主義
➡ p.111 参照

ものづくりの原点は製造現場にある。何か問題が発生したとき、まず何よりもその現場に立ち戻ることが必要である。絶えず現場に足を運ぶことによって、問題解決の糸口はもとより、生産性や品質の向上、新規受注などにつながる思わぬヒントを見つけ出すことができる（稲盛和男）。刑事の現場100回、居住福祉学会の活動原則である。

67 災害・原発事故避難者
➡ p.112 参照

福島原発事故で政府による避難等の指示等があった区域以外の地域から避難している「区域外避難者」について、福島県が避難先の住宅の無償提供を2017年3月末で終え、避難指示が一部地域を除いて解除された。しかし住民の多くは戻らず、特に原発に近い浪江町と富岡町の住民の帰還率は少ない。

68 住宅政策
➡ p.112 参照

従来まで日本の住宅政策は持ち家重視であったが、地方を中心に人口が減少に転じると、住宅政策の重点は「量から質」に移り、政府は2006年に住生活基本法を制定。「良質な住宅の供給や良好な居住環境の形成」を基本理念に掲げ、さまざまな具体的な成果指標を設定し、空き家の活用および中古住宅の流通を促している。

69 住生活基本計画
➡ p.113 参照

住生活基本計画（全国計画）は、「住生活基本法」（平成18年法律第61号）に基づき、国民の住生活の安定の確保および向上の促進に関する基本的な計画として策定されている。計画においては、国民の住生活の安定の確保および向上の促進に関する目標や基本的な施策などを定め、目標を達成するために必要な措置を講ずるよう努めることとされている（国土交通省）。

70 福祉国家
➡ p.114 参照

1973年の石油危機以降の「福祉国家の危機」に対する、各国の多様性が意識されるようになり、福祉国家論が発展する契機となった。特にイエスタ・エスピン＝アンデルセンが福祉国家に代わる新しい概念として福祉レジーム論を提起した。現在では、グローバル競争で経済力が低下し、他方、人口高齢化で福祉国家が膨張するので、分権的な「小さな政府」を支える地域社会の復活が望まれている。

71 居住福祉社会
➡ p.115 参照

社会政策（住宅、健康・生きがい、環境、雇用、安全、情報・コミュニケーション）と居住福祉資源（人、まち、財、文化）と人工（自然と人にやさしい技術）を組み合わせた公共政策と居住福祉の街づくり実践の着実な推進及び居住福祉人材の養成が必要となる（出典：野口定久「居住福祉研究の現代的課題」日本居住福祉学会編『居住福祉研究22―居住福祉研究の課題』東信堂、2016年）。

72 居住福祉資源
➡ p.115 参照

住宅、居住地、地域、都市等の人の生存と暮

らしを支える居住環境ストックの存在状態を早川和男氏は「居住福祉資源」と呼んでいる（出典：早川和男『「居住福祉資源」の思想—生活空間原論序説』東信堂、2017年）。

73 空き家

➡ p.117 参照

空き家の増加抑制には中古住宅の市場活性化も必要。住宅流通に占める中古の割合はアメリカやイギリスは90％を占めるのに対し、日本は15％程度にとどまる。空き家問題は必要以上に家を造ってきたツケでもある。空き家を改修して介護や福祉の拠点に活用する取り組みも自治体で進んでいる。

74 居場所

➡ p.117 参照

経済事情が苦しい家庭の子どもなどに食事や居場所を提供する「子ども食堂」の運営に大学がかかわる事例が増えている。一方では、「アクティブシニア」とも呼ばれてきて、自分なりの価値観をもつ団塊の世代は、社会に積極的にかかわる新しいシニアのイメージももたれている。居場所づくりでは、サービスを一方的に受けるのではなく、出番も必要である。

75 コミュニティカフェ

➡ p.117 参照

高齢社会が進行する地方のコミュニティにおいて高齢者や地域住民、そして旅行者が気兼ねなく集まり、交流できるインフォーマルな「居場所と交流の場づくり」にかかわる実践が注目を浴びている。また、認知症の人と家族、専門家、地域住民が集い、お茶を飲みながらくつろぐ「認知症カフェ」という活動が徐々に広がっている。専門家から助言を受けたり、地域で交流を深めたりする場になっている。

第Ⅲ部

地域福祉の実践と運営

1　過疎地域に暮らす住民の想い

11講　過疎地域で住み続けるために

■ 図表11-1　過疎地の住民生活と地域特性

過疎地の住民生活と想い
- ①人口減少・過疎化・超高齢化
- ②もう1つの過疎化現象
  ⇒高齢者の閉じこもり
- ③強い地域紐帯と高齢者の定住志向
- ④医療機関や社会福祉施設の不足
  ⇒合理化や効率化の論理
- ⑤過疎地の地域生活問題
  ⇒家永続の願い（柳田國男）

過疎地の地域特性

農林業の衰退
→若年層・中年層の流出
→高齢者農業化
→地場産業の流出

家族離散
→高齢核家族化
→こころの過疎化
→呼び寄せ老人

超高齢過疎社会
→ムラ社会の解体
→地域相互扶助の弱体化
→日常生活力（田んぼ・畑作業・墓の管理）の低下

過疎地の生活問題

共同作業の困難性
- ●神社・公園などの管理
- ●文化財（伝統文化・祭り）の保存
- ●農作業・冬季積雪期の雪おろし

日常生活の不便性
- ●失火・交通事故など生活の安全面への不安
- ●転倒・介護予防への不安
- ●医療施設・救急時の転送

資料：野口定久作成

POINT
- ▶ 過疎地の住民の想いは先祖の御霊の伝承
- ▶ 住みたいと思うところで住み続けることのできる権利
- ▶ 若者や都市住民の田園回帰現象のはじまり

① 過疎集落に暮らす住民の生活困難

　過疎集落では、いまだに濃密な近隣関係と親戚関係があり、日常生活は地縁・血縁で支えられている。一方で後期高齢者の増加に伴って、老人クラブや婦人会、神社の祭礼、集会、共同作業などへの参加率も徐々に低くなってきている。また、後継ぎ世代の流出によって、一人暮らしの高齢者世帯、高齢者夫婦のみの世帯が多出している。子世代はほとんどが別居で、主たる理由は就職と結婚である。高齢者自身は、子どもとの同居を必ずしも望んでおらず、ときどき別居の子どものところへ行けるようなつながりを望んでいるという調査結果にみられるように、高齢者の

定住志向は強いといえよう。

　過疎地域の人々は、医療機関をはじめとする医療環境、福祉サービス・施設環境が不備なため、ひとたび病気になったり、あるいは体力が衰えた場合は、都市部の病院や施設に入院、入所するかあるいは遠隔地の子どものところに移転せざるをえない。医療機関や社会福祉施設の設置状況では過疎地域が減少傾向を示し、また全国との格差は施設のみでなく、医療や福祉の質を決定する医師、福祉従事者の数でも大きな開きがみられる。

② 地方創生会議で過疎地域は救えるか

　地方創生会議[1]では、日本の人口減少に対する危機感を背景に、人口減を食い止めることに主眼が置かれている。2014年5月に民間団体の日本創成会議が日本の将来の人口推計を公表し、2010年から2040年までの30年間に若年女性が半分以上減る約900の自治体を『消滅可能性都市』として分類した（増田レポート）。この一連の増田レポートなどを基に政府は、2014年12月にまとめた『長期ビジョン』の実現に向け、「地方創生会議」を創設した。この会議は、大きく4つの柱で構成されている。①地方での雇用創出、②東京一極集中の是正、③税制優遇で企業の地方移転の後押しや政府機関の地方移転、地方大学を卒業してそのまま地元に就職した人には、奨学金の返済を減免するなどの施策、④地域の人口減少に合わせた地方中核都市のコンパクト化などが特徴である。

③ 集落住民の家永続の願いと若者たちの田園回帰

　平均所得の格差拡大は人口流出入の一因ではあるが、所得だけが住むところを決めるわけではない。例えば、人口1人当たりの都市公園の面積は北海道や宮崎県などで広くなっている。住環境は住むところを決める要因の1つであり、平均所得の低い地域が選ばれる可能性はある（出典：2015年11月12日付　日本経済新聞　別所俊一郎）。このような都市住民の意識には、ライフスタイルの多様化と地域共同性への回帰がみられはじめていることに注目すべきである。週休2日制や長期休暇のさらなる普及、また長期不況の影響もあり、全体的には労働時間の短縮や休日の増加に伴い、自由時間が増加し余暇の過ごし方もより高度化、多様化する方向に進んでいる。生活の価値観は、「物の豊かさ」よりも「心の豊かさ」を重視する傾向がますます強まっている。個人生活の豊かさの根底には、安全で安心できる暮らしの確保が必要不可欠であること、そのためにも、地域の生活環境の希薄さや災害や犯罪など地域社会の日常的な危機管理の意識化を再認識させるものがあった。過疎集落に住み続ける住民たちの想いは、村（ムラ）の伝統文化の存続であり、先祖代々の墓標や田畑、そして**家永続の願い**[2]（柳田國男）である。また、この集落の住民たちの想いと、若者や高齢者、障害者たちの**田園回帰**[3]の現象に相通じるものがあるのかもしれない。

2　11講 過疎地域で住み続けるために
自然生態系と人間社会システムの共生

■ 図表11-2　自然生態系と人間社会システムの共生領域の再生

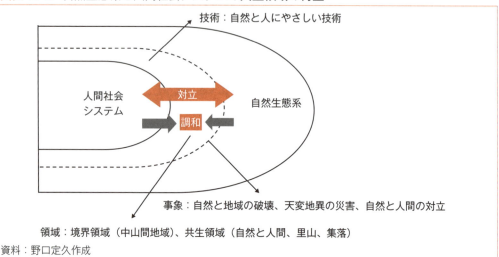

領域：境界領域（中山間地域）、共生領域（自然と人間、里山、集落）
資料：野口定久作成

POINT
- 自然生態系に内包される人間社会と里山
- 何事も排除せずに配置を変える
- お互いに相容れないものを融合し1つの世界観をつくっていく

1　共生社会とは

　村木厚子さんは、2009年に虚偽公文書作成・同行使の容疑で逮捕され（郵便不正事件）、不条理きわまりない立場に立たされたが、2010年に無罪が確定し、2013年厚生労働事務次官に就任した。「拘置所では、家族と話すにしても裁判を戦うにしても、誰かの力を借りねばなりません。昨日までは厚労省の一員として自分は人を支える側だと思っていたのに、一瞬にして、一晩にして、弁護士など誰かの力に頼らねば何もできなくなったのです。自分にもそういう時が訪れる。人には支える側と支えられる側がいるという考え方は間違いで、いつでも選手交代になる。しかもある日突然そうなるということを知りました」と述懐している（出典：2015年11月14日付　日本経済新聞　夕刊「人はある日突然、一瞬で支えられる側にもなる」）。
　文部科学省の定義では、「共生社会」とは、「これまで必ずしも十分に社会参加できるような環境になかった障害者等が、積極的に参加・貢献していくことができる社会である。それは、誰もが相互に人格と個性を尊重し支え合い、人々の多様な在り方を相互に認め合える全員参加型の社会である。このような社会をめざすことは、我が国において最も積極的に取り組むべき重要な課

題である」(出典:平成24年7月13日「特別支援教育の在り方に関する特別委員会報告」)。

2 人間と自然の共生社会

　近代化や産業化・工業化の産物である都市化は、確かに物質的な生活水準を多くの国民に供与した。しかし、一方で現代社会の都市は、人口減少社会のなかで、空き家や空き地が増え続ける「**都市のスポンジ化**[4]」を生じている。そして、**自然生態系**[5]と人間社会を切り離した。その境界領域が中山間地域の集落であり、里山である。この境界領域で生じている事象は、自然と地域の破壊であり、天変地異の災害であり、自然と人間との対立である。元来、人間は自然の一部として生存してきたし、他の生物とも**共生**[6]してきたのである。わが国で、この自然と人間の共生関係が崩れかけたのは1970年代からであろう。もう一度自然生態系のなかに人間を取り戻す必要がある。その場が集落そのものである。地域福祉の重要な課題の1つは、自然生態系と人間社会システムをいかに調和させるか、集落に人が住み続けられるように、**社会的共通資本**(インフラストラクチャー)および生活機能を集落に保持するしくみを再生し、それらを公共財として租税で賄うことを合意する必要がある。自然生態系と人間社会システムの調和を実現していく考え方として次の3点を挙げておく。①排除の論理ではなく自然生態系のなかに取り込んでいく方法が**曼荼羅論**である。②**南方曼荼羅**は、何ごとも排除せずに配置を変えることによって社会変動をもたらす。配置を換えることによってそれぞれの個は、全体のなかに異なる意味を与えられることになる(出典:鶴見和子『鶴見和子曼荼羅Ⅴ　水の巻—南方熊楠のコスモロジー』藤原書店、1998年、528〜529頁)。③お互いに相容れないものを融合し1つの世界観をつくっていく。

3 地域福祉の価値としての共生社会

　例えば、集落の住民が医療や介護、福祉サービスへアクセスするには、距離とコストの課題を克服しなければならない。まちの中心部から集落までの介護保険サービスに要する時間が1時間以上であったとしよう。営利目的の介護保険事業では採算が合わないので、市場は集落の要介護高齢者のところまでは行けないのである。それまで、この距離とコストの課題を担ってきたのが社会福祉協議会等の民間ではあっても公共機関がその役割を担ってきたのである。また、集落と町を結ぶ道路が地震や豪雨で崩落した場合、その補修費と集落の住民の移住費を比較するような風潮が見受けられる。集落の住民にとっては、「生命や生活」の介護サービスであり、道路なのである。ここへの努力なしに、自然生態系を保持することはできない。それゆえに、自然と人にやさしい技術(政策や実践)を創出する必要がある。地域福祉の重要な対象と政策および実践の課題である。

11講 過疎地域で住み続けるために

中山間地域再生の論理

■ 図表11-3　中山間地域再生の論理

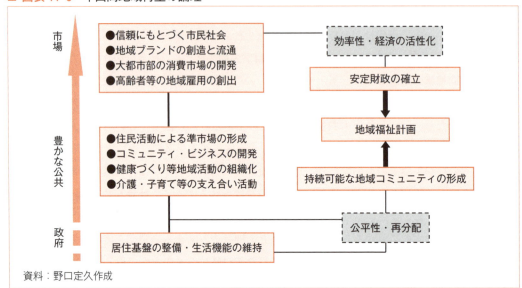

資料：野口定久作成

POINT
- 都市への人口流出を食い止め、地域の活力を維持するために
- 投資を中心市にある程度集中させることでインフラを充実
- AIやロボット等を活用し、過疎地に企業を呼び込む

① 中山間地域とは

　中山間地域という用語は、1980年代後半以降、農政当局にリードされて高揚した「中山間地帯」議論から多用されている。その例として『昭和63年度農業白書（1989年）』では、平野の周辺部から山間地に至るまとまった平坦な耕地が少ない地域、いわゆる「中山間地域」という定義や「経済地帯区分（農業地域類型）」の「農山村」および「山村」を一括りにした地域を「中山間地域」としたことをあげている。そしてこの一連の流れにより、中山間地域にかかわる問題がはじめて本格的に論じられた。中山間地域には3つの定義が存在する。1つ目は、「山村と平地農村の中間地域」である。2つ目は、「条件不利地域を対象とする関係5法の指定地域を包括する概念であり、山村振興法、過疎法、半島法、離島法、特定農山村法の5法による指定を受けている地域」である。3つ目は「農林統計上の定義である農業地域類型のうち、中間農業地域と山間の農業地域部分」であり、中山間地域のイメージを最も描きやすいとされている（出典：黒川和美「中山間地域のあり方に関する研究—論点と今後の課題」『NIRA政策研究』第8巻第11

号、1995 年、4～7 頁)。以上を包括すると中山間地域とは、①平野の周辺部から山間地に至るまとまった平坦な耕地が少ない地域、②山村と平地農村の中間地域、③条件不利地域を対象とする関係5法による指定を受けている地域、④農林統計上の定義である農業地域類型のうち、中間農業地域と山間農業地域部分、⑤条件不利地域を対象とする関係5法のうち、中山間地域の活性化を目的とした法律である**特定農山村法**の指定地域として整理することができる。

2 中山間地域再生の戦略

　中山間地域の地方自治体にとって地域福祉計画は、人口流出を食い止め、人口減少に見合った社会システムを構築するための戦略である。その1つは、人口減少への対応である。それには、ここに住み続けたという住民の意思を尊重し、在宅の生活機能を維持する社会基盤整備が必要である。しかし人口減少による公共サービスへの影響は大きく、一人当たりの費用負担増となる。公共サービス水準の維持や生活基盤整備には、「公平性」と「税の分配」への合意が必要である。また、集落の生活を持続可能にするためには、①**居住基盤**[7]のインフラ整備（コミュニティバスや移動販売車の運行）、②家・水田・墓の保全、③医療・福祉・介護・教育サービスへのアクセス、④生活ニーズや必要の支え合い活動、⑤AIやロボット、ドローンの活用による日常生活の不便さの解消などがあげられる。これらは、「地方政府と準市場」の新たな関係を創出することである。

3 中山間地域の再生には「公平と効率」の両立が必要

　社会的弱者[8]を含めた地域住民の安定した生活基盤の公共空間には、地域福祉の「資源」（駅舎、商店街、市、郵便局、公衆トイレ等）と「空間」（住民が集まれる住まいやまちの空間づくり、よろず相談所、世代間の交流施設、高齢者・障害者・子どもの交流空間等）の再形成が求められる。それには、他方で、①高齢者や障害者等が生き生きと暮らせるまちづくり、②社会的弱者に優しい地場産業の活性化、③自然と伝統文化と農業による地域ブランドの創造と流通、④それらの総合によって社会的弱者を含めた地域雇用を創出することが求められる。それには、地域経済を活性化させるため、ある面「効率性」が求められる。これらは、「政府（中央・地方）と市場と準市場」を結びつけた新たな公共をつくり出す必要がある。そして、これらの2つの戦略を同時に進行し、従来までの「公平対効率」の**二項対立**[9]関係を、社会的弱者や集落を排除せず、「公平と効率」の両立を追求し、住民主体による持続可能な地域社会と自治体のガバナンスを実現していくのが地域福祉計画である。

11講 過疎地域で住み続けるために

中山間地域再生のシナリオ

■ 図表11-4　中山間地域再生の3つのシナリオとその手順

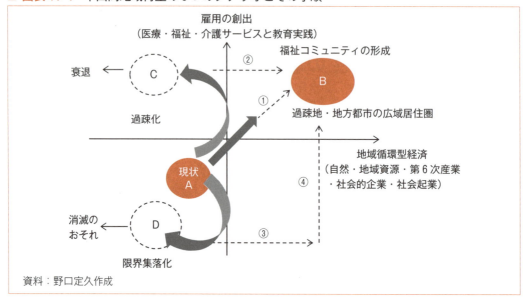

資料：野口定久作成

POINT
▶ 中山間地域と地方都市を包摂した「過疎地・地方都市の広域居住圏」の形成
▶ 中山間地域の地域性に応じた医療・福祉・介護サービス等の開発
▶ 第6次産業（第1次産業＋第2次産業＋第3次産業）による地域循環型経済の創出

① 集落の持続可能性の探求

　今、日本の山村や集落の「消滅」の危機が迫っている。ここに、山村集落消滅の記録がある。宮崎県の集落の消滅の記録である。かつての寒川集落には200人余が居住し、小中学校もあった。石積みの棚田・畑に五穀を植え、炭を焼き、冬の狩猟に沸き立つ村であった。それが、いまや全世帯6戸、居住者は13人に減り、一番若い人で60歳。そして集落移転で消滅した。400年以上続いた伝統ある集落を、わずか30年足らずで消滅させた「現代」とは何か、を問う（出典：宮崎日日新聞社報道部ふるさと取材班『ふるさとを忘れた都市への手紙』農山漁村文化協会、1990年）。

　寒川集落のような地域の消滅が全国に広がってきた。すでに5000集落が崩壊し、新たに2500ほどの集落が崩壊の危機にある（国土交通省調べ）。また、東京圏への人口の偏りがある。東京圏（1都3県）の全国人口に占める割合は、2010年の27.8％から、国による最長期の推計値があ

る 2040 年には 30.1％に高まる。集中するのは若い世代に偏るため、その分、地方圏、特に中小都市や町村部での人口減少や高齢化が激しいことになる（出典：2014 年 9 月 25 日付　日本経済新聞　大西隆）。

② 人口流出を食い止めるには

　人口流出の対応戦略は、人口流出への対応である。中山間地域からの人口流出を食い止め、**定住人口**と中山間地域への**移住人口**や**交流人口**を増やすことである。それには、①地場産業の活性化（地元企業への投資ファンド等）、②自然と伝統文化と農業による**地域ブランド**の創造、③それらの総合によって雇用を創出することが求められる。外部からの投資や人口流入による雇用の創出には、地域経済を活性化させるためのコミュニティ・ビジネスを起こす必要がある。これらは、「政府（中央・地方）と市場」の新たな関係をつくり出すことである。そして、これらの2つの戦略を同時に進行し、**居住の権利**[10]を基盤に据えた「公平と効率と包摂」のバランスのとれた福祉コミュニティを創出することである。この日本の現実を是認するか、将来の日本にとって良いことか良くないことか、この価値判断が必要だ。この流れを変える勇気と実行、そして実効性のある地域福祉の政策が必要である。

③ 中山間地域再生のシナリオ

　里山の資源と都市の市場を結節させ、働く場を開拓し、中山間地域を再生した徳島県上勝町は、集落の高齢者が地元の里山の葉っぱと食の市場を結びつけ「葉っぱ産業」を起こし、新たな市場を開拓している。このような事例が日本各地で実践されている。すなわち、これらの中山間地域の再生の取り組みは、新たな市場の開発と雇用の創出に集約することができる。
　では、改めて中山間地域再生の座標軸を設定する。図表 11-4 を見ていただきたい。1つは、「雇用の創出」（医療・福祉・介護サービスと教育実践）の軸。もう1つは、「地域循環型経済」（自然・地域資源・**第 6 次産業**[11]・社会的企業・社会起業等）の軸である。今、中山間地域や地方都市の置かれた現状は、Aの地点であることに異論はないであろう。今後も、図表 11-4 に示す②③④の地域内の実践が生じなければ、まぎれもなく過疎化（C）が進み、限界集落化（D）し、日本のあちらこちらの集落は消滅の危機に晒されることになろう。それら衰退や消滅の道を避けるためには、①中山間地域の地域性に応じた医療・福祉・介護サービス等の**公共サービス**[12]を開発する。②中山間地域が保有する自然や地域資源を活用した「第6次産業（第1次産業＋第2次産業＋第3次産業）」の企業・社会的企業・社会起業等の「**地域循環型経済**」を創出する。③中山間地域と地方都市を包摂した「過疎地・地方都市の広域居住圏」を形成する。そして、過疎化や限界集落化の危機にある中山間地域の地方自治体にとって地域福祉計画は、人口流出を食い止め、人口減少に見合った社会システムを構築するための**地域再生戦略**でもある。

5

11講 過疎地域で住み続けるために

過疎地域にコミュニティバスを走らせるために

■ 図表 11-5 ① ローカル・ガバナンスの実践—コミュニティバス運行事業のしくみ

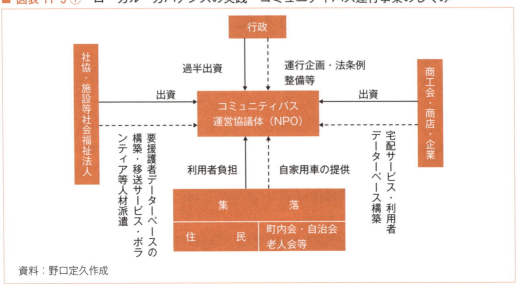

資料：野口定久作成

POINT
- 過疎地域にコミュニティバスを走らせるしくみ
- 行政・商店・法人・集落の協業が不可欠
- IT化による住民ニーズのデータベースの集積が必要

① コミュニティバスを走らせるには

　集落に居住し、車を運転できない高齢者や障害者等の社会的弱者がそこに住み続けるためには生活機能の基盤整備が不可欠である。コミュニティバスは、従来まで町営で運行していたが大幅な赤字をもたらした。いわば政府の失敗である。さらにまちはその運営をタクシー会社に委託したが、タクシー会社は採算の取れる路線しかバスを走らせず、また大幅な赤字に対し政府が補助金で賄っている。これは、市場の失敗である。すなわち、政府による「公平の論理」と市場による「効率の論理」では、いずれもコミュニティバス運行の財政的障壁を克服することはできない。では、交通の僻地に住まう人々の、そこに住み続けたいという意思と政府・市場の論理がぶつかる矛盾を克服する方策はないものだろうか。

② ローカル・ガバナンスへの期待

　そこで登場したのが、**ローカル・ガバナンス**[13]の論理である。それは、一般市場で交換されにくい地域内の相互扶助的なサービスの交換形態を、行政・企業・社会福祉法人・ボランティア・住民が協働してNPOを設立し、伝統的な互酬慣行の再活用によって、現代社会に適応可能な形で制度化し、一定の範囲の地域社会に準（疑似）市場を形成し、より強固で安定したローカル・ガバナンスをそれぞれの地域社会で形成することにある。従来までの「政府」対「市場」、「公平」対「効率」という二項対立の構図では、走らすことができない住民の「生活の足」をローカル・ガバナンスで可能にしようとする試みである。お互いの利害がぶつかりあう従来の政策決定のやり方では限界があり、それぞれの利害を超えたところに新たな方法論を発見するしかない。そのためには、①行政・企業・社会福祉法人・ボランティア・住民それぞれが適正に出資し、それぞれが事業運営へのアイデアと知恵を出し合うこと、②コミュニティバス運営協議体（NPO）の中間運営組織を創設すること、③IT化による**住民ニーズのデータベース**[14]を集積し、コミュニティバス利用の需要を拡大することなどの条件が伴わなければならない。また、国土交通省は、特定非営利活動法人などによる自家用車での有料送迎を解禁する法律改正や「**福祉有償輸送**[15]**特区**」によって、地方のローカル・ガバナンスの実践を後押ししている。

③ お太助ワゴン　家から町へ

　今、過疎地域や都市部の過疎地区で走っているコミュニティバスの事例を紹介しておこう。

■ 図表11-5 ②　お太助ワゴン　家から町へ

> 　晩秋の昼下がり、ショッピングセンターの前にお年寄りが集まってきた。広島県北部の盆地に位置する安芸高田市の中心部、吉田地区。ベンチでおしゃべりに興じ、行き先を表示した「お太助ワゴン」が着く度、数人ずつ乗り込んでいく。
> 　買い物袋を手に「お太助ワゴン」に乗り込む高齢者たち（広島県安芸高田市）。お太助ワゴンは乗降場所や時刻などで利用者の要求（デマンド）に応じて運行するデマンド型交通。13人乗りと10人乗りの計10台が市内4エリアと吉田地区を1日各6往復、利用者を自宅まで送迎する。同市が民間に運行を委託している。
> 　利用者は市の受付センターに事前登録し、電話で時刻を予約。ワゴンは各エリア内の予約者宅を次々に回り、吉田地区まで走る。各エリアと吉田地区の片道運賃は500円、エリア内なら300円。「安くて便利」と利用者は年々増え、12年度は前の年度比4％増の4万4330人に達した。朝夕の通勤・通学者向けの「お太助バス」とともに、市民の足になっている。

出典：2013年12月4日付　日本経済新聞

1 施設ケアと在宅ケアの統合モデル―デンマークの実践から

12講 地域包括ケアシステムとネットワーク

■ 図表12-1 デンマークの施設と在宅ケアの統合化

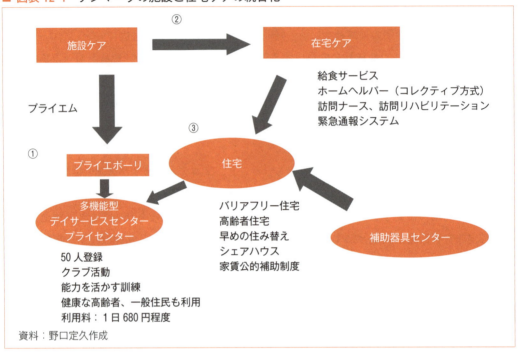

資料：野口定久作成

> **POINT**
> - デンマークの施設と在宅ケアの統合が地域包括ケアの原型
> - デンマークの施設住宅化の流れが地域包括ケアに及ぼす影響
> - 高齢者住宅とプライセンターと補助器具センターのシステム

1 デンマークの地方自治体改革

　デンマークのスヴェンボー市（人口5万8000人）は、新たな自治体経営の手法を取り入れ、地域経営や産業振興で成果を上げている。自治体改革の目的は、さまざまな課題を、市民により近いところで効率的に解決する「より強く、持続可能な自治体」の創造にある（出典：水津陽子『日経グローカル』88号、2007年）。「高福祉高負担」型福祉国家の骨格を堅持するデンマークであるが、今後、高齢者人口の増加による自治体の社会保障費の増大は避けられない。人口3万人以上に再編された自治体は、広範な住民サービスを担当することになる。さらに、グローバル経済の影響による地域間競争の激化がある。ブランド化によって他地域との差別化を図ることで、ヒト・モノ・カネを誘引し、地域の競争力を高めようというのである。デンマークも例外ではな

く、デンマーク国内の自治体の多くが、地域イメージのブランド化に積極的に取り組んでいる（出典：生田孝史「デンマークの自治体改革と地域ブランドへの取り組み」『Economic Review』第10巻第2号、2006年）。スヴェンボー市は、こうしたデンマークにおける地方自治体改編の福祉・介護サービスの**デリバリーシステム**[16]を地域ブランドとして開発し、自治体独自でデリバリーシステムの研修プログラム（例えば、**認知症高齢者ケア・コーディネート**）を作成し、研修費を自治体収入の中に取り入れている。

② 施設ケアと在宅ケアの統合化の背景

日本における施設福祉と在宅福祉の接近は、北欧のスウェーデンやデンマークにそのモデルを求めている。デンマークにおける施設と在宅の統合化は、主として以下のような法律で進展している。①1987年**高齢者住宅法**（高齢者の住宅に関する基準の明確化）、②1988年**プライエム**新規建設の禁止、③1996年改正高齢者住宅法（虚弱高齢者の行き場がなくなり**プライエボーリ**[17]登場。現在改築30％程度。プライエム、プライエボーリ、保護住宅、高齢者住宅、コレクティブ住宅、グループホーム等）、④1998年社会サービス法（「施設」という概念廃止）である。したがって、デンマークの高齢者福祉政策の分岐は、1987年の高齢者住宅法に始まる。この法律は、高齢者施設や住宅の建築基準を策定し、プライエムの新規建設を禁止した。そして、プライエムからプライエボーリへ、高齢者住宅と在宅ケアを一端分離し、居住型施設への転換が図られたのである。

③ 福祉・介護サービスのデリバリーシステム

デンマークの福祉・介護サービスのデリバリーシステムの特徴は、徹底した地方分権と住民や当事者参加で運営されていることである。国と地方自治体のガバナンスのもとで、デンマークにおける施設ケアと在宅ケアの統合化が進められている。その統合には、図表12-1に示すように大きく3つの流れがみられる。第一の流れは、1996年以前の高齢者福祉施設の主流であったプライエム型からプライエボーリ型への移行であり、そしてプライエボーリ型施設に併設される多機能型デイサービスセンターである。第二の流れは、施設ケアから在宅ケアの流れであり、次の4つが在宅ケアの主要なサービスとして提供されている。①給食サービス、②ホームヘルパー（コレクティブ方式、いわゆる地区担当制）、③訪問ナース、訪問リハビリテーション、④緊急通報システムである。そして第三の流れが住宅政策（**バリアフリー住宅**、高齢者住宅、家賃公的補助制度等）の主流化である。こうした政策の特徴は3つある。第一は高齢者や障害者の住宅を拠点にそこに在宅ケアサービスを提供すること、第二に**補助器具センター**[18]から高齢者や障害者個々人と住宅に見合った補助器具が無料あるいは低料金で提供されること、第三に高齢者や障害者が自分の住みなれた住宅から同じ居住区にあるプライエボーリや多機能型デイサービスセンターを利用できることである。これらデンマークの施設住宅化の流れが、わが国の最近の地域包括ケアの動向に大きく影響しているといえる。

2 新たな時代の福祉提供ビジョン

12講 地域包括ケアシステムとネットワーク

■ 図表 12-2 「新たな時代に対応した福祉の提供ビジョン」の概要（厚生労働省）

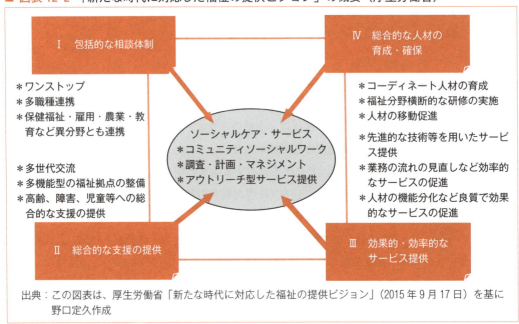

出典：この図表は、厚生労働省「新たな時代に対応した福祉の提供ビジョン」（2015年9月17日）を基に野口定久作成

POINT
- ワンストップ・サービスは総合相談窓口の設置から
- 複合型拠点施設と地域包括支援センターの複眼的拠点づくり
- 先進的な技術等を用いた福祉・介護サービス提供の普及

① 福祉・介護サービス提供の改革

　厚生労働省は、「新たな時代に対応した福祉の提供ビジョン」（2015年9月17日）を発表した。そのなかでは、「地域住民の参画と協働により、誰もが支え合う共生社会の実現」をめざして、4つの改革の方向を提示している（図表12-2）。その構成は、Ⅰ．包括的な相談から見立て、支援調整の組み立て＋資源開発（ワンストップ型・連携強化型による対応、地域をフィールドに保健福祉・雇用・農業・教育など異分野とも連携、Ⅱ．高齢、障害、児童等への総合的な支援の提供（**多世代交流・多機能型の福祉拠点**[19]の整備、Ⅰを通じた総合的な支援の提供）、Ⅲ．効果的・効率的なサービス提供のための生産性向上（先進的な技術等を用いたサービス提供手法の効率化、業務の流れの見直しなど効率的なサービスの促進、人材の機能分化など良質で効果的なサービスの促進）、Ⅳ．総合的な人材の育成・確保（Ⅰを可能にするコーディネート人材の育成、

福祉分野横断的な研修の実施、人材の移動促進）にまとめることができる。

② 生活困窮者自立支援相談センターを地域の全域へ

　現在、ソーシャルワーカーの仕事は、それぞれの福祉機関や施設に所属しながら、それぞれの法律や制度に基づく「子ども」「高齢者」「障害者」「女性」「生活保護受給者」といったカテゴリで支援の対象者を規定している。それゆえ、その機関や施設が定める対象者カテゴリにはっきりと該当しない生活困窮者は支援を受けることができないという事態に陥っていた。また該当していたとしても、支援を必要とする生活困窮者が複数の課題を抱えていた場合、1つの機関や施設ではそのうちの一部にしか対応することができず、根本的な解決に至らないことが多い。ここに生じるのが、いわゆる「制度の狭間」問題である。**自立相談支援事業**は、生活困窮者からの相談に早期かつ包括的に応ずる相談窓口となり、ここでは生活困窮者の抱えている生活課題全般を適切に評価・分析（アセスメント）し、その課題を踏まえた「**自立支援プラン**[20]」を作成するなどの支援を行い、関係機関および多職種専門職間の連携に基づくスーパービジョンの体制づくりが急がれる。

③ 福祉・介護人材の育成改革

　一般的に介護労働現場は、労働集約型雇用を前提とした公平性や画一的な雇用管理方式から専門職志向型へと変化してきている。この変化は、職場における従事者間のコミュニケーションを重視し、無駄な仕事を削減するための業務内容の見直し、個々人のワークライフバランス（仕事と生活の調和）の実現をめざす職場づくり、職場と個人の認識のギャップを埋める努力が行われている。福祉や**介護人材の不足**[21]が叫ばれているなかにおいて、福祉系大学を卒業しても、福祉系に就職する学生は半数ほどであり、ここ数年「**福祉離れ**」に歯止めがかからない。その原因として、①福祉に対してのネガティブなイメージ（メディアの一部は介護現場の3Kと混同している向きがある）が確立されていること、②卒業後のキャリアが描けないこと、③資格取得にウエイトが置かれたカリキュラムなどが考えられる。このジレンマを打破するためにも、幅広い福祉現場で活躍できるための福祉・介護人材の育成改革が必要である（出典：野口定久「高校生・学生の「福祉離れ」をどう食い止めるのか──福祉系大学および大学院における取り組み」『社会福祉研究』、128号、2017年）。社会福祉教育には、拡大する福祉の仕事に従事する「福祉マインド」をもった学生を幅広い職場に送り出しながら、社会福祉専門職養成の骨格になる「社会福祉教育のコア・カリキュラム」の見直し作業や社会福祉士国家資格の科目改編も進めていくことが必要である。

【参考文献】
野口定久「ソーシャルワーク・スーパービジョン実践の多様性と可能性」一般社団法人日本社会福祉教育学校連盟監『ソーシャルワーク・スーパービジョン論』中央法規出版、2015年、383～398頁

3

12講 地域包括ケアシステムとネットワーク

日本型地域包括ケアの面的構図

■ 図表12-3　日本型地域包括ケアの構図—点と線、そして面へ

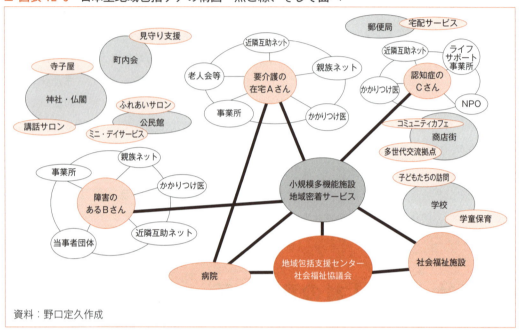

資料：野口定久作成

POINT
- 要援護者に対するデリバリーシステムは整備されているか
- 要援護者および家族の**サポートネットワーク**[22]の形成
- 地域福祉資源の「面」としての活用

① 地域包括ケアの点と線

　地域包括ケア研究会報告書（2010年3月）によると、地域包括ケアシステムとは次のように定義されている。地域包括ケアシステムは、「ニーズに応じた住宅が提供されることを基本とした上で、生活上の安全・安心・健康を確保するために、医療や介護のみならず、福祉サービスを含めた様々な生活支援サービスが日常生活の場（日常生活圏域）で適切に提供できるような地域での体制」。また、地域包括ケア圏域については、「おおむね30分以内に駆けつけられる圏域」を理想的な圏域として定義し、具体的には中学校区を基本とするとされている。また、**地域包括ケア**[23]は、「住まい」「生活支援」「介護」「医療」「予防」の5つのネットワークを構成するものである。地域包括ケア研究会（2013年）では、「「生活（生活支援・福祉サービス）」という「土」がないところに、専門職の提供する「介護」や「医療」「予防」を植えても、それらは十分

な力を発揮することなく、枯れてしまうだろう」と述べられている。わが国では、介護保険制度の普及によって、すでにサービス提供事業所から個々の要介護者へのデリバリーシステムは整備されている。「点」（サービス事業所）と「線」（デリバリーシステム）がつながっている。

② 一人ひとりの要援護者を支えるサポートネットワーク

　Aさんの日常生活は、親族、近隣の互助関係、老人会などの団体、介護サービス事業所、かかりつけ医によって支えられている。また、民生委員や町内会が日常的に意識をして見守る体制ができている。夜になっても洗濯物が取り込まれていない、新聞受けに新聞がたまっているなど何か生活上に変化が起こったときには、民生委員を通じて親族やケアマネジャーなどに連絡が入り、緊急対応をすることになっている。また、一時的に入院して自宅を留守にしたときには、親族からご近所や民生委員に連絡を入れて、心配しないで退院を待つ体制が整っている。

　地域包括ケアは、地域のさまざまな関係者が、お互いに協力しあいながら一人の人を支えるしくみであるということができる。親族や近隣住民など地縁のネットワークと老人会や民生委員などの地域福祉協力者が協力し、また医療機関や介護サービス事業所等が連絡を取り合って一人ひとりの生活を支えている。そして、このように形成されたネットワークは、新たに見守りや支援を必要とする人が現れたときにも積極的に活用され、地域にゆたかなケア体制を構築することが可能となる。

③ 「面」としての日常生活支援総合事業へ

　2015年に介護保険法が改正され、要支援の高齢者を対象とした一部の介護サービスは市町村が独自に定めて運営する「**介護予防・日常生活支援総合事業**[21]」に移管された。住民が暮らす地域には、商店街や郵便局、銀行、公民館や医療機関、学校、神社仏閣など公共や民間事業体によるさまざまな組織や事業所が存在している（出典：早川和男『「居住福祉資源」の思想―生活空間原論序説』東信堂、2017年）。そして、住民の暮らしは、親族や近隣住民、町内会など地縁のネットワークによる関係や、子ども会や学校、ボランティア団体や老人会など一定の共通する目的を共有する関係、また保健・医療・福祉等の専門的なサービスをする関係など、目的に応じたさまざまなネットワークによって成り立っているといえる。例えば神社仏閣など地域資源を活用した健康体操や認知症予防の講話など「介護予防・日常生活支援総合事業」の効用は、介護予防サービスの担い手が多様化し、住民が主体となった取り組みの拡がり、ボランティアなど人材育成の動きが活発になり、まちづくりに発展していく可能性も認められる。

4 地域福祉協力者と専門職の連携

12講 地域包括ケアシステムとネットワーク

■ 図表12-4① 地域福祉協力者と専門職のネットワーキング[25]：情報の流通と規制

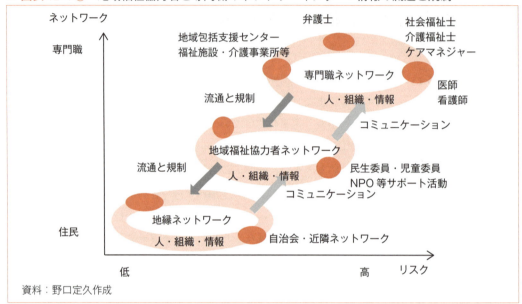

資料：野口定久作成

POINT
- 地域包括ケアにはリスク度別に3層のネットワークが必要
- 3層のネットワークをつなげる情報の流通と規制のルールづくりが必要
- 近隣住民の認知症見守り活動の組織化には専門職の支援が必要

① 地域包括ケアにおけるネットワークとコミュニケーション

　地域包括ケアには、①自治会や近隣住民との地縁のネットワーク、②民生委員・児童委員やボランティア団体、NPO法人等、地域福祉の向上に協力している関係者のネットワーク、③そして医師や看護師、弁護士、地域包括支援センターや介護・福祉事業所等の専門職によるネットワークという3層のネットワークが機能する必要がある。この3層のネットワークは、専門性が高くなるにしたがって、より専門的な支援を提供していくことになる。したがって、専門職が取り扱う情報や支援の内容はより高度化し、高いリスクを併せもつといえる。このことから、専門職間では、それぞれの専門性や業務の特徴、さらに提供し得る支援に関する情報を共有し、専門性の向上と、住民に対する包括的ケアを提供するためのしくみづくりが必要とされる。こうしたしくみの一例としては、定例的に集まり、地域ケアについて検討するためのネットワーク会議を

開催することがあげられる。

2 情報の流通と規制

　また、この3層のネットワークは、それぞれが独立して支援を提供するにとどまらず、他のネットワークと協働して地域のなかに網の目のような支援のネットワークを張り巡らし、複雑化、多様化する住民のニーズを早期に発見し、対応していく体制を整えていくことが求められる。その際には、個人情報の取り扱いについて十分に配慮を行いながら、日常的にコミュニケーションをはかり、柔軟なネットワークを形成していく必要がある。特に、個人情報の流通には、個人情報を扱うルールを抜本的に見直した改正**個人情報保護**[26]法が2017年5月30日に全面施行された。個人を特定できる情報を同意なく第三者に提供できないよう保護（規制）を徹底する一方、特定できないよう加工すれば流通させられるようになるのである。法改正では、匿名加工をすれば、第三者に提供する際の本人同意が不要になるというものである。加工の例をあげると、①氏名や顔画像、マイナンバー、旅券番号、運転免許証番号などを削除するか仮IDに置き換え、②住所を自治体まで、生年月日を年までに丸める、③「110歳」を「90歳以上」にするなどより広い範囲にくくり直し、④患者数の希少な病名の削除などが例として述べられている。また、それ単体では個人を識別できなくても、それ以外の情報と結びついて識別されるリスクにも配慮が必要となると記されている（出典：2017年5月30日付　日本経済新聞）。

3 認知症カフェに専門家がアドバイス

　認知症のお年寄りや家族などが集う「**認知症カフェ**[27]」が全国で広がっている。お茶を飲みながら困りごとなどを語り合い、専門家のアドバイスも受けられる。運営側は認知症について正しく理解してもらおうと、当事者以外の人にも「来店」を呼びかける。

■ 図表12-4 ②　認知症の高齢者は今後増加する

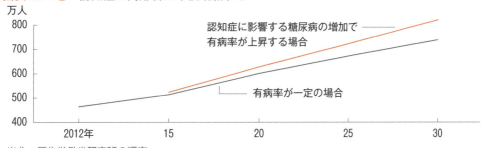

出典：厚生労働省研究班の調査

【参考文献】
早川和男『「居住福祉資源」の思想─生活空間原論序説』東信堂、2017年

5 12講 地域包括ケアシステムとネットワーク

地域包括ケアの展開過程

■ 図表12-5 個別事象から地域包括ケアシステムへ―専門職連携の展開過程

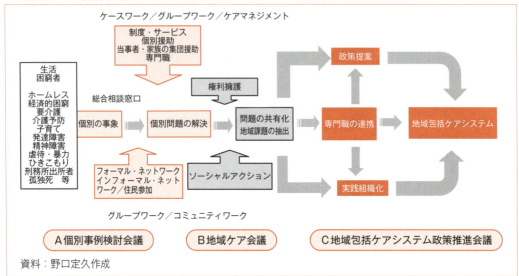

資料：野口定久作成

> **POINT**
> ▶ 総合相談窓口の設置がこのプロセスの前提条件
> ▶ 地域包括ケアの要点は専門職の問題の共有化
> ▶ 政策提言できるソーシャルワーカーの養成訓練が必要

① 地域包括ケアの体系化をめざして

　本来、地域包括ケアがめざしていく理念とは、住民一人ひとりの生命・生活・人生を包括したケア体制の構築である。高齢者や介護を必要とする人のみに限らず、子どもの成長や障害のある人々、そしてすべての住民を対象として、健康・介護予防・要介護・さらに終末期までを包括した、包括的かつ継続的なケアの提供を目標としている。

　具体的には、小地域のケアサポートネットワークを形成し、家族や近隣・友人によるインフォーマルな助け合いのネットワークをつくっていく必要がある。また、事業所間の専門職によるネットワークを形成し、高齢者や障害のある人、子どもへの支援を包括的に提供する体制を整えていく。そして保健・医療・福祉サービス事業体によるネットワークを形成し、包括ケアの提供をめざす。これらのさまざまなレベルのネットワークが相互に関連して、地域包括ケアの体系化をめざしていくことになる。

② 個別事象から地域包括ケアシステムへのプロセス

個別事象の解決プロセスである。新しい福祉問題群の解決過程を通して、3つの段階に分けることができる（図表12-5）。第1段階（A**個別事例検討会議**）は、①生活困窮者等の個別事象を分析（アセスメント）し、②個別事象の解決の方向と目標を提示することである。そして①と②の過程で、福祉専門職（主として個別相談援助）による制度やサービス等の**フォーマル・サービス**のケース・マネジメントが行われるとともに、主としてコミュニティ・ソーシャルワークによるインフォーマルなサポートネットワークの形成が同時に行われることが望ましい。この段階では、それぞれの専門職による個別事例検討会で行うことになる。第2段階（B**地域ケア会議**）は、第1段階のプロセスを通して、それぞれの個別事象の解決課題から政策と実践への共通課題を見つけ出すための「問題の共有化」が必要となる。そして、この過程で政策と実践に切り分けられ、共有（一般）化された課題は行政・社会福祉協議会・社会福祉施設等に、あるいは市民社会（NPO・ボランティア団体等）や住民組織に、その対応の分担が振り向けられることになる。この段階では、**地域ケア会議**[28]が対応することになる。第3段階は、自治体レベルにおいて個別事象と政策や実践にむけて一般化された課題の解決システムを形成することが必要となる。それは、専門職連携の組織化の「場」を設定することが望まれる。第4段階において地域包括ケアシステムを実現させる、という「**個別援助**[29]から**地域支援**[30]へ」の展開過程を提示する。この第3と第4段階では、C**地域包括ケアシステム政策推進会議**を組織する必要がある。

③ 個別援助から地域支援へ

このプロセスには総合相談窓口の設置が前提となる。事例検討の流れは、①個別の事象→②個別問題の解決→③問題の共有化→④政策と実践→⑤専門職の連携→⑥地域包括ケアシステムへという**ソーシャルワーク援助**の展開過程を「個別援助から地域支援へ」と命名した。ここで個別援助としたのは、このプロセスで取り上げる個別ケースの性格は**多問題家族**や複合的問題を抱えた世帯へのソーシャルワーク援助の対応に焦点を当てる必要からである。こうしたソーシャルワークの個別援助から地域支援への流れで重要なことは、①当事者や家族、地域が抱える課題の性格は従来の対象領域を残しながら複合化し、新たな対象領域へと拡大していること、②いずれの事例も、もはや単一の機関や施設で対応できる状況ではなくなっており、多くの事例で他機関・多職種との「つながり」、「ネットワーク」など連携のシステムが必要不可欠の要素となっている。

【参考文献】
野口定久編集代表、ソーシャルワーク事例研究会編『ソーシャルワーク事例研究の理論と実際―個別援助から地域包括ケアシステムの構築へ』中央法規出版、2014年

1　新たな福祉サービス供給主体の関係

13講　地域福祉推進組織と多元的サービス供給

■ 図表 13-1　地域を基盤とした福祉サービス供給主体の関係構造

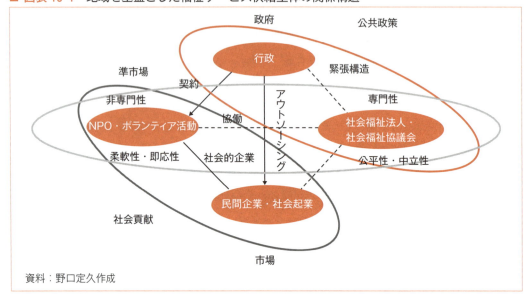

資料：野口定久作成

> **POINT**
> ▶ 福祉サービス供給主体の構成要素は政府と市場と非営利組織
> ▶ 社会福祉法人・社会福祉協議会は公益活動で市場と関係を結べるか
> ▶ 企業とNPO・ボランティア活動の関係は社会的企業として活発化

1　地域を基盤とした福祉サービスの供給主体の関係構造

　現在、地域を基盤とした福祉サービスの供給主体の構成は、大きく4つのセクターからなる（図表13-1）。行政、社会福祉法人・社会福祉協議会、民間企業・社会起業、**NPO・ボランティア活動**等である。介護保険制度において在宅福祉サービスや施設サービスの供給体制のあり方は、次のように大きく変容した。行政の役割は、主として地域の福祉サービス供給組織総体の企画や調整役にまわり、他の供給体への資金補助や福祉サービスの質の確保といった運営支援に変化しつつある。社会福祉法人・社会福祉協議会は、行政とともに「公共政策」としての社会福祉サービス供給を担うが、行政との一定の緊張関係の構造化が求められる。また、NPO・ボランティア活動等とは、それぞれの活動原理の特徴を活かした協同関係のあり方が模索されよう。市場では、医療・福祉・介護領域の新産業振興や規制緩和政策によって民間企業の進出や**社会起業**[31]が拡大している。

② 社会福祉法人の地域公益活動への期待

　福祉サービスに参入する企業や事業所は、「社会貢献」という活動原理が重要である。単なる利潤追求だけでは、福祉サービス供給市場からの「退出」は余儀なくされるであろう。また、**社会福祉法人の公益的活動**[32]にも多くの注目が集まっている。その多くは社会福祉法人の内部留保に対する批判が出ている。財務省や厚生労働省によると、社会福祉法人が運営する特別養護老人ホームには約2兆円、1施設あたり3億円超の内部留保がある。修繕費などを引いても1施設約1.6億円に上る。4月の報酬改定で2.27％（約2072億円）のマイナスとなったのも、内部留保が理由の1つだった（出典：2015年3月10日付　日本経済新聞）。また、社会福祉法人の公益的活動が高齢者や障害当事者の雇用機会の創出、地域産業の一躍を担うなど、地域再生に寄与している取り組みも多数存在している。石川県の社会福祉法人佛子園は、障害者や高齢者、地域の人々らが集い、分け隔てなく交流する福祉施設である。地域を活性化させている"ごちゃまぜ"の概念は、日本の古き良き時代にあったものでもある。

③ 過疎地域におけるニーズ開発型福祉サービスの展開

　NPO・ボランティア活動等は、現代の福祉問題に対する即応性や柔軟性が活動の源である。行政との契約関係、企業との社会貢献によるエンタープライズの提携関係が進展している（出典：野口定久「ニーズ対応型福祉サービスの開発」社会福祉士養成講座編集委員会編『新・社会福祉士養成講座9　地域福祉の理論と方法　第3版』中央法規出版、2015年、225頁）。ここでは、新たな福祉サービス供給組織の開発として注目されている中山間地域のベンチャー型企業や**社会的企業**[33]などの事例を紹介しておこう。社会的企業の多くは、地域の生活課題の解決に向けた新たな福祉事業である。その意味では、高齢社会が進む地方都市や農山村において起業ニーズがより存在するともいえる。例えば過疎地域には、農産物を販売しながら**オンデマンドバス**を運行する社会的企業や、地方小都市の小規模スーパーマーケットや商店が周辺の集落に居住する高齢者の家々を移動販売する起業家がいる（出典：松永桂子『創造的地域社会―中国山地に学ぶ超高齢社会の自立』新評論、2012年）。また地域の農林漁業を基盤に加工、販売する第6次産業化は、高齢者や障害者の地域所得と雇用を生み出す取り組みであることから公共事業といえよう。とりわけ農業分野の女性起業は国の調査によれば全国に1万件あるとされ、この10年間で倍増した。消費者と生産者が直接つながることにより、従来の流通のしくみを変革するに至っている。地方自治体の財政規模が縮小し、企業誘致もままならない状況では、福祉的事業や福祉サービス提供型のベンチャー企業や社会的企業、社会起業、第6次産業化は過疎地域および地方都市再生の救世主として期待されている。

2 13講 地域福祉推進組織と多元的サービス供給

地域福祉の統治構造

■ 図表13-2① 豊かな公共（第3セクター）の創出

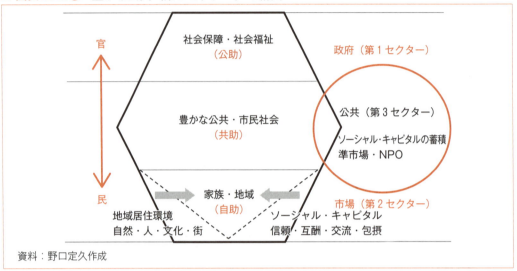

資料：野口定久作成

> **POINT**
> ▶ サービス供給主体の多元化に伴い、より開かれたサービスへ
> ▶ 民間、市民セクターによる共助のまちづくり実践
> ▶ 公平と効率の両立が「豊かな公共」の運営哲学

① 地域福祉の社会サービス提供の多元化

　従来の地域福祉の**統治構造**[84]は、主として政府や地方自治体および社会福祉法人が限定された福祉サービスの供給主体として市民、当事者、利用者に直接提供するしくみであった。現在では、行政と社会福祉法人、社会福祉協議会、民間企業、NPO、ボランティア団体、社会的企業、社会起業などが協業して市民や利用者に多様なサービスを提供する統治構造が主流となっている。また、市民や利用者は提供されたサービスの消費者あるいは社会貢献活動を行って社会に還元するというしくみが拡がっている。

② 地域福祉の公共政策の範囲

　上記のような地域福祉の新たな統治構造の枠組みは、図表13-2①に示すことができる。①上部の「社会保障・社会福祉」（公助）の領域では、貧困・所得格差などの社会問題に政策および

実践として対処しながら、強固な社会的セーフティネットの整備を中央政府と地方自治体が主として取り組む必要がある。その政策としては、社会保険（年金・医療・労働・雇用・介護）、社会保障制度（公的扶助・住宅・教育・保健）、社会福祉（社会福祉専門教育・国家資格）等をあげることができる。②中間の「豊かな公共・市民社会」（**共助**[35]）の領域が対象とする問題は、地域格差・地方財政危機・社会的排除や摩擦—地域・生活問題を取り上げることができる。③下部の家族・地域（自助）の領域が対象とする問題は、家族機能の低下・地域共同性の衰退などによって生じる個別福祉問題であり、これらの事象に対処する方法が求められる。

3 「豊かな公共」―共助のまちづくりの実践事例

　社会福祉と地域経済循環の複合事業である「美しい隣人事業」は、韓国のソウル市蘆原区月渓洞にある月渓**総合社会福祉館**[36]（以下、ウォルゲ総合社会福祉館）で2003年に始まった新しい福祉事業であり、福祉館・商店・住民という3つの主体によって展開されている。そのしくみは、韓国総合社会福祉館が制度の運営主体として、モノやサービスを提供する商店（経営者）を探し出し、モノやサービスを利用する人々を選定し、利用者に各商店で利用できるクーポンを発行する。次に、商店は提供できるモノやサービスの項目と数量を定め、総合社会福祉館で発行したクーポンをもつ住民にモノやサービスを提供する。最後に、住民は、クーポンを利用し商店で必要なモノやサービスを受けるかわりに、商店の広報および地域社会のためのボランティア活動に参加する。こうしたしくみの特長は、生活困窮者や低所得者に商店の寄付行為によるクーポン券をサービスや商品に代えて提供する地域福祉活動をウォルゲ総合社会福祉館が運営管理するという社会福祉事業が、地域の商店などと協力して地域経済の循環を促進するという性格を有することにある。

■ 図表13-2 ② 韓国ウォルゲ総合社会福祉館の「美しい隣人事業」のしくみと地域経済循環

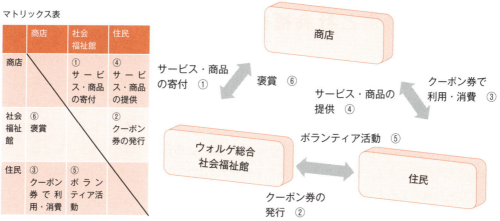

資料：トヨタ財団国際助成プログラム韓国・ソウル視察・シンポジウム（2017年2月28日～3月1日）『アジアの高齢化と周辺課題―実践現場の対応策を共有する』を参考に野口定久作成

3 | 13講 地域福祉推進組織と多元的サービス供給
市町村社会福祉協議会の活動と機能―総合化

■ 図表13-3　市町村社会福祉協議会機能の総合化

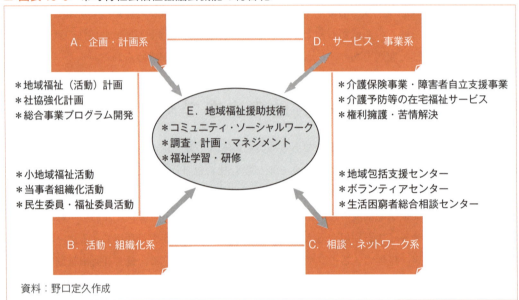

資料：野口定久作成

POINT
- 社会福祉協議会の形態は総合型か特化型か
- 都市部社協の介護保険サービス事業と事業所のイコールフィッティング問題
- これからは「活動・組織化系」と「相談・ネットワーク系」が社協活動の主流に

① 市町村合併と社会福祉協議会

　社会福祉協議会（以下、社協）は、全国、都道府県、指定都市、市区町村の地方自治体と同様に、設置されている。ほとんどの社協は法人格を有し、理念的には、それぞれの社協は独立した組織である。これら社協の関係は、それぞれの社協の位置するエリアごとに、それぞれの地域性にあった社協事業や活動を展開することが本旨であるため、全国的な緩やかなネットワークは存在するものの、**全国社会福祉協議会**、都道府県、指定都市、市区町村の社会福祉協議会は、それぞれ独立した組織である。最近では、むしろそれぞれの地域内の自治体やNPO、ボランティア組織、住民組織等との小地域ネットワークが戦略的に重視されている。市町村合併によって社会福祉協議会の数は、2004年4月現在では3369であったのが、2007年1月現在では1953に大幅に減少している。さらに合併した市町村社会福祉協議会は、本部と支所に組織再編成が行われ、職員移動や地域ニーズの把握に問題が生じてきているところも多くみられる。

② 社会福祉協議会の法的位置

社会福祉法のなかで社協は次のように位置づけられている。まず、第109条において市町村社会福祉協議会および地区社会福祉協議会（指定都市の区社協）が位置づけられ、①社会福祉を目的とする事業の企画および実施、②社会福祉に関する活動への住民の参加のための援助、③調査、普及、宣伝、連絡、調整および助成などの任務が記されている。次いで、第110条では、**都道府県社会福祉協議会**が位置づけられ、その任務としては、①社会福祉を目的とする事業であって各市町村を通ずる広域的な見地から行うことが適切なもの、②社会福祉を目的とする事業に従事する者の養成および研修、③社会福祉を目的とする事業の経営に関する指導および助言、④**市町村社会福祉協議会**の相互の連絡および事業の調整が明記されている。

③ 社会福祉協議会をめぐる新たな動向

図表13-3に示すように、現在、市町村社会福祉協議会の任務と機能は多岐にわたる。A．企画・計画系では、市民と行政と社協の3者の協働による地域福祉（活動）計画の策定および実行計画づくりに期待がかけられている。B．活動・組織化系は、従来から社協の中核的任務である。近隣住民やボランティアによる**小地域福祉活動**[37]の支援にかかわる**生活支援コーディネーター**[38]の役割は大きい。コミュニティ・ソーシャルワークの出番である。C．相談・ネットワーク系は、地域包括ケアシステムや生活困窮者自立支援事業、**「我が事」「丸ごと」地域共生社会**の実現事業の中核的位置づけである地域包括支援センターや**生活困窮者総合相談センター**[39]などの相談事業や機関間ネットワーク事業への期待も大きい。D．サービス・事業系は、介護予防・日常生活支援総合事業における地域包括ケアのネットワークと住民互助活動の組織づくりの支援などがあげられる。社協がこれらの事業やサービスを担うべき地域福祉専門機関および専門職集団として住民や関係機関の信頼を得るためには、E．**地域福祉援助技術**（コミュニティ・ソーシャルワーク、調査・計画・マネジメント、福祉学習・研修など）の技量を高めなければならない。市町村社協のめざすべき方向性は、社協と行政との役割関係に検討を加えたうえで、それぞれの社協活動の歴史的・地域的な流れを位置づけ直し、それぞれの「社協らしさ」を活かした経営戦略を示しながら、他のサービス供給組織との協働関係をつくり上げていくことが重要であろう。その際の「社協らしさ」を活かした経営戦略を考えるとき、社協の方向性・理念・使命をどのように確立するのかが問われてくることになる。すなわち、①サービス供給における公共性や公平性の担保、住民参加による地域の福祉課題の共有化を総合的に推進すること、②地域福祉のなかで社協の役割を考える必要があること、③介護保険・高齢者保健福祉計画から地域福祉計画への展開が追求されることになろう。その際に、「社協の固有性」である公共性や公平性の論理が市場原理を一定程度、制約する必要が生じてこよう。

4 社会福祉法人・NPO法人の財政的安定

13講 地域福祉推進組織と多元的サービス供給

■ 図表13-4① 新公益法人とNPO法人の比較

	公益社団・財団法人	NPO法人
公益目的の内容	特定の分野で、不特定かつ多数の者の利益の増進に寄与	
公益目的の事業の割合	全事業の支出の50％以上	中心事業とする
公益目的の事業の一部が課税対象	なし	あり
寄付者への税制優遇	あり	なし （89の認定NPO法人にはあり）
同一法人内での収益事業から公益目的の事業への寄付	非課税	課税 （認定NPO法人は所得の20％まで非課税）

出典：「NPOサポートセンター」資料を一部改変

POINT
▶ 社会福祉法人が社会的企業を経営する場合の非課税率を拡げる
▶ NPO法人に寄付者への税制優遇の範囲を拡大すべき
▶ NPO法人の公益目的の事業課税対象枠を外す

① NPO法人の活動範囲の拡大

　市民活動を行う団体などに法人格を与える「特定非営利活動促進法（NPO法）」（1998年3月19日）が成立した。**特定非営利活動促進法**[40]の成立によって、市民活動団体は法人格を取得しやすくなり、①社会的な信用が高まる、②寄付金や公的援助を受けやすい、③営利を目的とした活動でないことが理解してもらえる、④会員や協力者を得やすい、⑤行政からの委託事業が受けやすい、⑥権利・義務が明確となり責任のある体制となる、ことなどがメリットとしてあげられている。NPO法人の活動範囲は、介護保険制度等の社会サービス提供、児童虐待の相談と防止、障害者の自立と社会参加の促進、過疎集落の空き家整備、重度障害者の働きやすい職場づくりなど社会福祉法人の起業活動への支援にも活動範囲を拡げている。

② 非営利法人の財政力強化

　民間非営利組織の分類は、①財団法人、社団法人、学校法人、社会福祉法人のグループ、②生活協同組合や農業協同組合のグループ、③特定非営利活動法人およびボランティア団体等の市民活動団体のグループに大きく分かれる。住民参加型の在宅福祉サービス事業所や団体が多く含ま

れる③のグループの主な特徴は、社会福祉分野で比較的小規模の団体が多く、その財源構成として会費、行政からの補助金、民間からの助成金に頼る傾向にあり、事業収入や寄付金等の依存率が低いことである。福祉分野におけるNPO法人の財政力の確保のためには、寄付者に対する税制優遇の範囲を拡大すべきであると考える（図表13-4①）。反面、一部のNPO法人では寄付金の使い道が不透明な団体があると自治体に通報があり、解散に追い込まれた団体もある。市民の視点で活動内容をチェックするしくみや評価基準を設置する動きもみられる。

■ **図表13-4②** NPO法人は多産の一方で解散も増える

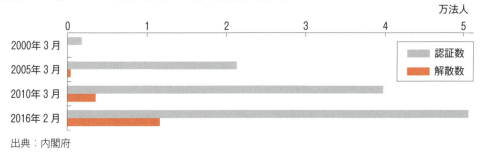

出典：内閣府

■ **図表13-4③** NPOの評価基準の一例

評価領域	評価の視点
マネジメント	ミッション、ビジョン、ガバナンス、リーダーシップ
人材	スタッフ、ボランティア
財務	財務管理、財源確保、コスト意識
成果	成果測定、成果の共有
成長可能性	成果の拡大の可能性、組織変革の意欲

出典：公益財団法人パブリックリソース財団の評価項目を一部改変

③ 社会福祉法人の地域貢献活動と経営戦略

　社会福祉法人には、特に高い公益性が求められるとともに、これからの地域福祉型の福祉サービス提供の中心的な担い手として大きな期待が寄せられている。そのためにも社会福祉法人経営には自主的な経営基盤の強化を図ることと併せて、①提供する福祉サービスの質の向上に対する努力、②第三者によるサービス評価制度の積極的な導入、③事業経営の透明性の確保、④提供する福祉サービスの**説明責任**（アカウンタビリティ）の確保、⑤利用者満足度の向上、⑥契約書面の交付、といった経営原則が求められている（平成28年3月31日公布の**社会福祉法人制度改革**[11]）。同時に、社会福祉法人には経営戦略も求められている。つまり営利企業と非営利法人の違いは突き詰めれば、出資者に利益を分配するかどうかである。法人経営を効率化し、職員のサービスの質を向上させ、**地域貢献活動**[12]を通じた社会起業化などで地域の雇用と収益を確保しなければ、社会の期待にも応えられず、経営リスクのおそれすらあることを認識すべきである。

159

5 13講 地域福祉推進組織と多元的サービス供給

地域福祉と社会的企業

■ 図表 13-5 ① 社会的企業の位置づけ

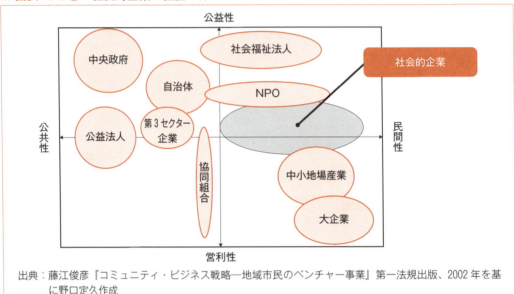

出典：藤江俊彦『コミュニティ・ビジネス戦略—地域市民のベンチャー事業』第一法規出版、2002年を基に野口定久作成

POINT
- ビジネス手法で社会的課題を解決する社会的企業
- 政府と市場の失敗を乗り越えようとする動き
- 事業利益は生じるが低所得層に経済的便益とサービス提供

① 地場産業の空洞化と社会的企業の振興

　貿易均衡や規制緩和など日本経済に対する世界の論調の厳しさが増し、特に製造業を中心とする**地場産業の空洞化**[13]が進行している。企業活動は、新たな市場と経済の比較優位を求めていっそうグローバル化しており、従来のように地域外からの企業誘致や工場立地を推進することにより地域の自立的発展を図ることは容易なことではない。有効な対策としては、これまで地域に蓄積されてきた技術、人材、文化、伝統、自然、産業集積等の特色ある地域資源を活用して、地域から内発的な産業（地場産業と新産業の組み合わせ）を創出し、地域ブランドを創造し、国内外に供給していくことであろう。それには、①地場産業のみならず社会福祉法人やNPO法人、公益法人などの収益性を高める。②これら法人が社会的企業を起業化し、地域の経済および雇用の創出に貢献する。③自治体が中心となって地域全般にIT環境を整備し、**AI**や**IOT**を積極的に活用し、広く地域や住民に普及することが求められる。

② 複合型社会福祉法人[44]と社会的企業の協業

　これらの総合的かつ複合的な社会福祉法人の社会的企業の取り組みは、京都府与謝野町の社会福祉法人よさのうみ福祉会の実践が参考になる。本事例の特徴は、近年、中山間地域に生じた過疎化、少子高齢化といった地域変容がもたらした地場産業（丹後ちりめん業）の衰退を背景に、人口減少地域の再生の実現に向けて**労働統合型社会的企業**の取り組み（労働市場から排除された人々の生活保障活動）にある。さらに、社会福祉法人よさのうみ福祉会の地域貢献活動が地域再生にどのような影響を及ぼしているかを検討してみよう。その要件は、①法人の基本理念（1980年に養護学校づくり運動や障害者共同作業づくり運動の経験）が明確で、実践・事業、地域貢献、組織経営、運動の4つの柱に基づく法人運営、②4法人（社会福祉法人特別養護老人ホーム、社会福祉法人就労継続支援事業B型、NPO法人在宅複合施設、公益社団法人訪問看護事業）の地域共生型複合施設（やすらの里）の多様な実践、③従業員の半数以上が障害のある人たちであり、さらにその半数以上が障害者総合支援法に基づく**就労継続支援A型事業**（リフレかやの里）によるサービス利用者として雇用契約に基づく最低賃金（9万円／月）を保障し、**就労継続支援B型事業**（喫茶花音等で5.5万円／月）の多様な仕事、④与謝野町の積極的な支援と京都府の農福連携事業の推進といった多角的な社会福祉法人の経営が地域振興に結びついている事例である。

③ 医療・福祉・介護サービスの充実は経済と雇用に効果

　人口減少が本格化し、少子高齢化がさらに進展するなか増税が難しい日本社会では、社会保障・社会福祉の財源確保の課題に直面している。図表13-5②では、①社会保障サービスが雇用を生み、経済も成長する、②医療、介護、教育、子育てなど人間の生活に必要なサービスを広く納税者に給付する、③所得が低い層ほど公的なサービス給付から多くの恩恵を受けている。全階層に**社会サービス**[45]給付を拡充しても、確実に再分配の効果は表れることを示している。

■ 図表13-5 ②　サービス給付が可処分所得に占める割合

	第1分位	第2分位	第3分位	第4分位	第5分位
教育	30.6%	18.5	14.2	10.4	5.6
保健医療	34.9	22.2	15.8	11.8	7.2
住宅	1.8	0.7	0.4	0.2	0.1
幼児教育・保育	4.5	3.0	2.4	1.5	0.8
介護	4.0	1.9	0.7	0.4	0.2
合計	75.8	46.4	33.5	24.3	13.7

注：第1分位は最も貧しい20％、第5分位は最も富裕な20％
出典：OECD「Divided We Stand」

【参考文献】
井出英策・古市将人・宮崎雅人『分断社会を終わらせる―「だれもが受益者」という財政戦略』筑摩書房、2016年

1 ボランタリー・アクションから コミュニティ・ソーシャルワークへ

14講 地域福祉の主体形成とコミュニティ・ソーシャルワーク

■ 図表14-1 コミュニティ・ソーシャルワーク形成への流れ

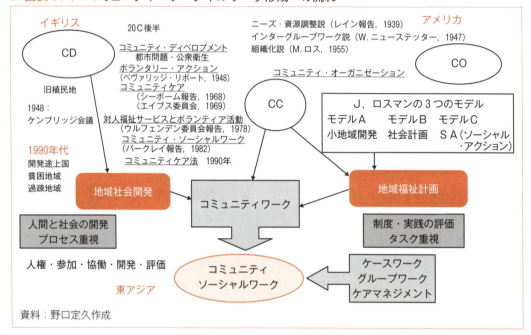

資料：野口定久作成

> POINT
> ▶ もう1つのベヴァリッジ・リポートが**ボランタリー・アクション**[46]
> ▶ ロスマンの3つのモデルがコミュニティワークへの基盤
> ▶ コミュニティ・ソーシャルワークという統合的な体系への転換が必要

① イギリスのボランタリー・アクションの流れ

　イギリスのロンドンにおいて1869年に設立した**COS**（チャリティ・オーガニゼーション・ソサエティ）は、ロックの指導のもとに要保護者の個別訪問調査、ケース記録、慈善団体の連絡・調整・協力等の活動を行った。主たる活動の担い手は、友愛訪問員と呼ばれるボランティアであり、1890年代にこの友愛訪問員を有給化したのが、今日のソーシャルワーカーの始まりとなった。

　続いて、イギリスの社会保障の基盤を形づくったベヴァリッジ・リポートを書いたベヴァリッジは、1948年に『ボランタリー・アクション』を著している。ベヴァリッジは、その主要なテーマとして博愛慈善と相互扶助の2つを置いている。博愛慈善には、慈善団体（COS）、チャールズ・ブースが確立したソーシャル・サーベイ、セツルメント、オクタヴィア・ヒルの住宅改善運動等を取り上げている。さらにイギリスでは、1978年に発表されたウルフェンデン委員会報告

において対人福祉サービスのマンパワーとしてボランティア活動を位置づける方向が示された。そしてこの考え方は、わが国においても1980年代の社会福祉サービス供給多元化を契機に、公的な福祉とボランティアとの役割分担論が提起され、地域福祉や在宅福祉に政策的な期待が寄せられてきた。特に近年では、特定非営利活動促進法をはじめとするボランティア活動の条件整備がすすめられるなど、**コミュニティケア**を含めたボランティアや民間非営利団体（NPO）を、公私協働で分権型福祉契約社会をつくり出すパートナーとして位置づけるようになっている。

② アメリカのコミュニティ・オーガニゼーションの流れ

ロスマンは、これまでの**コミュニティ・オーガニゼーション**[47]を統合し、各論者によって強調される特徴を、総合的なコミュニティ・オーガニゼーション実践の3つのモデルを特徴づける要素として取り込んでいる。そのなかでロスマンは、モデルAの「小地域開発」をプロセス重視、モデルBの「社会計画」をタスク重視、モデルCの「ソーシャル・アクション」をタスクあるいはプロセスと位置づけている。この文脈を、今日の日本のコミュニティワーク概念にあてはめてみると、モデルAの「小地域開発」は地域社会開発あるいは**コミュニティ・ディベロップメント**[48]に、モデルBの「社会計画」は地域福祉計画に、モデルCの「ソーシャル・アクション」は市民活動および住民参加に応用することが可能である。

③ 日本発のコミュニティ・ソーシャルワーク

今日のように家族や地域社会を通して多様かつ複雑な生活問題が出現するなかで、地域福祉専門職の援助方法論に求められているのは、個々人の福祉ニーズや家族が抱える多様な課題を個別に解決する方法とその技術である。また、それらの個別課題を地域社会や地域住民の課題として共有化し、その問題解決に向けて地域福祉政策に展開していく方向と地域住民が協働して取り組む地域福祉実践に展開していく方向に切り分ける。このように、一人の生活問題を解決するために、または多くの人々の生活問題を解決するために、ケースワーク、グループワーク、コミュニティ・オーガニゼーションの理論を個別に用いても問題はなかなか解決しないのであって、問題解決のためには、これらの技術を総動員・駆使して援助にあたる必要がある。このことは、従来の社会福祉援助技術体系としての、ケースワーク、グループワーク、コミュニティ・オーガニゼーションの3分類から個人と地域の生活問題・福祉問題を解決していくコミュニティ・ソーシャルワークという統合的な体系への転換が必要であることを現実的にも、理論的にも示唆しているように思われる。

【参考文献】
三浦文夫「コミュニティ・デベロップメントの概念と問題——コミュニティ・デベロップメントの発想とその内容を中心に」『季刊 社会保障研究』第3巻第1号、国立社会保障・人口問題研究所、1967年

2　14講　地域福祉の主体形成とコミュニティ・ソーシャルワーク

権威型からエンパワメント型へ

■ 図表14-2　措置から契約へ─サービス提供とソーシャルワーク援助の関係

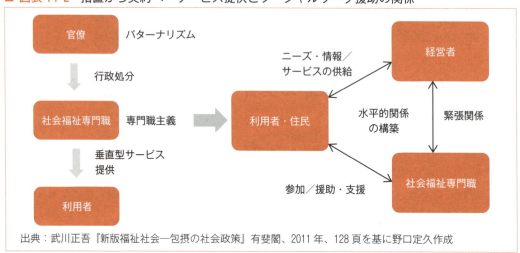

出典：武川正吾『新版福祉社会─包摂の社会政策』有斐閣、2011年、128頁を基に野口定久作成

> **POINT**
> ▸ 措置・行政処分のサービス提供は**パターナリズム**[49]に陥りやすい
> ▸ 契約による社会福祉サービスは利用者のエンパワメントを重視
> ▸ 水平的関係の構築には経営者と専門職の緊張関係が必要

① 社会福祉専門職の価値

　社会福祉専門職（主としてソーシャルワーカー）を特徴づける性質には、「自主性」「自律性」「利他主義性」の3つの価値がよく用いられる。現代の介護保険制度などの契約型サービス提供においては、社会福祉専門職が特に利潤主義の経営者に対してサービス利用者や住民の利益を第一に考えた場合に、この「自律性」を維持できるかが問われるケースである。このことは専門家が自らの職務に対してもつ「自律性」のことを意味し、社会学者のフリードソンは、「専門職は他の職種とは異なり、部外者の統制からの自由を手に入れることに成功した」（出典：E・フリードソン、進藤雄三・宝月誠訳『医療と専門家支配』恒星社厚生閣、1992年）と主張した。**専門職**（professional）の自律性を保持するための条件には、資格制度と長期におよぶ教育訓練期間、そして利他主義的な**倫理綱領**が必要であるとしている。今日では資格制度と長期におよぶ教育訓練期間が整備されつつあるし、第三の要件である利他主義的な価値を表現する倫理綱領も保持している。

2 パターナリズムとエンパワメント

　社会福祉サービスや介護サービスの提供には、社会福祉専門職・介護職、経営者・官僚、利用者・住民といった人々が関係する。旧来の措置時代における福祉サービスの提供は、図表14-2の左側のような形が基本型であった。社会福祉サービスの利用者や住民は、施設あるいは在宅において生活と人生を、その日常生活の空間と時間のなかで過ごしている。経営者は組織や団体の採算性を重視し、官僚は行政的効率性を追求するのが使命である。しかし、社会福祉専門職やケアマネジャーの場合は、対象者や利用者、当事者の人権に基づく援助や支援を行うという基本的な使命がある。図表14-2の右側は契約時代における在宅福祉サービスや介護サービスの供給パターンを示したものであり、①多様な専門職や準専門職の関与、②利用者や住民との水平的関係の成立、③利用者や住民の参加・**エンパワメント**[50]、④法人や事業所の経営者と専門職の論理の緊張関係が特徴である。また、専門職が陥りやすい**専門職主義**（あるいはプロフェッショナリズム）という性格も無視できない。福祉現場のなかでは、無意識的に官僚化や専門職主義に陥りやすく、専門職独自の性格や援助活動を発揮できない状況にあることも留意しなければならない。

3 社会福祉専門職のアドミッション

　福祉サービスの提供場面には、利用者や住民の参加が必須の条件となりつつある。したがって、福祉サービス提供の専門職は、利用者に対して陥りやすい**専門職支配**[51]から解き放たれる反面、利用者や対象者の参加やエンパワメントをいかに確保するかが重要な課題となってくる。社会福祉専門職（特に社会福祉士）のアドミッション・ポリシーのなかで、特に5つの条件を示しておこう。①利用者の生活にかかわる専門職としての自覚と高い専門職倫理を有している。②施設、在宅を問わず、地域において、利用者の自立と尊厳を重視した相談援助をするために必要な専門職的知識と技術を有している。③人と社会環境との交互作用に関する専門的知識とそのアセスメントをするための技術を有している。④利用者からの相談を傾聴し、適切な説明と助言を行うことができる。⑤利用者をエンパワメントすることができる。さらには、地域福祉専門職のアドミッションを5つ取り上げてみよう。①サービス利用者の"必要と求めに応じて"在宅福祉サービスのメニューを個別に提供するサービスマネジメントの必要性、②従来の縦割り行政システムの変革をめざして在宅福祉サービスを軸にしたアウトリーチ型サービス提供システムの実践、③地域包括ケアシステムの発展過程モデルを中学校区レベルおよび小地域レベルでの地域戦略、④利用者周辺の人間関係の理解と調整、社会資源の発掘と活用能力、過不足のない**地域マネジメント**、⑤**ジェネリック・ソーシャルワークアプローチ**の有効性などがあげられる。

【参考文献】
日本社会福祉士養成校協会「今後の社会福祉士養成教育のあり方について（提案）」2006年、15頁

3

14講 地域福祉の主体形成とコミュニティ・ソーシャルワーク

地域福祉の実践知
―経験知と形式知

■ 図表 14-3　地域福祉の実践知の循環―経験知から形式知へ

出典：野中郁次郎「知的機動力」を生かす経営、2013年8月15日付　日本経済新聞を基に野口定久作成

> **POINT**
> ▶ 福祉実践はフィールドワーク（経験）・アセスメント（分析）・システム（制度）の総合知
> ▶ 実践知は経験知と形式知の循環から
> ▶ ソーシャルワーク実践に求められているのは構想力に裏打ちされた判断と行動

① 政策と技術の二分法を実践で統合する

　地域福祉は優れた実践科学を応用した学問領域であるが、政策と技術の二分法が指摘されて久しい。すなわち、地域福祉の政策と援助技術の乖離にみられる主な欠陥は、以下の諸点である。①政策展開の以前の姿と政策展開後の姿が意識されてこなかった。②実践の「場」が内生的に変化し、例えば個別支援から地域支援に移行するという変化を伴う時間（リアルタイム）の流れのなかでの地域福祉実践の移行プロセスが考慮されていない。③地域福祉計画の策定展開のプロセスが予定調和的で、政策展開後の社会構想が十分に提示できていない。また、地域福祉概念を構造論と機能論による二分法分析や社会福祉制度・政策とソーシャルワークの対置的分析が主流であった（出典：野口定久『人口減少時代の地域福祉―グローバリズムとローカリズム』ミネルヴァ書房、2016年、106頁）。しかし、1990年代後半以降、世界や日本の置かれている社会経済状況の変動のもとでの地域福祉やソーシャルワークの枠組みは、とうていこの二分法あるいは対

置法では包摂できない限界がみられるようになった。今後は、特に地域福祉やコミュニティ・ソーシャルワークにおいて政策と技術領域の乖離(かいり)を「実践知」で統合していく必要があると思われる。

② 経験知と形式知の循環

「知的機動力」を活かす経営を主張する野中郁次郎は、知識創造の過程こそが**イノベーション**[52]（革新）であるとし、現場組織の動的な「場」をつくり出すリーダーが欠かせないと主張する。そして、こうしたリーダーを「実践知のリーダー」と呼び、その共通する能力は、①良い目的をつくる能力、②場をタイムリーにつくる能力、③ありのままの現実を直観する能力、④直観の本質を物語る能力、⑤物語を実現する政治力、⑥実践知を組織化する能力をあげている（出典：2013年8月15日付　日本経済新聞）。この考え方を**地域福祉実践**[53]のソーシャルワークに応用したのが図表14-3である。福祉現場の中核人材としてソーシャルワークのリーダー層の育成が望まれている。その能力を獲得する手順を追ってみることにする。①ボランティア活動などを通した実践⇒②**フィールドワーク**[54]や実習を通した経験の共感力⇒③経験の共感に基づく問題の共有化・見える化の概念形成力⇒④概念を連結させて制度や実践を組織化する社会変革力の循環である。すなわち、機能（経験知）⇒演繹（形式知）を実践知で循環し、現場の変化する状況に応じて適切な判断ができ、行動できる能力を獲得していかなければならない。

③ 実践研究の方向

これからの地域福祉の**中核人材**（コミュニティ・ソーシャルワーカー）育成の方向は、2つのレベルに分類することができる。1つは、地域福祉の価値や思想に関する理論研究、地域福祉のサービス供給や福祉問題の解決に向けた政策研究、地域福祉の現場で生起する福祉問題の事象に対する対象研究である。もう1つは、地域福祉の資源（リソース）に関する研究領域である。それは、地域福祉が展開される「場」であり、地域福祉を担う「人材」であり、そして地域福祉を推進する「技術」である。そして重要なことは、前者と後者をつないでいく研究方法論の開発が求められているわけであるが、それらをどこに収斂(しゅうれん)させるかという命題が問われている。それは、福祉問題が発生する現場実践の「場」（コミュニティ、メゾ境域、福祉施設などのフィールド）に収斂させて、そこからそれぞれの要素を組み立て直してはどうだろうか。さらに、他職種・他機関の専門職間および地域ケア会議に参加する支援団体や民生委員・児童委員、町内会・自治会関係者や住民が同じデータで事例の状況を共有化し、実践課題や地域課題、そして政策課題を事例に基づいて具体的に提示できる「簡易アセスメント共有化シート」の開発が求められている。

【参考文献】
野中郁次郎・紺野登『知識経営のすすめ―ナレッジマネジメントとその時代』筑摩書房、1999年

4

14講 地域福祉の主体形成とコミュニティ・ソーシャルワーク

コミュニティ・ソーシャルワークの機能と展開

■ 図表14-4　コミュニティ・ソーシャルワークの能力獲得の構図

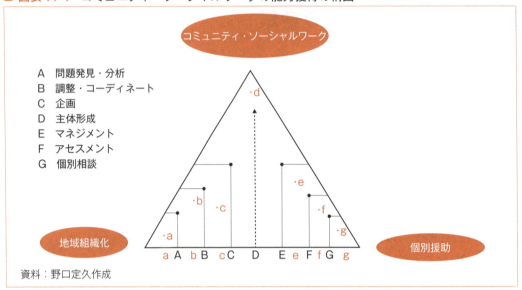

資料：野口定久作成

> **POINT**
> - 異なる要素を加えると2次元に拡がり結びつきやすくなる
> - 従来の地域福祉型実習をコミュニティ・ソーシャルワーク型実習へ
> - 地域福祉専門職の価値および能力獲得への共通プログラムの開発

1　総合相談窓口の社会福祉専門職中核人材

　コミュニティ・ソーシャルワーカーは、**総合相談窓口**[55]に持ち込まれる世帯や地域社会の複合的なニーズに「丸ごと」対応し、ニーズが表出しているか、また隠されている場合に直接現場に出向くアウトリーチ型の支援活動を展開する地域包括支援センターや社会福祉協議会等（社会福祉士国家資格有資格者に限定する）、地域での保健福祉ネットワーク人材のキーパーソンとしての期待が大きい。地域住民の個別ニーズと地域社会の環境的課題に対応しうる新しい地域福祉援助方法の考え方や機能、技法の要点を**コミュニティ・ソーシャルワーク**[56]に引き寄せてみてみよう。

2　コミュニティ・ソーシャルワーカー像

　その第一は、地域福祉の目標・価値としての地域自立支援と対人援助サービス—このような自

立観、サービス観を基にして、住民の地域自立生活支援をしていくためには、住宅政策、労働政策、生涯学習政策など従来社会福祉行政の枠のなかで捉えられなかった分野の政策・サービスと対人援助を軸にした在宅福祉サービスを結びつけて総合的にサービスが展開されること。第二は、従来の縦割り行政システムの変革をめざして地域福祉が横断的なサービス提供システムを構築し、行政組織の再編成の提起を促すこと。第三には、**小地域ネットワーク活動**による**インフォーマルケア**の展開、その地域の特性を活かした新しい価値を付加していくシステムとサービスとして、福祉でまちづくりという発想が求められること、などに基づく**ジェネリック・ソーシャルワーク**[57]像が浮かび上がってくる。

③ コミュニティ・ソーシャルワークの人材養成に向けて

　コミュニティ・ソーシャルワークの能力獲得へのマトリックスを図表14-4に表してみよう。この構造は、従来の「地域組織化」と「個別援助」にコミュニティ・ソーシャルワークの要素を加えると2次元に拡がり、別々に展開されていた技術が結びつきやすくなることを示している。「できる限り在宅で住み続けたい」という地域福祉援助の目標を設定した場合、コミュニティ・ソーシャルワークは三角形の頂点に配置されることになる。すなわち、コミュニティ・ソーシャルワークの視点や目標（ゴール設定）をもたないソーシャルワーカーは、いつまでも1次元の線上にとどまり続けることになる。他方、コミュニティ・ソーシャルワークの視点をもったソーシャルワーカーは、A—Gの機能のa—gがそれぞれ上のほうに移動し、かなり配置が変わってくる。それぞれのソーシャルワーカーの特徴がコミュニティ・ソーシャルワークの価値を組み入れたものへと質的に変化することになる。この三角の図は、コミュニティ・ソーシャルワークの技術を頂点とした地域援助技術と個別援助技術の統合を言い表している。この概念図は、今のところ理念型として提示したものであるが、すでに各地の地域包括支援センター等で、個別事例の問題解決を通して、その問題を地域共通の政策課題に、さらには実践課題へとつなげる試みが展開されはじめている。また、**社会福祉士**の教育養成機関と地域福祉現場、そして実習生の共同による地域福祉専門職の価値および能力獲得への共通プログラムの開発が期待されている。

　現在、生活保護は自治体の福祉事務所、就労支援はハローワークや公的職業訓練機関、若年無業者の支援は地域若者サポートステーション、高齢者の介護問題は地域包括支援センター、子どもに関することは児童相談所や地域の教育機関が担うことになっている。他にも、それぞれの対象別に相談窓口が分かれている。つまり、個別の問題には、それぞれの相談支援機関や専門のソーシャルワーカーたちが、それぞれに対応しているのが現状である。複合化した問題に世帯ごとに対応する相談機関が設置されていないのである。

【参考文献】
野口定久編集代表、ソーシャルワーク事例研究会編『ソーシャルワーク事例研究の理論と実際』中央法規出版、2014年

5

14講 地域福祉の主体形成とコミュニティ・ソーシャルワーク

「制度の狭間」問題の解消とソーシャルワーク支援

■ 図表 14-5　生活保障システムの再構築とソーシャルワーク支援

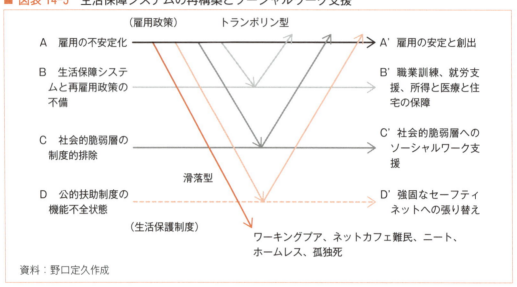

資料：野口定久作成

POINT
- 地域の**生活保障**[58]には4層のセーフティネットが必要
- 新自由主義の下では被保護世帯の受給率と補足率は低下
- 制度の狭間に陥った社会的脆弱層へのソーシャルワーク支援

① 国民が選択する社会福祉レジーム ―「中福祉中負担型福祉レジーム」

　上記左の写真は、戦国時代の岡崎城などの築城技術の野面積みである。この石垣を社会福祉のかたちに例えると**中福祉中負担型福祉レジーム**[59]ということができる。この特徴は、福祉社会型

であり、低成長時代、財政難、格差の拡大や貧困の連鎖のなかで**制度の狭間**[60]が生じやすく、強固な生活保護制度と生活困窮者支援ソーシャルワークを基盤としたセーフティネットを必要とする。これに対して右側の石垣は切込み接ぎ・布積み方式で、江戸幕藩体制期のものである。これは、「**高福祉高負担型福祉レジーム**」ということができる。この特徴は、福祉国家型：北欧諸国の社会民主主義的福祉レジーム、政府による普遍主義的社会保障給付、主たる財源を税収に依拠するので景気変動に影響されやすいという弱点をもつ。

② 地域コミュニティでの生活保障とセーフティネット機能

　国民の多くが中福祉中負担型福祉レジームを選択した場合、筆者の提案は、図表14-5を上記左側の石垣に擬えて4段階のセーフティネットで組み立てた。第一のセーフティネットは、雇用の安定と創出である。第二は職業訓練、就労支援、所得と医療と住宅の保障、第三は社会的脆弱層へのソーシャルワーク支援、第四は最後のセーフティネット（生活保護制度）といった重層的なセーフティネットへの張り替えである。その特徴は、①攻めの政策（雇用の安定と創出）と守りの政策（生活保護制度改革）、②滑落型（ワーキングプア、ネットカフェ難民、ホームレス、孤独死など）からトランポリン型（強固なセーフティネットへの張り替え）への転換、③非正規雇用者や失業者に対する職業訓練、就労支援、所得・医療・住宅の保障など「セキュリティ」と「フレキシリティー」を兼ねた雇用政策の全体像を示すことである。そして、それぞれのセーフティネットは、弾力性（トランポリン型）を保ちながら、「失敗を回復する」ことができる制度や社会サービスの柔軟性、さらにそれらの制度や社会サービスを必要としている人たちの生活支援を行うソーシャルワーク実践も重要である。

③ 「制度の狭間」の解消はソーシャルワークの連携から

　筆者は、常々、図表14-5のC'の第3次セーフティネットの構築を提唱してきた。現代社会における福祉ニーズの事象（リアリティ）は、これまでの、いや現実の社会保障や社会福祉制度およびソーシャルワーク援助や支援ネットワークから漏れ、困窮し、不平等を感じている生活困窮者といわれる人々の生活全般に表れている。すでに今日のソーシャルワーカーが抱える課題は、複合的であり、なおかつ緊急性を要する事例であった。危機介入型のソーシャルワークが求められている。**介入型ソーシャルワーク**には、機関ごとの分業ではなく、機関間・職種間の分担や協業のシステムを開発しなければならない。ソーシャルワーカーは、本来「制度の狭間」という問題を黙認してはならないのであって、制度のクレバスに落ち込んだ人々を救いあげるソーシャル・アクションの復活が求められている。

1　地域福祉のベクトル―ゆるやかな共同体

15講　新時代の地域福祉を構想する

■ 図表15-1　地域福祉のベクトル―信頼に基づくゆるやかな共同体の形成

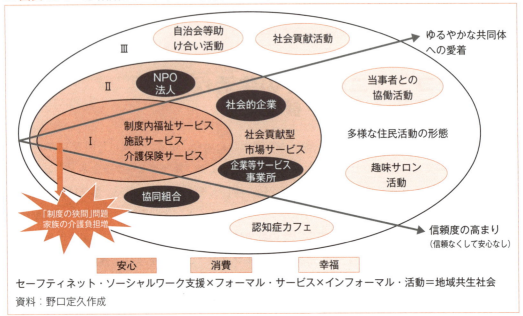

資料：野口定久作成

> **POINT**
> ▶ 制度内福祉サービスでは「制度の狭間」問題と家族介護に限界
> ▶ 市場サービスと住民活動の組み合わせで新たなサービスの開発
> ▶ 地域福祉のベクトルは信頼に基づくゆるやかな共同体の形成

① セーフティネットで安心の地域社会

　図表15-1を図解してみよう。まずⅠの領域（セーフティネット・ソーシャルワーク支援：安心）である。従来の福祉国家に代替する福祉サービスの供給システムは、所得再分配の機能（生活保護や年金、保険等）を中央政府に残し、主として公共サービス（施設サービスや在宅福祉サービス、保健・医療・福祉・教育サービスなど）の供給を地方自治体に委ねることになる。そして、その社会システムは、**ハード・ウェア**よりも**ソフト・ウェア**、**ヒューマン・ウェア**を重視し、ヒューマン・ウェアの能力を高め、モラールを高める対人社会サービスこそが、情報・知識産業を基軸とする産業構造の社会的インフラストラクチャーとなる。対人福祉サービスという**現物給付**は、地域社会に密着している人間の生活の実態に対応して供給する必要がある。主として地方自治体や社会福祉法人等が制度内のサービスとして供給することが望ましい。しかし、これ

らの制度内サービスは制度や財源の制約を受けるため「制度の狭間」問題や介護保険サービスが充実しても家族介護の負担は依然として残り続ける。そうであるとするならば、現行の社会福祉制度やサービスで「制度の狭間」問題を解決し、家族介護の負担を軽減していくには、社会福祉専門職（ソーシャルワーカー）などの**多職種連携**[61]で支えきるしかない。

② 市場サービスと住民活動の組み合わせで新たなサービスの開発

　次にⅡの領域（フォーマル・サービス：消費）である。現行の制度やサービスで対応しきれないニーズに対しては、制度外の対人サービスを開発しなければならない。ベンチャー型企業や社会的企業など**社会貢献**[62]型の市場サービスに期待するところが大きい。また、政府は介護保険サービスに合わせて利用できる全額自己負担の関連サービスを育成する。外出時の付き添いや日帰り施設での弁当販売といった保険適用外サービスの範囲を定める指針を提示し、保険サービスと保険外サービスの線引きを明確にして民間事業者の参入を促し、要介護者以外の高齢者や家族の多様なニーズに応えることを推奨している。都市部や過疎地域で急成長が見込まれる市場サービスと住民活動を結びつけた新たなサービスの開発にも期待が向けられている。Ⅲの領域（インフォーマル・活動：幸福）には、多様な住民活動の形態が存在する。主として小学校区での地域活動拠点を中心に、認知症カフェや近隣やボランティアなどの助け合い活動、当事者との協働活動、趣味サロン活動の小地域活動といわれるものである。小地域は福祉コミュニティ形成の場であり、公共的なサービス供給の効果を確かめ、最も日常的な生活の場で助け合いのネットワークをつくれる場でもある。

③ 信頼に基づくゆるやかな共同体の形成

　Ⅰ・Ⅱ・Ⅲを組み合わせ総合化した形態を地域福祉のベクトルとして提示したい。今、家族や地域社会が至るところで苦悩している。反面、情報化とグローバルな人の移動が進む現代社会において、さまざまなところで人々が知り合い、共感する機会は飛躍的に高まっている。個々人が**複数のアイデンティティー**[63]を柔軟に用いてさまざまな人と交際し、相互に共感できれば、現在の枠を越えて愛着の範囲を広げられるかもしれない。それは、地域社会における、①「ゆるやかな共同体への愛着」が互酬的な生活習慣を普及させ、地域社会の多様なネットワークを強化し、それが、②「信頼度の高まり」を生み出すといった信頼、規範、ネットワークの安心メカニズムを強靭（きょうじん）にしている。これら2つの地域福祉のベクトルは、日本の伝統社会にながらく蓄積されていた「お互いさまの思想」が基礎にある。それは、直接的な見返りを求めない他者への奉仕の気持ちと併せて、将来自分が困難に陥ったときに他者が助けてくれるかもしれないという期待も含まれている。この思想のなかに、ゆるやかな共同体の形成への可能性が秘められている。

2 | 15講 新時代の地域福祉を構想する
大災害の復興イノベーションと地域福祉

■ 図表15-2　大災害の復興イノベーション

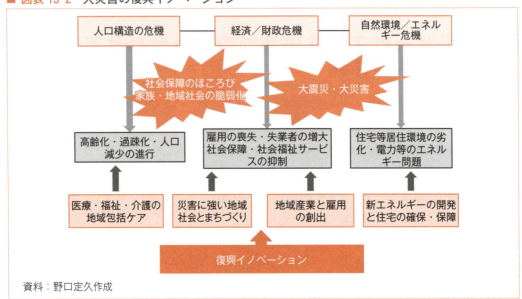

資料：野口定久作成

POINT
- 被災者の目線からの災害ソーシャルワーク支援プログラムの開発
- ソーシャルワーク支援活動は被災者の「居場所」ごとに支援方法が異なる
- 地域コミュニティを無視した「仮設」ではなく、「常設」の公営住宅を

1 日本災害列島化への備え

　1995年阪神・淡路大震災以後、激甚災害に指定された主な災害は、2004年新潟県中越地震、2007年台風5号による暴風雨災害、2011年東日本大震災、2016年熊本大地震、2017年九州北部豪雨などがある。まさに日本災害列島の状況を呈している。災害後のハード面の復興まちづくり計画が各地で進んでいるが、ソフト面を重視した地域再生計画や**地区防災計画**[64]などは、いまだ取り組みが遅れている。被災者の思いや願いに基づく「震災復興計画」につなげなければならない。高齢化や過疎化の地方の現状は、震災以前から厳しかった。復興プランの成否は、地方が抱える構造問題への答えを盛り込めるかどうかにかかっている。被災者の生活再建を尊重した、国・県・自治体レベルごとの復興プランの作成が急がれる。例えば、①隣近所のコミュニティの維持、②「仮設」ではなく、住み続けることのできる住宅、そして③生活費を自分で稼ぐ雇用の場、④健康の維持などが基本的な条件である。

② 災害復興は被災者の生活再建
―住居と健康とコミュニティーから

　各地で起こっている災害復興の当面の政策目標は、まずは被災住民の生活の立て直しである。第一に、住宅の確保と保障である。①安全で質の高い住環境の整備と一体である。②私有財産化した土地を公共財に戻し、社会資本を充実する必要がある。③自治体の公営住宅に被災者受け入れ体制の整備、④**避難所**生活が長期化しないように、住宅の確保が急務。コミュニティを壊さない**仮設住宅**の建設が必要である。第二に、災害に強い地域社会とまちづくりである。①地域社会で高齢者・障害者等災害弱者を支えるしくみづくり、②空き家や減反田、里山の保全、③被災地は高齢化や少子化が進んだ地域が多く、就労支援と社会保障・税制の一体改革等ソフト面での災害復興が急がれる。第三に、医療・福祉・介護サービスと健康のヘルスケア整備である。被災地では、長期化する避難所や自宅生活で体調を崩す人が増えている。①薬や医療材料などの補給路を確保し、まずは拠点となる大学病院などに集中させる必要がある。②また、避難所で感染症や低体温症を拡げないこと。③高齢者が多い地域に災害支援の訓練を特別に受けた「**災害支援ナース**[65]」の派遣、介護福祉士や社会福祉士等専門職の派遣も継続的に行うことが必要である。④特に、在宅や仮設住宅等に暮らしている高齢者の社会的孤立を防ぐ手段として見守り活動の実施。在宅の高齢者や障害者への通所介護サービス、訪問介護サービスの増大。「生活に支障はないか」ニーズの把握とともに、困りごとの相談や一緒に問題解決にあたる支援活動なども必要である。

③ 被災地にこそ福祉コミュニティの確立を

　仮設住宅での孤独死は東日本大震災でも200人を超えた。自治体のまちづくり室の担当者は「孤独死を防ぐためにも、カギを握るのはコミュニティだ」と話す。談話室などを軸に住民自治組織が動き始めれば、住民と行政との橋渡し役になってもらえると期待する（出典：2017年2月13日付　日本経済新聞）。国の**災害対策基本法**に基づく災害避難場所が市町村の約3割で指定されていない。小規模自治体を中心に専門的な職員の不足などで、作業が進んでいないことがある。また、台風時の自治体による避難指示・勧告対象者のうち実際に避難したのは約8％にとどまるなど、住民の避難意識の向上も課題となっている。**災害弱者**[66]（高齢者、障害者、妊婦、外国人）の避難支援に役立てる目的で、市町村に作成が義務付けられた「要支援者名簿」の運用を巡って自治体が頭を悩ませている。住民本人が自治会や消防団への提供を断ったり、「責任は負えない」と逆にそうした団体が受け取らなかったりするケースが頻発しているという。日本各地で頻発している災害からの復興の取り組みは、それぞれの地域の個別具体的でローカルな状況を踏まえ、歴史や文化も含めて住民の暮らし方や住民一人ひとりの、被災者の思いに添ったものでなければならない。

3 縦割り行政を横断化する地域福祉計画

15講 新時代の地域福祉を構想する

■ 図表15-3　個別福祉計画と地域福祉計画の俯瞰的構図

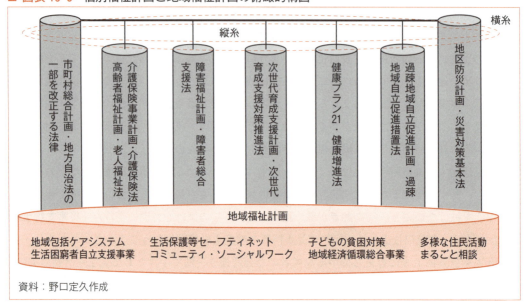

資料：野口定久作成

POINT
- 英国病脱却が端緒の部局横断型プロジェクト
- 従来の福祉行政計画と地域福祉計画を紡ぐ
- 縦割りの義務行政を遂行し地域福祉計画で横断化を進める

① 自治体の部局横断型プロジェクトの試み

　コロンビア大学のダンカン・ワッツの**スモールワールド・ネットワーク理論**[67]を用いて、自治体の部局横断型プロジェクトの試みを紹介しておこう（ダンカン・ワッツ『スモールワールド・ネットワーク─世界を知るための新科学的思考法』阪急コミュニケーションズ、2004年）。現代の公共的諸問題の解決には、縦割り行政組織を超えて、国民（住民）のニーズが生じる情報技術、雇用、福祉、地域振興などどれも密接に絡み合っており、それぞれ省庁が個別に対応しても用をなさない。しかし、すべてのニーズに対して逐一統廃合もできない。そこで、省庁（部局）横断型プロジェクトチームが必要となる。地域福祉計画の策定プロジェクトには、部局横断型プロジェクトチームの編成が求められている。住民のニーズが縦割り行政の都合を超えて発生し、規則的な結節点の結びつき方の基本（責任管轄部署）を変えないで、ニーズに柔軟に対処するための結節点の一部をリワイヤリング（弱い／遠い関係のつなぎ直し）する方式である。

② 部局ごとの福祉行政計画を地域福祉計画で紡ぐ

　福祉多元化時代の自治体行政は分権化が前提である。特に今日では、少子高齢社会に対応した医療・福祉・介護サービスの総合化を中核に据えた**地域福祉政策**[68]が地方自治体に迫られている。では、地方分権化によって何が変わるのかというと、①中央政府と地方自治体の関係の変化（地方自治体が国のコントロールから自由になり、対等協力の関係へ）、②行政内部の変化（画一的な施策から多様な施策に、縦割りから総合行政へ、受身から能動的姿勢に変わりうる可能性）、③住民参加の方式の変化（政策意思決定の場面への参加、住民による諸活動の拡大、社会サービスに対する住民の選択権が確立するなど、住民が社会サービスを受益する権利とそれを負担する責務の発生）など大きく３つの側面で変化がみられることになる。もちろん、従来の縦割り組織を廃して、すべて横断的に改組することを言っているのではない。それぞれの部署は定型の業務が法律や制度によって定められている。その限りにおいて、それぞれの部署はその業務に責任を負うことになる。ここでいう各部署を越えた横断的組織の必要性は、関係部署の政策に重複や縦割りによる使い勝手の悪さなどがないか、新たな政策を予算のバラマキにしないための課題を洗い出すことにある。

③ 個別福祉計画と地域福祉計画の新たな関係―２つの位置づけ

　わが国の地方自治体で策定されている個別福祉計画（そのほとんどが法定義務化された縦割り型）と地域福祉計画（努力義務化の横断型）の関係を見取り図にしたのが図表15-3である。この図表の意図は、現行の介護保険事業計画、高齢者福祉計画、障害者福祉計画、次世代育成支援計画、健康プラン21、**過疎地域自立促進計画**[69]などの個別計画と市町村総合計画や地区防災計画等を地域福祉の視点から総合的かつ包括的に捉え直すことが目的である。具体的な作業としては、作業委員会の過程で、これらの個別計画の施策や事業のなかから地域福祉計画と連動したほうが実効性の上がる事項を取り出し、改めて行政の果たすべき役割として提示し、それらを事業化して、住民も交えた地域福祉計画推進委員会で進行管理と評価を行うしくみである。これからの地域福祉計画の重点課題には、①地域包括ケアシステム、②生活困窮者自立支援事業、③生活保護等セーフティネット、④コミュニティ・ソーシャルワーク、⑤子どもの貧困対策、⑥地域経済循環総合事業、⑦多様な住民活動、⑧丸ごと相談室の設置などの政策化と実践化が求められているのである。

　厚生労働省は、「**地域力強化検討会最終とりまとめ**」（2017年9月12日）のなかで、地域福祉（支援）計画について、地域福祉（支援）計画は、多分野の福祉計画の上位計画として整合を図り、総合的に推進していく必要がある。」と、明記している。

【参考文献】
西口敏宏・辻田素子「中小企業ネットワークの日中英比較―「小世界」組織の視点から」橘川武郎・連合総合生活開発研究所編『地域からの経済再生―産業集積・イノベーション・雇用創出』有斐閣、2005年

4

15講 新時代の地域福祉を構想する

地方再生の論理
―ローカルからの反転回復

■ 図表15-4 グローバル化の中の地域福祉―公共事業の投資と生活機能の維持

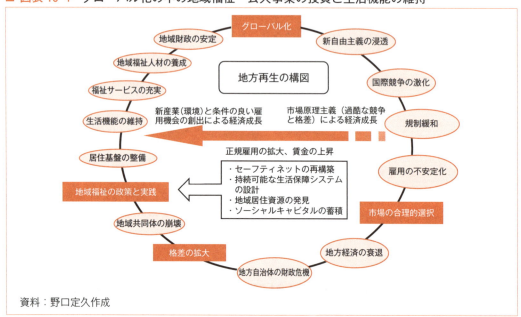

資料：野口定久作成

> POINT
> ▸ 格差の事実ではなく、共同性を脅かす格差かどうか
> ▸ 徹底した地方分権と地方主権を確立する
> ▸ 公共事業と社会サービスの投資が地方を救う

① 「市場の合理的選択」に対峙する地域福祉政策

　国際競争力の強化は、グローバル競争時代の市場にとって当然の死活的課題であり、そのために**生産性向上**[70]が不可欠となる。しかし、この**市場の合理的選択**[71]が地域社会の不安定化（フリーターの固定化をもたらす→ワーキングプアを生み出す→格差社会につながっていく→社会不安を掻き立てる→犯罪が増加する→地域社会の共同体が崩れていく）を引き起こす要因ともなっている。グローバル化の進行で拡大する「新自由主義の相対的優位」や「市場の合理的選択」とは別の選択が政府の社会政策に求められている。とりわけ地方自治体の果たすべき役割は、「市場の合理的選択」によって引き起こされた地方経済の衰退による自治体の財政危機の建て直しであり、崩壊寸前の地域社会の安定を回復することである。これを地域福祉の政策と実践で成し遂げようという着実な取り組みが重要である。

② 地方再生の戦略

　地方再生の戦略には、まず第一に徹底した地方分権と**地方主権**を確立することである。住民参加型の地域社会開発による地域づくりや地域包括ケアのまちづくりを推進するためには、それにふさわしい力量をもったコミュニティとそれをサポートする生活基盤の充足、広域行政の調整による行財政改革が必要である。そして、行政サービス（福祉、精神衛生、教育、住宅、都市計画、産業など）が住民の主体的な参加と合意を得ながら地域の社会資本を整備し、住民とともに運営していくことが望まれる。第二に、第1次産業や地場産業の衰退化に歯止めをかけ、住民とともに、Ｉターン・Ｕターン・Ｊターンの流入人口を増やし人口規模を適正なレベルにまで回復させることである。経済優先のこれまでの地域開発が、森林や農地をつぶし、公共サービスを奪って過疎地域をますます住みにくくしてきた。若年層や壮年層の流出を食い止めるためには、衰退化する第1次産業や地場産業とサービス産業（情報・通信、流通・物流、ビジネス支援、環境、新製造技術など）との混合型産業への移行を推し進めることである。産業の活性化と併せて、住民の生活基盤である医療・福祉、交通・道路などの公共サービスの充実が重要である。第三に、安全で安心できる暮らしを確保するために公共事業（道路や橋、公営住宅、土砂災害の補修工事など）や生活機能を保持するための**地方再生の投資戦略**[72]を開発することである。

③ 自治体は地方分権の成果を住民に示すべし

　地方に事務や権限を移すときには財源もしっかりと手当てする必要がある。現状をみると、中央省庁の抵抗や自治体側の事情もあって地方分権改革は壁にぶつかっている。本来、地方分権は住民に身近な自治体の自由度を高めて、地域の創意工夫を活かすことが分権の狙いである。自立した自治体をつくるためには国から地方に配る補助金を減らして、その代わりに地方に税源を移譲することが欠かせない。これまでの地方分権改革や市町村合併で首長の発言権は強まったが、住民からみれば何が変わったのかよくわからないのではなかろうか。地方分権をさらに進めるためには、自治体がこれまでの成果を政策や実践の形で、住民にはっきりと示すことが必要であろう。

　地方再生には一律の解は存在せず、地域ごとに多様な工夫が必要とされる。地域再生の最大の要点は、各地域の自治体や住民、企業、事業者、社会福祉法人、NPO法人らが地域や集落の実態を内発的に課題分析し、住民自身が地域存続のための知恵を出し合い、地域外の人たちの知識を取り入れながら、関係諸団体が協力して社会実験を積み重ね、自律的な経済運営と住民の生活保障政策を遂行する組織や能力を形成することにある。特に、地方自治体の役割は大きい。行政は、すべての情報（財政力、政策の方向、社会保障・社会福祉のサービス量等）を開示して、住民や事業所、法人の力を結集することである。それが好調区化した社会経済システムを是正する唯一の道筋である。

5

15講 新時代の地域福祉を構想する

「限界集落」を消滅させない―政策と技術革新と自然・文化・人材の結節

■ 図表15-5 「限界集落」を維持していくための方策

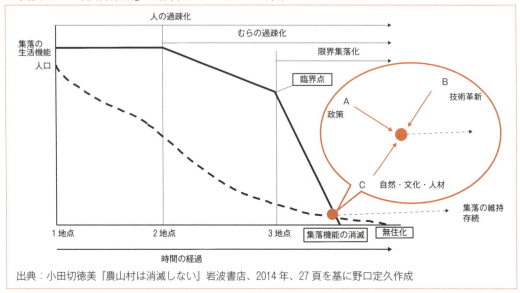

出典：小田切徳美『農山村は消滅しない』岩波書店、2014年、27頁を基に野口定久作成

POINT
▶ 地方に競争させて勝ち組と負け組をつくろうとする地方創生
▶ 地方の疲弊は集落維持の公共投資がされていないこと
▶ 技術革新が過疎集落を再生する時代はもうすぐ

① 「農村たたみ論」批判

　アベノミクスの地方振興策として「日本創成会議・人口減少問題検討分科会」が2014年5月に発表した「成長を続ける21世紀のために『ストップ少子化・地方元気戦略』」（いわゆる「**増田レポート**[73]」）が発表され、多くの自治体や住民に衝撃が走った。「地方元気戦略」のタイトルとは裏腹に、20～39歳の若年女性が2040年に半減すると予想される896市町村を「消滅可能性都市」とし、うち人口が1万人以下となる523市町村を「消滅する市町村」としてそのリストを公表した。そのような論調のなかで、特に、中央政府と地方自治体の**財政効率論**から政策の「選択と集中」を主張するエコノミストを中心に「農村たたみ論」が主張されている。また、**限界集落の看取り**[74]方を語る人もいる。筆者は、今、人口が10人未満の、高齢化率100％という集落を廻り、そこに居住する人々の本音をうかがっている。多くの住民は、なぜこの集落と家に住み続けているのか。それは、「この土地と家にはご先祖様の御霊が居られ、100年以上続いた家や田

んぼ、山を私たちの代で閉じるわけにはいかない。墓守も誰がするのか」という想いであった。そう簡単に、集落を消滅させるわけにはいかないのである。

② 住民は集落の消滅を想定しているのか

しかし、現実には、**限界集落**（大野晃氏が提唱。住民の過半数が65歳以上で、社会的な共同作業が困難になってしまった集落）は、2010年の総務省調査によると、全国に1万91か所あり、調査対象になった全集落数の15.5％に達した。2006年の国土交通省調査（7878か所、12.7％）より3割近く増加。限界集落の行き着く先は無人の消滅集落であるというのも事実である。図表15-5を見てもらいたい。1地点と2地点の人口の動態は、よく言われる「限界集落」の人口高齢化率でいうところの50％の段階であり、「「限界」と評価してしまうこと自体が誤りである」（出典：小田切徳美『農山村は消滅しない』岩波書店、2014年、27頁）ということを強調している。また、総務省過疎対策室「過疎地域等における集落の状況に関する状況把握調査（2011）によると、高齢化率50％以上の集落では、69.6％が「消滅の可能性はない」と回答している。「10年以内に消滅の可能性」は3.5％に過ぎない。集落と住民は、強靭な機能と意志を保有しているのである。

③ 集落維持の可能性を探る

「限界集落」の維持可能性を示す事例として、奈良県十津川村のI集落を紹介しておこう。I集落は、度重なる災害被害で流出者が増え、現在では3戸、5人、高齢化率100％の集落である。訪れた家では築100年以上の住宅にウォシュレットのトイレが整備されており、別の家では一人暮らし世帯の人の子どもたちが大阪や奈良に住みながら必要なときに行き来をしているという。また、この集落には何百年と続く神社があり、その祭りや行事をも支えている。十津川行政は、こうした山間に点在する集落の既存住宅を残したまま、新たに既存の高齢者福祉施設の近くに高齢者向け公営住宅やふれあい交流センターを建設し、そこにも住宅を確保している。いわゆる2居住地政策を進めている。また、崩落した山の修復工事も公共事業として補修し、「誰もが最期まで村で暮らす」ことを実現しようとしている。以上まとめると、図表15-5の赤丸の地点に注目してもらいたい。この地点には、A：政策の力（災害による裏山の補修工事、住宅の改修、集落の家と村の高齢者施設に併設した高齢者公営住宅の2居住地の確保）、B：**技術革新**[25]の力（IT環境の整備、**AI・ロボット**や**ドローン**の活用、**移動販売車**、**自動運転車**等）、C：自然・文化・人材の力（6次産業化、神社の祭りや舞など伝統文化の保存、住んでいる人の「誇り」）が結節すれば、集落は維持存続が可能となるのではないだろうか。

【参考文献】
大野晃「山村の高齢化と限界集落」『経済』1991年7月号
増田寛成「壊死する地方都市」『中央公論』2013年12月号

第Ⅲ部 キーワード

1 地方創生会議
➡ p.133 参照

2014年5月に民間団体の日本創成会議が日本の将来の人口推計を公表した。これを受けて政府は、2014年12月にまとめた『長期ビジョン』の実現に向け、「地方創生会議」を創設した。この会議は、①地方での雇用創出、②東京一極集中の是正、③税制優遇で企業の地方移転の後押し、④地方中核都市のコンパクト化などが特徴である。

2 家永続の願い
➡ p.133 参照

柳田國男『日本昔話集 蝸牛考 明治大正史世相篇 柳田國男全集 第五巻』筑摩書房、1998年に収載。「土地と婚姻との繋ぎの綱が弛んだということは、当然に親々の墓所に還りえない霊魂の、旅で新たに形を結ぶことを想像せしめる。人が数多くの位牌を背に負いつつ、いかにその記念を次の代に結ぶべきかに、苦慮しなければならなくなった時代は到来しているのである」(279～280頁)。現代の墓と家のあり方にも通じる一説である。

3 田園回帰
➡ p.133 参照

国勢調査を分析した結果、2010年から2015年の5年間で都市から移住した人が増えた過疎地域は、人口2000人以下の区域が35%と最も多く、2000人を超える区域を上回った。「特に条件不利とされる地域で移住が増えている」(総務省過疎対策室) 傾向が鮮明となった。全国の過疎地域1523区域のうち都市からの移住者が増えたのは397区域に上った (出典：2016年2月22日付 日本農業新聞)。

4 都市のスポンジ化
➡ p.135 参照

地方の人口減少が加速するなかで、郊外での無秩序な開発に歯止めをかけ、コンパクトな都市構造に転換することが求められている。一方、全国で空き家や空き地が増えている。こうした十分に利用されていない空間が地域内で広く点在する状態を「都市のスポンジ化」と呼ぶ。

5 自然生態系
➡ p.135 参照

生物の食物連鎖と周辺の森林・土壌・海・川などの環境、気候がバランスを取り合っている状態のことをいう。生き物の排泄物や日光を利用して植物が育ち、動物の住処ができ、植物をエサとする生き物も生息することができる。植物を食べる生き物は、食物連鎖によって植物を食べつくさない数を保っている。人間を含めた地球全体でも1つの生態系といえる。

6 共生
➡ p.135 参照

異種の生物が一緒に生活している現象。仲良しクラブではない。自分が自分らしく思い切り生きるということが、結局最後は共生にな

るのではないか。最初から妥協しながら仲良くやろうなんていっているところに、あたらしいものは生まれない。それが内発的発展（出典：鶴見和子・中村桂子『四十億年の私の「生命—生命誌と内発的発展」』藤原書店、2002年）である。

7 居住基盤

➡ p.137 参照

高齢者が住み慣れた地域（日常生活圏）で暮らし続け、必要な時に適切な介護サービスを受けることができるよう、施設サービス、地域密着型サービスの基盤整備を計画的に進めていく。また、多様化する高齢者の生活ニーズに対応した暮らしが確保されるよう、サービス付き高齢者向け住宅など多様な居住基盤の整備を推進する。

8 社会的弱者

➡ p.137 参照

車道で弱者だった自転車も、歩道を走れば弱者ではない。都市や地方を問わず、一人暮らしの高齢者や老夫婦だけの世帯が急増している。住民同士の結びつきが希薄になり、若者が減っていくなかで災害に対し身を守る能力の低下した高齢者や障害のある人などの災害弱者の安全確保が防災対策の重要な課題となっている。

9 二項対立

➡ p.137 参照

論理学で、2つの概念が矛盾または対立の関係にあること。また、概念をそのように二分すること。「政府」対「市場」、「公平」対「効率」など。牧里毎治は、地域福祉の概念を構造論と機能論というように二分法で分類整理している。

10 居住の権利

➡ p.139 参照

国際法（条約）の社会権規約（経済的、社会的及び文化的権利に関する国際規約）にその根拠を見出すことができる。第11条に「この規約の締結国は、自己及びその家族のための相当な食糧、衣類及び住居を内容とする相当な生活水準についての、すべての者の権利を認める」と記されている。

11 第6次産業

➡ p.139 参照

第1次産業の生産者が加工（第2次産業）や販売（第3次産業）も手掛ける第6次産業化を伴って拡大している。市場拡大のポイントになるのが、農産物を加工・調理し、付加価値を高めて売ること。JA以外の事業も含めて長野県の第6次産業化市場は600億円を超える売り上げ規模に達している（出典：2017年11月25日付　日本経済新聞）。

12 公共サービス

➡ p.139 参照

福祉、教育、まちづくり、国際協力など多くの人が利用できる「公共財サービス」の分野にはさまざまなニーズがある。しかし、利潤を追求する民間企業には手掛けにくい事業も多く、ニーズに見合うサービスが提供されない「市場の失敗」と呼ばれる現象が起きがちになる。

13 ローカル・ガバナンス

➡ p.141 参照

市場によるガバナンスには市場の失敗が、政

府によるガバナンスには政府の失敗がつきまとう。市場や地方自治体に依存するのではなく、家族、近隣、職場などの日常生活において結びつきの相互作用を重視すること。

14 住民ニーズのデータベース
➡ p.141 参照

大量のデータを集めて、コンピューターでデータの追加、削除、検索をしやすい形に整理したもの。NPO法人の土佐山アカデミー（高知市）と高知県は、同県内の中山間地域への移住や起業を促すため、中山間地の課題や資源を集めたデータベースを立ち上げ、移住希望者や課題解決を志す人材に提供する。

15 福祉有償輸送
➡ p.141 参照

国土交通省は、特定非営利活動法人などによる自家用車での有料送迎を解禁する法律改正や「福祉有償輸送特区」によって、地方のローカル・ガバナンスの実践を後押ししている。車いす利用者等、身体的理由により他の交通機関の利用が困難な人を対象に在宅での生活を支援するため、市民の参加と協力による有料の在宅福祉サービスに取り組む自治体も増加している。

16 デリバリーシステム
➡ p.143 参照

現在の在宅福祉や介護保険事業にみられる福祉・介護サービス提供のしくみ。分権化・供給体制の多元化・住民参加を志向した福祉サービス供給のあり方への改革をめざすものであるといえる。従来の社会福祉・社会保障の基盤となる制度のしくみやサービス提供方法の転換と多様なサービス供給体の参加・協働を意味する。

17 プライエボーリ
➡ p.143 参照

「もう施設はつくらない」というデンマークにおいて、1996年の「改正高齢者住宅法」にはじめてその言葉が登場する。施設建設を凍結したものの、虚弱な高齢者の行き場がなくなるという事態が生じ、その解決策として登場した。部屋の広さ：40㎡前後（一般的には寝室が別室）、キチネット付き（簡易キッチン）、トイレ、シャワー室付き（4㎡の広さ）、共用スペースがある（台所、食堂、居間）。

18 補助器具センター
➡ p.143 参照

デンマークでは、高福祉の政策の1つとして、福祉用具を維持・管理する公的な施設があり、個人の用途に合わせて選択、無料で貸出を行っている。1970年代後半から1980年代前半にかけて、全国すべての県に補助器具センターが設置された。

19 多世代交流・多機能型の福祉拠点
➡ p.144 参照

各自治体では地域包括ケアの拡大版として、年齢や障害の有無にかかわらず、子どもから高齢者まで、必要な支援を受けることができるとともに、住民自らサービスを提供することができる多世代交流・多機能型の福祉拠点施設の運営を支援している。運営主体はNPO法人および社会福祉協議会、社会福祉法人が多い。

20 自立支援プラン

→ p.145 参照

「利用者の思い」「健康」「精神機能」など、利用者理解のために重要な7つの領域にアセスメントの焦点をあて、自立支援型ケアプラン作成のノウハウを解説。10事例をもとに、情報からケアプランを組み立てていくケアマネジャーの思考プロセスを具体的に示している。中野穣『思考プロセスがわかる！ 自立支援型ケアプラン事例集』（中央法規、2015年）に詳しい。

21 介護人材の不足

→ p.145 参照

高齢者の人口増に伴う介護需要の拡大と生産年齢人口の減少により、必要な介護人材の確保は難しくなる。経済産業省の研究会がまとめた報告書では、介護職員の数は2035年には2015年より108万人多い295万人が必要になると見込むが、2025年で31万人、2035年には68万人が不足するとの予測である（出典：2016年6月7日付　日本経済新聞）。

22 サポートネットワーク

→ p.146 参照

専門職ネットワーク、民生委員等地域協力者ネットワーク、家族を含めた近隣ネットワークの3層のネットワークを構築し、それぞれが独立して支援を提供するにとどまらず、他のネットワークと協働して地域のなかに網の目のような支援のネットワークを張り巡らし、複雑化、多様化する住民のニーズを早期に発見し、対応していく体制を整えていくこと。

23 地域包括ケア

→ p.146 参照

東京都世田谷区は、生活の場で医療、介護などのサービスを一体的に提供する「地域包括ケア」のモデル事業を始めた。地域包括支援センター、社会福祉協議会の機能を併せ持つ拠点を一体的に整備する。官民でノウハウを持ち寄り、1か所で福祉や生活などさまざまな相談に対応できるようにする（出典：2014年9月11日付　日本経済新聞）。目標は、ケアの質と従事者の働きがいを高めた結果として経費が抑制できればよい。

24 介護予防・日常生活支援総合事業

→ p.147 参照

2015年の介護保険制度の改正で、全国一律の予防給付で提供していた訪問・通所介護が市町村に移管された。増え続ける介護費用の抑制に向けて、サービスに必要な人員の基準を緩めるなど低コストでの運営を促す。配食や見守りといった生活支援サービスも含む。

25 ネットワーキング

→ p.148 参照

ソーシャル・ネットワーキング・サービス（SNS）など多様に活用される。ネット（網）状の点から点へ移動してネットワークを広げ、「情報伝達のために網の上を動いている」という意味合いでネットワーキングという言葉は使用される。ソーシャルワーク領域でも、多職種・他機関・他領域の連携が求められている。

26 個人情報保護

→ p.149 参照

2003年成立の個人情報保護法は個人情報を

「生存する個人に関する情報で、その情報に含まれる氏名などの記述により特定の個人を識別できるもの」と定義。企業などが取得する際は、利用目的の本人への通知または公表が必要。また、改正個人情報保護法が施行され、扱う個人情報が5000人以下のPTAやマンション管理組合も規制の対象に加わり、厳格な情報管理が求められ、混乱をきたしている事例もある。

27 認知症カフェ

➡ p.149 参照

認知症の人と家族、専門家、地域住民が集い、お茶を飲みながらくつろぐ。そんな「認知症カフェ」という活動が徐々に広がってきた。カフェのスタッフには、福祉の窓口である地域包括支援センターなどの専門家が加わっている。必要に応じて相談に乗り、医療・介護への橋渡しをする。

28 地域ケア会議

➡ p.151 参照

2015年の介護保険法の改正により、地域ケア会議の設置運営が努力義務になった。この会議は、より良い地域包括ケア実現のために課題を的確に把握し、解決していく手段を導き出すために、地域包括支援センターにおいて多職種が話し合い、個々の利用者のケアプランをチェックするという目的で開催される。個別課題解決や地域づくり・資源開発機能など5つの機能がある。

29 個別援助

➡ p.151 参照

個別援助技術や計画で用いられる。施設における集団援助に対比される。さまざまな社会福祉サービスを、主体者である利用者が自分で判断して活用できるように側面から支援する方法。その意義は、利用者と援助者の間に結ばれた個別の援助関係を通して、利用者の生きる力を引き出していくところにある。社会参加をめざすよう援助する生活モデルとして捉える考え方が主流になっている。

30 地域支援

➡ p.151 参照

地域や家族のなかで潜在（隠れている）化しているニーズに対してアウトリーチ型でアプローチすること。社会福祉協議会のコミュニティ・ソーシャルワーカー（CSW）は、孤立や引きこもり、ごみ屋敷、認知症高齢者の見守り活動などの個別援助から地域支援活動を担っている。

31 社会起業

➡ p.152 参照

社会変革の担い手として、社会の課題を、事業により解決する人のことを言う。社会問題を認識し、社会変革を起こすために、ベンチャー企業を創造、組織化、経営するために、起業という手法をとるものを指す。分野の枠を超えた政策提言や経営・人材育成のノウハウ共有を狙う。東日本大震災を機に社会貢献への関心は高まっている。

32 社会福祉法人の公益的活動

➡ p.153 参照

厚生労働省は2016年、改正社会福祉法第24条第2項で規定された「地域における公益的な取組」に関する通知を出した。すべての社会福祉法人の責務とされた公益的な取り組みについて定義したうえで、該当ケースの具体

例を紹介している。例えば、地域の高齢者や障害者と住民の交流を目的とした祭りやイベントは該当するが、法人の利用者と住民との交流活動は該当しない（出典：2016年6月20日　福祉新聞編集部）。

33 社会的企業

➡ p.153 参照

ソーシャル・エンタープライズ（Social Enterprise）の訳。営利を目的とせず、事業を通じて社会的な目的の達成をめざす企業やNPOなどのこと。環境や福祉、教育など社会的課題の解決に経営やビジネスの手法をもって貢献する。企業だけでなく、むしろ優れた戦略をもつ自治体の地域経営や、地域密着型の社会的企業なども、「共通価値」を生み出すことをミッションとしている。

34 統治構造

➡ p.154 参照

グローバル化、ローカル化、IT革命によって政府機能が低下し、1970年代、1980年代のように情報コントロールが困難となり、政府や地方自治体が市民に対して一方的にサービスを提供する政府統治が後退した。今では、民間企業や社会的企業、NPO法人、ボランティア活動などが主体となって市民にサービスを提供するしくみが主流となっている。

35 共助

➡ p.155 参照

地域や市民レベルでの支え合いのこと。非営利団体や協同組合などによる事業やボランティア活動、つまりシステム化された支援活動のことを指す。その他、医療や介護、年金等の社会保険制度も含まれる。団塊の世代が全員75歳以上になる2025年には、社会保障給付費は今より3割近く多い約150兆円に膨らむ。共助のしくみの再編が喫緊の課題である。

36 総合社会福祉館

➡ p.155 参照

その歴史は1900年代初頭の隣保館運動まで遡るが、地域福祉の担い手として定着したのは1989年の住宅建設促進法による低所得者の「永久賃貸住宅」に社会福祉館設置が義務化され、地域社会や民間の力を最大限活用しようとする韓国政府の意図を背景とした財政支援などによって急増した。総合社会福祉館の主な事業内容は、①事例管理機能、②社会福祉サービス提供機能、③地域組織化機能に大きく分かれる。

37 小地域福祉活動

➡ p.157 参照

主として小学校区での拠点を中心に、要援護者の早期発見システムづくりや、近隣やボランティアなどの援助活動の組織化などが小地域活動であるといえる。それはコミュニティを単にサービスの利用圏として見るのではなく、援助関係の結び付き、援助のネットワークとして捉えることにある。小地域はコミュニティ形成の場であり、公共的なサービス供給の効果を確かめ、最も日常的な生活の場で助け合いのネットワークをつくれる場でもある。

38 生活支援コーディネーター

➡ p.157 参照

2015年の介護保険法改正では「地域包括ケ

アシステム」の構築に向けた「地域支援事業」の充実が明記されている。ここには「互助」メニューの強化にあたる「生活支援サービスの充実・強化」が盛り込まれており、NPOや民間企業、協同組合などが参画し連携を図る「協議体」の設置と「生活支援コーディネーター（地域支え合い推進員）」の配置が2018年4月までに各市町村に義務付けられている（ニッポンの介護学）が、現在のところ内実がよくわからない。

39 生活困窮者総合相談センター

➡ p.157 参照

生活困窮者自立支援法（2015年4月1日施行）に基づき、生活保護を受給する以前の生活困窮者の生活再建を支援する窓口が設置された。その業務は各地の独自性がみられるが、主として、①困窮状態から脱け出すための生活支援、②生活の安定をめざして社会資源の活用、③準備生活場面での社会資源の活用、④就労支援などの他、制度化されていないサービスの相談にも取り組んでいる。

40 特定非営利活動促進法

➡ p.158 参照

ボランティア活動をはじめとする市民が行う自由な社会貢献活動としての特定非営利活動の健全な発展を促進し、もって公益の増進に寄与することを目的とする（法第1条）。現在、全国での認証数は5万を超える。事業資金が増え、活発に活動する非営利団体（NPO）が目立つ一方で、人材難などから活動を休止するNPOも増え、客観的な評価基準による選別が必要となってきている。

41 社会福祉法人制度改革

➡ p.159 参照

2016（平成28）年3月31日法案が成立した。社会福祉法人を取り巻く環境は変化していき、地域におけるさまざまな福祉サービスにきめ細かい対応を求められるようになった。制度改革の背景には、①行政からの補助金の目的外利用、②一部の法人による過大な内部留保、③財務状況の不透明さや不正運営、④規制と優遇の公平性「イコールフッティング」などが指摘されたことによる。

42 地域貢献活動

➡ p.159 参照

社会福祉法人の地域貢献活動には、貧困による学習環境が整わない生徒に対する学習支援や低所得者向けの独自補助、障害者雇用、刑務所からの出所者の就労支援など多様である。社会福祉法人は非課税なので地域に還元する義務があるというのが、その根拠の1つである。

43 地場産業の空洞化

➡ p.160 参照

特定の地域で歴史と伝統のある特産品をつくっている産業のこと。新潟燕三条の鍛冶技術、愛知県瀬戸の陶磁器、愛媛県今治のタオルなどが有名。これらの地場産業は勝ち組である。地場産業の空洞化は、1990年代後半からのグローバリゼーションの進展による低コスト競争で海外転出や倒産が相次いだことによる。

44 複合型社会福祉法人

➡ p.161 参照

複合型福祉サービスを提供する社会福祉法人

が増えている。例えば、ある社会福祉法人では、①特別養護老人ホーム、デイサービス、②介護老人保健施設、デイケア、③高齢者グループホーム、④障害者支援施設、⑤居宅介護支援事業所を設置している。

45 社会サービス
➡ p.161 参照

所得保障としての年金・公的扶助、保健・医療（歯科医療を含む）・介護と連携した対人サービスとしての福祉サービスをより整備拡充するとともに、社会福祉を含めた社会保障制度の枠を拡大して、住宅保障、雇用保障、移動保障、教育保障などを含めて、「社会サービス」という概念によって生活全般を統合的に保障する方向にある。スウェーデンの地方自治体の社会サービス法が有名。

46 ボランタリー・アクション
➡ p.162 参照

ベヴァリッジ卿は、"Voluntary Action-A Report on Methods of Social Advance"（1948年）のなかで、「政府の活動」（State Action）と「個人の活動」（Voluntary Action）を一対のものとして、その両義的な関係を明確にした。また、「国とは独立した個人の活動」として「ボランタリー・アクションは無償で行われるべきで公共の統制から完全に独立したものでなくてはならない」とも述べている。

47 コミュニティ・オーガニゼーション
➡ p.163 参照

地域福祉援助の地域組織化の英語訳。マレー・ロスのコミュニティ・オーガニゼーションを背景に社会福祉協議会の仕事として、地域における保健と福祉活動の振興が図られてきたものの、それは政策主体としての国や自治体の福祉施策の視野外におかれた、いわば補助的なものでしかなかった。

48 コミュニティ・ディベロップメント
➡ p.163 参照

地域福祉の用語は地域社会開発。政府が地域経済の開発、発展を図るため、政策を定め、地域住民の連帯による活動参加を促す形で展開される開発事業をいう。1950年代の半ばに国際連合が発展途上国の開発計画の一環として提唱した。今日では先進地域をも含めて、地域活動を通じた社会生活の福祉向上を確立しようとする方策や方法、手続までをも意味する。日本では1960年以降の高度経済成長政策のなかで本格的に取り上げられ、住民参加方式の1つとして広く展開されている（出典：『ブリタニカ国際大百科事典』）。

49 パターナリズム
➡ p.164 参照

強い立場にある者が、弱い立場にある者の利益になるようにと、本人の意志に反して行動に介入・干渉することをいう。日本語では家父長主義、父権主義などと訳される。対義語はマターナリズム。特に国家と個人の関係に即していうならば、パターナリズムとは、個人の利益を保護するためであるとして、国家が個人の生活に干渉し、あるいは、その自由・権利に制限を加えることを正当化する原理である（出典：フリー百科事典『ウィキペディア（Wikipedia）』）。

50 エンパワメント
➡ p.165 参照

第Ⅲ部 地域福祉の実践と運営 キーワード

1976年にソロモンが『黒人へのエンパワメント―抑圧されている地域社会におけるソーシャルワーク』を著し、抑圧され、無力化した人々自身が問題解決の主体者となれるよう支援するアプローチのことをいう。2001年に採択されたICF（国際生活機能分類）によって社会的リハビリテーションおよび地域自立生活支援のアプローチが強調され、現在では障害者や要介護者のアセスメントやケアマネジメントなどにも取り入れられるようになっている。

51 専門職支配
➡ p.165 参照

フリードソンは『医療と専門家支配』（恒星社厚生閣、1992年）のなかで、医療専門職による支配とその自律性とを制限する方法を主張している。専門職が陥りやすい専門職主義、あるいは専門職支配という性格も無視できない。福祉サービスが提供される現場では、無意識的に官僚化や専門職支配に陥りやすく、専門職独自の性格や援助活動を発揮できない状況にあることも留意しなければならない。

52 イノベーション
➡ p.167 参照

イノベーションという観点で史上最もインパクトのある出来事は産業革命である。1750年代から始まった第1次産業革命は技術・技能の形成も、それまでの徒弟制を中心とした熟練の形成から、より標準化されたものへと変化した。現在、人口減少社会で成長を決めるのは人口よりも、新しい需要をつくり出し生産性を高める広い意味での技術進歩（イノベーション）であると言われている。

53 地域福祉実践
➡ p.167 参照

地域福祉では福祉現場の実践知を組織化する能力が求められている。それは、①ある政策が展開される以前の状態、②政策が実践されているリアルタイムで生じる変化、③政策展開後の変化の流れを組織的に分析するリーダーの存在が不可欠である。実践知は、人々のマインドと行動は異質で多様であり、時間が経過するプロセスのなかで、他の人や社会の動きによって常に変化する。したがって、集計値だけによる分析では現実に十分迫れず、異質の経済主体ごとへの政策の影響を分析してはじめて実践に耐えるモデルとなるのである（出典：2013年9月16日付　日本経済新聞　経済政策、「不確実」前提に　奥村洋彦）。

54 フィールドワーク
➡ p.167 参照

文化人類学や民俗学、地理学、社会学で多用される調査方法。「現地調査」「野外調査」を意味する。最近では、地域福祉においても、研究者や実践者が研究対象となる地域や社会に赴き、その土地に暮らす人々と生活を共にしながら対話し、生活や社会のしくみ、その土地ならではの考え方の枠組みを理解しようとする現場主義が強調されている。

55 総合相談窓口
➡ p.168 参照

地域包括ケアシステムの構築のなかでワンストップ・サービスの実現は総合相談窓口の設置に左右される。地域的課題の解決と個別課題の解決のしくみづくり、地域保健医療福祉システムの拠点づくり（全域的エリアと生活

エリアの設定)、地域見守り安心ネットワークづくり、早期発見、早期対応のシステムづくり、介護予防・地域包括支援センターなど、地域の実情に適した社会資源やサービスのシステムづくりの中核的位置づけ。

56 コミュニティ・ソーシャルワーク

➡ p.168 参照

1982年のバークレイ委員会報告で提起された概念。個別支援と地域支援を統合的に捉えるソーシャルワークの概念として注目されている。コミュニティ・ソーシャルワーク機能の効果には、①個別支援から地域支援活動への展開、②多問題事例のアセスメントから問題の共有化、そして施策や実践への展開、③当事者への権利侵害や地域住民との摩擦（コンフリクト）の緩和、④連携した支援体制に基づく住民参加や福祉教育の効果などが見られる。

57 ジェネリック・ソーシャルワーク

➡ p.169 参照

1970年代に、ソーシャルワーク理論統合化の胎動期においてソーシャルワーク（ケースワーク・グループワーク・コミュニティワーク）の統合化の必要性が議論された。北米では、この議論は、すでに1920年代に始まっている。最近では、それぞれに機能分化したスペシフィック・ソーシャルワークと相対化して用いられる。

58 生活保障

➡ p.170 参照

人々の生活が成り立つためには、一人ひとりが働き続けることができて、また、何らかのやむを得ぬ事情で働けなくなったときに、所得が保障され、あるいは再び働くことができるような支援を受けられることが必要である。雇用と社会保障がうまくかみあって、そのような条件が実現することである。最低生活保障とは、政府がすべての住民や国民に最低水準の生活を営むために必要なお金を支給する考え方で、「ベーシック・インカム」と呼ぶ。

59 中福祉中負担型福祉レジーム

➡ p.170 参照

北欧型の高福祉高負担は税金が高い代わりに医療や福祉サービスが無料で提供される。アメリカ型の低福祉低負担は、税金は安いけれども公的な社会保障サービスはないに等しい。社会保障制度審議会は、社会保障コストを次世代に先送りせず、消費税を基本に、速やかに税制改革を具体化するよう促した。政府は、「中規模で高機能な社会保障体制」を目標とする中福祉中負担型福祉レジームを選択している。

60 制度の狭間

➡ p.171 参照

日本の公的扶助制度である生活保護は適用対象人数が絞り込まれ、受給者数割合が低い。その結果、社会保険と生活保護の間の制度上の間隔が広く、正規労働者と生活保護受給者の「狭間」にワーキングプア層が多数存在する。主として行政の制度の狭間を埋めるのがソーシャルワーカーの役割である。

61 多職種連携

➡ p.173 参照

介護保険制度においてケースマネジメントの手法とともに、Inter-Professional Work（多

職種連携：IPW）の理念が取り入れられた。しかし、わが国におけるIPWの歴史は浅く、その方法が十分確立し、普及しているとはいえない。地域包括ケアシステムの構築に向けた地域ケア会議での専門職による多職種連携の情報ツールの開発が課題である。

62 社会貢献
➡ p.173 参照

個人のボランティアから企業のCSR（Corporate Social Responsibility）、受刑者の社会復帰訓練など、さまざまな場面で行われる。法人または団体、個人による公益、あるいは公共益に資する活動一般を意味する。10歳以上で過去1年間に市民団体や町内会活動なども含めた「ボランティア活動」を行った割合は、女性が27.9％と男性の24.5％を上回った（出典：総務省2011年社会生活基本調査）。

63 アイデンティティー
➡ p.173 参照

広義には、「同一性」「個性」「国・民族・組織などある特定集団への帰属意識」「特定のある人・ものであること」などの意味で用いられる（『大辞林　第3版』三省堂、2006年）。地域の共同性では、人々のアイデンティティーと帰属感、文化と価値の基盤となる共同体が重要ではないというのではなく、それぞれの個人にとって、家族、地域社会、国がかけがえのない共同体である。

64 地区防災計画
➡ p.174 参照

2013年6月の災害対策基本法の改正で、市町村内の一定地区の住民や事業者が自発的な防災活動に関する計画案を作成し、市町村の地域防災計画に反映するよう提案できる「地区防災計画制度」が創設され、2014年4月に施行。内閣府は住民向けのガイドラインを作成するとともに、2014年度に15地区、2015年度に22地区をモデル地区に選び、計画作成を助言する専門家を各地区に派遣している（出典：2016年2月9日付　朝日新聞高知全県・1地方）。

65 災害支援ナース
➡ p.175 参照

1995年の阪神・淡路大震災後に日本看護協会がつくった制度。被災者との接し方や災害時の行動方法・応急処置などを学ぶ研修を受け、臨床経験5年以上という条件をクリアすると登録できる。日本看護協会によると全国で7389人の看護師が登録している。

66 災害弱者
➡ p.175 参照

都市と地方を問わず、一人暮らし高齢者や高齢者夫婦だけの世帯が急増している。住民同士の結びつきが希薄になり、若者が減っていくなかで災害に対し身を守る能力の低下した高齢者や、もともと能力の低い子どもなどの災害弱者の安全確保が防災対策の重要な課題となっている。

67 スモールワールド・ネットワーク理論
➡ p.176 参照

1970年代に、ハーバード大学博士課程院生グラノベッターの転職に関する研究が有名。比較的コンタクトの少なかった「遠い知人」が、決定的に重要な情報を提供していたという理論。また、地域の自然生態系の資源が外

部の情報やノウハウと結節することによって、人・財・資金が外部市場と地域の間を往来し、市場を開拓し、互いをリンクさせて地域の繁栄をもたらす。この事象をグラフセオリー（万物の関係を点と線で表す数学理論）で概念化したのが、コロンビア大のダンカン・ワッツである。

68 地域福祉政策
→ p.177 参照

主として地方自治体のセーフティネットの政策を指す。社会的排除・差別―社会的孤立・孤独の問題群に対応する福祉政策の考え方でいうと、地域包括ケアシステムと生活困窮者自立支援事業、地域福祉計画などを自治体の総合政策として捉える動きが活発化している。

69 過疎地域自立促進計画
→ p.177 参照

総務省の過疎対策。現行の過疎地域自立促進特別措置法は、人口の著しい減少に伴って地域社会における活力が低下し、生産機能および生活環境の整備等が他の地域に比較して低位にある地域について、総合的かつ計画的な対策を実施するために必要な特別措置を講ずることにより、これらの地域の自立促進を図り、もって住民福祉の向上、雇用の増大、地域格差の是正および美しく風格ある国土の形成に寄与することを目的としている。

70 生産性向上
→ p.178 参照

多くのサービスは「生産と消費の同時性」という製造業にはない性質をもっているため、立地場所が生産性を強く規定する。したがって地方のサービス産業の生産性を向上させるには、①地産地消の推進、②自然資源を活用した第6次産業を興し、国内外の消費地の開拓、③情報通信やロボット技術のさらなる進歩を通じてサービス産業の生産性の拡大、④外国人旅行客の急増や観光客のリピーターの確保に伴い宿泊業の生産性改善などを通じて地方の再生に貢献することが可能になる。

71 市場の合理的選択
→ p.178 参照

何らかの基準において合理的に選択する主体たちの相互関係として、社会を描き出そうとする理論。この立場に徹した場合には、制度や社会的規範などのもろもろの社会的事実はすべて、合理的選択の絡まり合った結果として描き出せることになる（出典：『ブリタニカ国際大百科事典』）。

72 地方再生の投資戦略
→ p.179 参照

地域再生の経営戦略。地域を取り巻く環境が大きく変化している。国や地方自治体の財政事情の悪化や企業の生産拠点の海外移転などにより、これまで公共投資や企業誘致など外発的要因に過度に依存してきた地域経済の将来見通しが近年特に不透明感を増している。このような状況下において住民・NPO等を含む多様な主体が参画し、独自の地域資源を活用した内発型の地域再生の投資戦略が勢いを増している。ファンドレイジング、ソーシャル・インパクト・ボンド、コミュニティ・ファンドなど。

73 増田レポート
→ p.180 参照

日本の人口減少に対する危機感を背景に、人口減を食い止めることに主眼が置かれている。2014年5月に民間団体の日本創成会議が日本の将来の人口推計を公表し、2010年から2040年までの30年間に若年女性が半分以上減る約900の自治体を「消滅可能性都市」として分類した。

74 限界集落の看取り
➡ p.180 参照

過疎化・高齢化が進展していくなかで、経済的・社会的な共同生活の維持が難しくなり、社会単位としての存続が危ぶまれている集落。中山間地域や山村地域、離島などの社会経済的条件に恵まれない地域に集中している（大野晃・高知大学名誉教授）。過疎地域はもうだめだから、早く引き払えという意味を「看取り」と言い表す人も存在する。

75 技術革新
➡ p.180 参照

AI・ロボティクスにどれだけ労働市場が影響を受けるか。この問いに、米マッキンゼー・グローバル・インスティチュートの報告（2017年11月29日）は、ロボット化の進展がそれほど急速でなければ、仕事を奪われるのは4億人程度だが、これらの人々はあと13年のうちに新たな仕事を見つけなければならないだろうとしている。

索引

欧文

I ターン 31
U ターン 31

あ

アイデンティティー 173
アウトリーチ型援助 13
空き家 117
新しい共同 37
新しい公共 86
アノミー 42
安心度 105
家永続の願い 133
生きづらさ 10
イノベーション 167
居場所 117
インナーシティ問題 9
エンパワメント 165
お互いさまの思想 35

か

介護人材の不足 145
介護予防・日常生活支援総合事業 147
介護離職 79
買い物難民 106
家族主義 5
過疎地域自立促進計画 177
ガバナンス 85
技術革新 180
共助 155
共生 135
行政財務方式 101
共生社会 37
協働 107

共同体 42
協働統治 91
協働のまちづくり 91
居住基盤 137
居住の権利 139
居住福祉学会 111
居住福祉資源 115
居住福祉社会 115
グローバル資本主義 44
経常収支比率 81
ケインズ的福祉国家 7
ゲーム理論 71
ゲノム 109
限界集落の看取り 180
現場主義 111
公共圏 19
公共サービス 139
公共政策 45
合計特殊出生率 4
公助・共助・互助・自助 21
公的扶助 102
幸福度 104
互酬 84
個人情報保護 149
個別援助 151
コミュニティ・オーガニゼーション 163
コミュニティ・ガバナンス 77
コミュニティカフェ 117
コミュニティ・ソーシャルワーク 168
コミュニティ・ディベロップメント 163
コミュニティバス 106
コミュニティ・ビジネス 74
コミュニティ・ファンド 74
コミュニティ崩壊論 43
コモンズ 37

コンドラチェフの波 78
コンパクトシティ 28
コンフリクト 98

さ

災害・原発事故避難者 112
災害支援ナース 175
災害弱者 175
再生可能エネルギー 75
財政再建 71
最低生活保障 82
再分配 79
サポートネットワーク 146
三位一体改革 87
ジェネリック・ソーシャルワーク 169
市場の合理的選択 178
市政モニター制度 96
施設コンフリクト 23
自然生態系 135
持続可能性 87
実践科学 40
私的個人主義 44
ジニ係数 11
地場産業 29
地場産業の空洞化 160
指標 47
市民社会 95
社会階層 8
社会起業 152
社会貢献 173
社会サービス 161
社会的企業 153
社会的共同消費手段 27
社会的孤立 24
社会的弱者 137
社会的排除 11

社会的包摂　111
社会的リスク　3
社会福祉法人制度改革　159
社会福祉法人の公益的活動　153
囚人のジレンマ　72
住生活基本計画　113
住宅政策　112
住民運動　94
住民自治　91
住民主体　99
住民ニーズのデータベース　141
就労自立給付金　83
主体形成　12
準（疑似）市場　85
小組織　100
小地域福祉活動　157
承認　33
所得再分配　17
自立支援プラン　145
人口オーナス　3
人口減少時代　3
人口流出　93
新自由主義　80
親密圏　16
スモールワールド・ネットワーク理論　176
生活構造　26
生活困窮者　22
生活困窮者自立支援事業　25
生活困窮者自立支援法　39
生活困窮者総合相談センター　157
生活支援コーディネーター　157
生活保障　170
生産性向上　178

成熟社会　67
制度の狭間　171
政府・市場・地域・家族　21
セーフティネット　102
専門職支配　165
総合計画　93
総合社会福祉館　155
総合政策　77
総合相談窓口　168
相利共生　109
ソーシャル・アクション　95
ソーシャル・インクルージョン　17
ソーシャル・インパクト・ボンド　83
ソーシャル・キャピタル　46
ソーシャルサポート・ネットワーク　15

た

対人福祉サービス　69
第6次産業　139
多職種連携　173
多世代交流・多機能型の福祉拠点　144
脱家族主義　5
地域ケア会議　151
地域貢献活動　159
地域再生　39
地域再生戦略　29
地域支援　151
地域福祉活動計画　89
地域福祉計画　89
地域福祉実践　167
地域福祉政策　177
地域福祉の主流化　41
地域包括ケア　146

地域包括ケアシステム　39
地区防災計画　174
地方財政健全化法　69
地方再生の投資戦略　179
地方創生会議　133
地方分権改革　67
中山間地域　31
中所得国の罠　104
中福祉中負担型福祉レジーム　170
出口戦略　81
デフレ不況　41
デリバリーシステム　143
田園回帰　133
統治構造　154
特殊性　51
特定非営利活動促進法　158
都市のスポンジ化　135

な

ニーズ・需要　91
二項対立　137
日本型福祉社会　66
認知症カフェ　149
認知症高齢者　103
認知症徘徊事故訴訟　49
ネットワーキング　148
ネットワーク　88
ノーマライゼーション　15

は

パターナリズム　164
バルネラビリティ　13
非正規労働者　26
フィールドワーク　167
複合型社会福祉法人　161

福祉国家　114
福祉コミュニティ　48
福祉社会　34
福祉的価値　48
福祉ニーズ　25
福祉有償輸送　141
復興公営住宅　51
普遍性　109
プライエボーリ　143
プラザ合意　7
ブレトン・ウッズ体制　7
プロジェクトチーム　101
分権化定理　69
ベンチマーキング　97
包摂　32
補助器具センター　143
ボランタリー・アクション　162

ま

マイノリティ　33
マクロ・メゾ・ミクロ　21
増田レポート　180
マトリックス　18
見える化　46
見守り支援　51

や

豊かな公共　19
良きガバナンス　99

ら

リーマン・ショック　14
労働市場政策　9
ローカル・ガバナンス　141

ロードマップ　76

わ

ワークショップ　96
分かち合い　34
ワンストップ・サービス　23

おわりに

　大変おこがましいことであるが、本書の題を、『地域福祉学』とした。それについては、これまでの私の研究の経緯を記すことでお許しいただきたい。私の研究の端緒は、大学院時代に、篭山京著『戦後日本における貧困層の創出過程』（東京大学出版会、1976年）の北海道和寒の開拓農民の生活誌（ライフヒストリー）調査に参加することから始まった。この調査では、貧困水準と貧困層の形成理論を学んだ。続いて、篭山京編『大都市における人間構造』（東京大学出版会、1981年）では、川崎市南部の下層地域の住民生活実態調査に参加し、貧困層プール理論や社会階層論の教示を受けた。とはいっても、この時は、これらの理論をあまり理解することはできなかった。大学院修了後、神奈川県社会福祉協議会において「小地域福祉活動の現状と課題」（明治学院大学叢書、1985年）を発表し、続いて「精神薄弱者（当時）の地域と生活─精神薄弱者の生活行動調査による事例分析」（神奈川県匡済会、1986年）の地域調査を行った。

　続いて、第2期（1988年から2008年）では、日本福祉大学に着任後、知多半島の漁村の人間関係に関する調査、「過疎地と高齢者─三重県紀和町から」（『月刊 ゆたかなくらし』1996年）の過疎地の調査を開始した。そして、研究の範囲は、高齢者福祉と地域福祉の各論への広がりをみせた。これらの研究成果を基に2008年には、単著『地域福祉論─政策・実践・技術の体系』（ミネルヴァ書房、2008年）を発表し、地域福祉の体系化を試みた。本書が私の博士（社会福祉学）学位請求論文であった。2008年9月は、奇しくもリーマン・ショックの時でもあり、ここから日本の社会も、地域福祉も大きく変容していく。併せて、共著『居住福祉学』（有斐閣、2011年）をはじめ、日本居住福祉学会（会長：早川和男）の副会長として著書や論文発表を行い、他の学問領域の見聞を広めることができた。

　第3期（2009年から2017年）では、地域福祉と居住福祉を中心に、日中韓社会保障国際会議にかかわる機会を得た。この国際会議では、国際比較研究法を学ぶことができた。その成果は、大橋謙策氏が理事長を務める一般財団法人社会福祉研究所の所報第92号に、「東アジアにおける高齢化問題と社会福祉関連制度のゆくえ」として収録させていただいた。この論文で、国際比較福祉研究の三段階論を示すことができた。また、日本・中国・韓国の社会政策・社会保障・社会福祉の関連用語比較研究もまとめることができた。韓国の総合社会福祉館の実践からはソーシャルワーク事例管理の共同研究の成果を得た。ウォルゲ総合社会福祉館の社会福祉と地域経済循環の「美しい隣人」事業のしくみを学ぶことができた。中国の研究では、社区福利と介護サービスの発展課題に取り組んでいる。そして、2016年2月には、単著『人口減少時代の地域福祉─グローバリズムとローカリズム』（ミネルヴァ書房）を世に問うた。本書では、①超高齢・少子・人口減少社会の到来を背景に、地域福祉を取り巻く状況の変化を概観し、新たな地域福祉の対象と課題、地方分権の動向を踏まえ、地域福祉を支える理論課題を提示した。②地域福祉計画を通して政策と実践の関係、地域福祉のサービス供給の推進組織と主体形成に焦点をあてた。③地域包括ケアシステムと生活困窮者自立支援事業、子どもの貧困対策とコミュニティ・ソーシャル

ワークを含む地域福祉の見取り図を示した。

　そうした経緯のうえで、第4期（2018年から）の冒頭に、本書を上梓することができた。今後も、年に1冊は単著の出版を望んでいる。

　本書刊行にあたっては、中央法規出版に本企画を持ち込んで以後5年が経過した。その間、図表の書き溜めていたものを今回整理することが叶った。何しろ、地域福祉の「学」としての体系化と、それを図表で「見せる」ことに挑戦したいというのが本意であった。地域福祉学としても、図表としても先例のない本企画を編集の俎上に載せていただいた中央法規出版の日高雄一郎氏、そして実際の編集にあたっては中央法規出版の野池隆幸氏と中島圭祥氏には大変お世話になった。特に、副題の「図解でわかる理論と実践」を見やすく編集していただいた。とてもわかりやすくなったと思う。お陰をもって本書の性格は、研究者のための学術書として、自治体や社会福祉協議会、社会福祉法人やNPO、企業、住民、そして専門職の地域福祉実践や計画づくりの実用書として、ゼミナールや講義の教科書として多様に活用していただければ幸いである。本書が、これからの地域福祉学—理論と実践—の発展の一助になることを切に願って、筆をおく。

野口　定久（のぐち　さだひさ）プロフィール

日本福祉大学大学院特別任用教授。1951年兵庫県生まれ。上智大学大学院文学研究科社会学専攻修了。博士（社会福祉学）。専門は地域福祉学、居住福祉学、国際福祉比較研究。「限界集落」再生のフィールドワークおよび日中韓社会保障会議等を通じて実践と理論をつなぎ直す研究につとめている。単著に『人口減少時代の地域福祉―グローバリズムとローカリズム』（ミネルヴァ書房、2016年）、『地域福祉論―政策・実践・技術の体系』（ミネルヴァ書房、2008年）、「居住福祉研究の現代的課題」『居住福祉研究22』（日本居住福祉学会編、2016年）、共著に『ソーシャルワーク事例研究の理論と実際―個別援助から地域包括ケアシステムの構築へ』（中央法規出版、2014年）、『居住福祉学』（有斐閣、2011年）などがある。その他、日本学術会議連携会員、日本居住福祉学会副会長、日本地域福祉学会理事、名古屋市社会福祉審議会副委員長など多数の自治体の地域福祉計画や介護保険事業計画の策定に携わる。

ゼミナール　地域福祉学
図解でわかる理論と実践

2018年5月5日　初　版　発　行
2024年1月1日　初版第3刷発行

著　者　野口定久
発行者　荘村明彦
発行所　中央法規出版株式会社
　　　　〒110-0016　東京都台東区台東3-29-1　中央法規ビル
　　　　TEL 03-6387-3196
　　　　https://www.chuohoki.co.jp/

印刷・製本　長野印刷商工株式会社

定価はカバーに表示してあります。
ISBN978-4-8058-5691-8

本書のコピー、スキャン、デジタル化等の無断複製は、著作権法上での例外を除き禁じられています。また、本書を代行業者等の第三者に依頼してコピー、スキャン、デジタル化することは、たとえ個人や家庭内での利用であっても著作権法違反です。

落丁本・乱丁本はお取り替えいたします。
本書の内容に関するご質問については、下記URLから「お問い合わせフォーム」にご入力いただきますようお願いいたします。
https://www.chuohoki.co.jp/contact/